《西方古典学研究》
编辑委员会

主　编：黄　洋　（复旦大学）
　　　　高峰枫　（北京大学）

编　委：陈　恒　（上海师范大学）
　　　　李　猛　（北京大学）
　　　　刘津瑜　（美国德堡大学）
　　　　刘　玮　（中国人民大学）
　　　　穆启乐　（Fritz-Heiner Mutschler，德国德累斯顿大学）
　　　　彭小瑜　（北京大学）
　　　　吴　飞　（北京大学）
　　　　吴天岳　（北京大学）
　　　　徐向东　（浙江大学）
　　　　薛　军　（北京大学）
　　　　晏绍祥　（首都师范大学）
　　　　岳秀坤　（首都师范大学）
　　　　张　强　（东北师范大学）
　　　　张　巍　（复旦大学）

西方古典学研究

Ancient
Philosophy
A
Contemporary
Introduction
(First Edition)

Christopher Shields

[英] 克里斯托弗·希尔兹 著
马明宇 译

古代哲学导论

北京大学出版社
PEKING UNIVERSITY PRESS

著作权合同登记号　图字：01-2013-1214

图书在版编目（CIP）数据

古代哲学导论 /（英）克里斯托夫·希尔兹（Christopher Shields）著；马明宇译. —北京：北京大学出版社，2020.1
（西方古典学研究）
ISBN 978-7-301-30571-3

Ⅰ.①古… Ⅱ.①克… ②马… Ⅲ.①西方哲学 – 古代哲学 – 研究 Ⅳ.①B502

中国版本图书馆CIP数据核字（2019）第135117号

Ancient Philosophy: A Contemporary Introduction, 1st edition by Christopher Shields
ISBN: 9780415896603
© 2012 Taylor & Francis
Authorized translation from English language edition published by Routledge, part of Taylor & Francis Group LLC; All Rights Reserved.
本书原版由 Taylor & Francis 出版集团旗下，Routledge 出版公司出版，并经其授权翻译出版。版权所有，侵权必究。

Peking University Press is authorized to publish and distribute exclusively the Chinese (Simplified Characters) language edition. This edition is authorized for sale throughout Mainland of China. No part of the publication may be reproduced or distributed by any means, or stored in a database or retrieval system, without the prior written permission of the publisher.
本书中文简体翻译版授权由北京大学出版社独家出版并限在中国大陆地区销售，未经出版者书面许可，不得以任何方式复制或发行本书的任何部分。

Copies of this book sold without a Taylor & Francis sticker on the cover are unauthorized and illegal.
本书贴有 Taylor & Francis 公司防伪标签，无标签者不得销售。

书　　名	古代哲学导论 GUDAI ZHEXUE DAOLUN
著作责任者	［英］克里斯托夫·希尔兹（Christopher Shields）著　马明宇 译
责 任 编 辑	王晨玉
标 准 书 号	ISBN 978-7-301-30571-3
出 版 发 行	北京大学出版社
地　　址	北京市海淀区成府路205号　100871
网　　址	http://www. pup. cn　新浪微博: @北京大学出版社
电 子 信 箱	pkuwsz@126.com
电　　话	邮购部010-62752015　发行部010-62750672　编辑部010-62752025
印 刷 者	北京中科印刷有限公司
经 销 者	新华书店
	650毫米×980毫米　16开本　27.75印张　328千字 2020年1月第1版　2022年3月第2次印刷
定　　价	68.00元

未经许可，不得以任何方式复制或抄袭本书之部分或全部内容。
版权所有，侵权必究
举报电话: 010-62752024　电子信箱: fd@pup.pku.edu.cn
图书如有印装质量问题，请与出版部联系，电话：010-62756370

"西方古典学研究"总序

古典学是西方一门具有悠久传统的学问,初时是以学习和通晓古希腊文和拉丁文为基础,研读和整理古代希腊拉丁文献,阐发其大意。18世纪中后期以来,古典教育成为西方人文教育的核心,古典学逐渐发展成为以多学科的视野和方法全面而深入研究希腊罗马文明的一个现代学科,也是西方知识体系中必不可少的基础人文学科。

在我国,明末即有士人与来华传教士陆续译介希腊拉丁文献,传播西方古典知识。进入20世纪,梁启超、周作人等不遗余力地介绍希腊文明,希冀以希腊之精神改造我们的国民性。鲁迅亦曾撰《斯巴达之魂》,以此呼唤中国的武士精神。20世纪40年代,陈康开创了我国的希腊哲学研究,发出欲使欧美学者以不通汉语为憾的豪言壮语。晚年周作人专事希腊文学译介,罗念生一生献身希腊文学翻译。更晚近,张竹明和王焕生亦致力于希腊和拉丁文学译介。就国内学科分化来看,古典知识基本分割在文学、历史、哲学这些传统学科之中。20世纪80年代初,我国世界古代史学科的开创者日知(林志纯)先生始倡建立古典学学科。时至今日,古典学作为一门学问已渐为学界所识,在西学和人文研究中的地位日益凸显。在此背景之下,我们编辑出版这套"西方古典学研究"丛书,希冀它成为古典学学习者和研究者的一个知识与精神的园地。"古典学"一词在西文中固无歧义,但在中文中可包含多重意思。丛书取"西方古典学"之名,是为避免中文语境中的歧义。

  收入本丛书的著述大体包括以下几类:一是我国学者的研究成果。近年来国内开始出现一批严肃的西方古典学研究者,尤其是立志于从事西方古典学研究的青年学子。他们具有国际学术视野,其研究往往大胆而独具见解,代表了我国西方古典学研究的前沿水平和发展方向。二是国外学者的研究论著。我们选择翻译出版在一些重要领域或是重要问题上反映国外最新研究取向的论著,希望为国内研究者和学习者提供一定的指引。三是西方古典学研习者亟需的书籍,包括一些工具书和部分不常见的英译西方古典文献汇编。对这类书,我们采取影印原著的方式予以出版。四是关系到西方古典学学科基础建设的著述,尤其是西方古典文献的汉文译注。收入这类的著述要求直接从古希腊文和拉丁文原文译出,且译者要有研究基础,在翻译的同时做研究性评注。这是一项长远的事业,非经几代人的努力不能见成效,但又是亟需的学术积累。我们希望能从细小处着手,为这一项事业添砖加瓦。无论哪一类著述,我们在收入时都将以学术品质为要,倡导严谨、踏实、审慎的学风。

  我们希望,这套丛书能够引领读者走进古希腊罗马文明的世界,也盼望西方古典学研习者共同关心、浇灌这片精神的园地,使之呈现常绿的景色。

"西方古典学研究"编委会
2013 年 7 月

作者前言

在西方,哲学诞生于特定的时间和地点:公元前6世纪晚期的希腊和小亚细亚沿岸。起初,哲学只是迈着小步向前进展。到了苏格拉底(前469—前399)生活的年代及其去世之后,哲学的发展却非常迅速。在一些方面,速度快得令人惊讶。围绕着人类存在的特性和方向,产生了一系列意义深远而松散相连的问题。苏格拉底几乎凭借一人之力,以某种方式,将它们转变成为一门拥有独特目标和方法的学科。

当然,哲学并不独享它所追寻的那些问题。相反,我们很容易发现,希腊伟大的悲剧作家和史诗作者们,对于哲学所探索的许多主题也给出了他们的评论。关于人类幸福的本质、人类可得的最佳生活形式、德性与私利的关系、人类生活的终极价值,这些是每一个具有反思精神的人都会关注的问题。然而,苏格拉底却以一种坚定不移的方式,为这些问题的研究引入了一种独特的哲学方法,即"分析的方法"。用分析的眼光来看待这些问题,苏格拉底几乎总是通过提出一些通俗简单的疑问来开始对它们的研究。这些疑问包括:什么是幸福或德性的本质?什么是私利的本质?什么是人类善的本质?我们都认为自己知道什么是幸福;

毕竟那就是我们追求的对象。然而，像苏格拉底这样的人却偏偏要问："什么是幸福？"对此，他并不接受那些未经深思熟虑的轻率回答，而是要求得到真正无懈可击的答案。给出这种答案，既需要具备强烈的自我反思能力，又需要具备审慎的、批判性的聪颖。苏格拉底的学生们很快就都发现，对这些问题的回答既不简单又不直接。在持续的审问下，捍卫自己的立场是非常困难的。在这个意义上，对于任何有意反思什么才是人类可得的最佳生活形态的人，如果能与苏格拉底或者接受过他训练的人相遇，他将受益匪浅。

范围和目标

　　本书的目标就在于提供这种相遇。我们将讨论许多哲学家的著作。然而，不应将阅读本书当作阅读一手著作的替代。可以肯定地说，并不存在任何著作，可以作为阅读古代哲学家著作本身的替代。因此，本书仅望能够通过将这些古代哲人们的著作清楚地呈现给当代读者，从而帮助阐明他们的一些持久的思想贡献。本书绝不认为，这一时期思想家们所做出的哲学贡献已经过时，或者已经被此后哲学史的发展所推翻。本书也并不试图为了满足当代人的思想品味，而用当代的外衣去包装这一时期哲学家们的立场。相反，本书是想以系统而不盲从的方式，努力将这一时期思想的主要发展呈现出来；所采用的表述方式，也希望能够为那些没有经受过正式哲学训练，或者只经受过很少训练的人们所接受。进而,本书的写作基于这样一个信念,即:如果某个观点,在我们将要论及的作者看来,是哲学上可捍卫的,那么,就应该按照其原初的方式对其加以呈现和捍卫。同时,在他们的理论被表明是错误的,或者在辩护上是不恰当的时候,本书也将对它们做出批评。自始至终,本书都将古代哲学家们的观点视为依然鲜活的观点,旨在理解并评估它们,而不是将它们看作思想史博物馆中的陈列。

本书的主题并不局限于苏格拉底。当然,苏格拉底自然是整个故事中的核心人物。本书从苏格拉底之前就存在的一批最早的哲学家开始论述。他们是自然哲学家,学者称为"前苏格拉底哲学家"。这个称呼本身就体现了一种判断,标示出苏格拉底在古代哲学发展中所具有的极其重要的地位。本书也将讨论由松散的知识分子和教师团体所做出的贡献和提出的挑战。他们被称为"智者"。苏格拉底非常关注他们的观点。而苏格拉底的直接继承者柏拉图(前429—前347),则更加关注他们的观点。本书有很大的篇幅会讨论柏拉图。因为在西方哲学史上,他是第一个对某些核心论题发展出了系统的正面学说的哲学家。从哲学的学科分支角度上说,这些核心论题构成了我们现在所熟知的形而上学和认识论。他的学生,也是他的研究伙伴,亚里士多德(前384—前322),也将接受类似篇幅的论述。跟着柏拉图学习了20来年之后,亚里士多德和柏拉图一样,也成为整个哲学史上的一座丰碑。他们观点上的差异,引起了之后不同的哲学发展方向,并以他们的名字得到命名。比如,一种观点认为,必然存在着抽象的、独立于心灵和语言的性质。关于共相,如果谁持有这种"事物前"的实在主义，我们将他们称为柏拉图主义者。另一种实在主义认为，性质只有在被例证的时候才能存在。对于这种"事物中"的实在主义，我们称为亚里士多德主义。在一定意义上，相较于柏拉图和亚里士多德实际提出的观点，这些标签最多只能算是部分准确的。对于这些大名已经烙印在长久存在着的思想学派之上的作者，本书的一个目的就在于精确地揭示并评估他们所持有的实际观点。

在由苏格拉底、柏拉图和亚里士多德所构成的古典时期之外，我们也将发现一些哲学家，他们的大名同样保存在当下的语言中，然而却更加广泛地流传进了我们的通俗话语中。公元前323年，亚里士多德去世，希腊化时期随之开启。三个不同的运动或学派登上了雅典的哲学舞台：伊壁鸠鲁主义者、斯多葛主义者和怀疑论者。在哲学史上，有一个晚近才出现的倾向，贬低这些学派，认为相对于古典时期哲学家们毋庸置疑的成就，它们则体现了哲学品质上的严重倒退。然而，大概从上一代人开始，这种判断便得到了大力的，也是正确的修正：对希腊化时期哲学家们重新产生的兴趣，激发了对他们的影响和价值的重新评估，涉及面既广且深。如今，更多的人拥有了正确的认识，知道伊壁鸠鲁主义者、斯多葛主义者和怀疑论者都提出了自己的系统和高度复杂的学说，它们完全可与经典哲学家的学说相媲美，或者至少能够构成对它们的有力挑战。本书的最后一部分，就是对发展了这些系统并提出了这些挑战的希腊化哲学家的一个初步导论。我们将会看到，如今所说的"伊壁鸠鲁主义"和"斯多葛主义"，一方面确实是以一种可被理解的方式来源于这些希腊化哲学运动；另一方面，这些用法并不总是准确地描绘了原初的伊壁鸠鲁主义者和斯多葛主义者的实际信念。

本书对古代哲学的论述必然具有高度的选择性。它抛开了许多同样非常重要的问题。我希望这种缺失能够由学生来弥补。他们读了本书，能够进一步广泛阅读书后列举的一手和二手文献。因此，本书的正文后面都附有带着评注的推荐书单。每一章的末尾，都有一个缩减版的清单，其中包括学生或许想要马上查阅的书目。而在整卷书的末尾，则有一个完整版的参考书目（"进一步阅读推荐"）。除了想要进一步研究，学生通过参考这个书目，也能够很好地处理与古代哲学相关的问题。通过这种方式，学生便能够理解当下围绕着理解和评估古代哲学家所展开的一系列学术争论；我希望他们也能够因此而加入这些争论。

目标读者和方法

自始至终，本书的关注点都是哲学家的论证，同时忽略掉他们著作中其他有价值的内容。比如，我们很少谈论柏拉图散文中的文学或戏剧维度。这里所采用的方法并不意味着，在试图挖掘柏拉图著作中的哲学宝藏时，我们可以大胆放心地忽视那些文学特征。相反，为了理解柏拉图的观点或者将要讨论的其他哲学家的观点，我们必须留心他们呈现这些观点的特有方式。尽管如此，本书的绝大部分对于那些文本注释性问题预设了某种解决方式，并没有将这些问题和解决展现出来。有时候是因为，在一些解释问题上存在着广泛的学术共识。有的时候，所提出的解释比较具有争议性。然而，无论是哪种情况，如果本书能够引领学生们进入古代哲学家的著作，能够让他们自己去理解和评估那些核心哲学立场，本书的目的就将实现。

和本书所处系列的其他书籍一致，本导论只预设了对哲学拥有最少程度的熟悉，并且在每次引入专业术语时都将同时给出相应的定义。本书所讨论的问题都是对所涉及的哲学家来说最重要的问题。希望学生们通过熟悉这些论题，能够进入古代哲学家的主要著作，这是最重要的。进而，希望他们能够开始遍览那些专业的二手文献，这些文献都致力于研究并评估古代哲学家们所做出的持久的哲学贡献。因此，在一定程度上，本书致力于将古代哲学家的哲学呈献给当代的读者——他们很可能在第一次读到柏拉图、亚里士多德或者斯多葛主义时，会发现那种哲学是一种具有异质性的哲学；当然，在其他方面，他们也会觉得非常具有吸引力和挑战性。最后，本书认为，古代哲学家能够对当代读者提供不少教导，而这绝非只是老生常谈。他们提出了观点，并对它们进行论证。这些观点和论证都要求我们仔细对其加以考量。这并不是因为它们是过去伟大哲学家的观点，而是因为这些观点即便是错的，也具有很强的启发性。更重要的是，它们经常被合理地认为是真的，因而即便是在当下，它们也是值得我们采纳的观点。不管怎样，这正是本书试图为其当代读者所提出的挑战。

致　谢

本书是对《古典哲学：一本当代导论》（劳特里奇出版社，2003年）的修订；同时，也做了大量扩充，以至于前书成了眼下这本的一个部分。写这两本书，我从许多学生那里受益颇多，他们与我一起研究了书中所讨论的哲学家。好几章的文稿也都在出版前，就给几所大学的学生看过了。这几所大学包括科罗拉多大学博尔德分校、斯坦福大学、耶鲁大学和牛津大学。上述机构的学生们都给我提供了宝贵的反馈和帮助。给出这些反馈和帮助的方式往往非常简单：他们要求我在讨论中，更加清晰而直接地表达观点。正是他们的回应和意见，极大地促成了终稿的完成。

另外，劳特里奇出版社所请的两批匿名评审也提供了有益的指导。他们让我免除了大量错误，比我预期的要多；也提出了许多明智的、教学上的建议。

关于如何最好地呈现本书所涉及的论题，我的思考受许多朋友和同事的影响，我深深感激他们。无疑，需要感谢的人还有很多，与以下诸位的交流都让我感到受益匪浅：Thomas Ainsworth, Dominic Bailey, Jeremy Buxbaum, Paolo Crivelli, Richard Cameron, Jane Day, Gail Fine, John Fisher, Cissie Fu, Richard Geenen, John

Gibert, Terence Irwin, Rusty Jones, Gareth Matthews, Phillip Mitsis, Brian Noone, Graham Oddie, Robert Pasnau, Dave Robb, Stefan Sienkiewicz, William Simpson, Rachel Singpurwalla, Nicholas Smith, Nathanael Stein, Paul Studtmann 以及 Ellen Wagner。

我尤其感谢 Colin Shields。即便忙着复习，准备剑桥大学的期末考试，他还是花时间阅读了关于希腊化哲学的那部分内容，并做出了评论。

在反思促成此书的过程时，我也想到了一位对我影响更加深远的恩人。他享有无可替代的地位。他就是 Fred D. Miller, Jr.。我的第一位希腊哲学老师；事实上，也是我的第一位哲学老师。我将此书敬献给他。为他所给予我的人生礼物抱以永久而深情的感激。

目 录

第一章 苏格拉底前的哲学 1
　第一节　泰勒斯及最早的自然哲学家 2
　第二节　克塞诺芬尼 11
　第三节　赫拉克利特 18
　第四节　巴门尼德和芝诺 24
　第五节　德谟克利特和公元前5世纪的原子论 38
　第六节　普罗泰戈拉和智者运动 46
　第七节　前苏格拉底哲学家和智者所带来的挑战 55
　推荐阅读 56

第二章 苏格拉底 59
　第一节　苏格拉底问答法 64
　第二节　美诺和欧绪弗洛的失败 68
　第三节　苏格拉底式无知和苏格拉底式反讽 81
　第四节　苏格拉底信条和苏格拉底悖论 84
　第五节　审判和狱中的苏格拉底 94
　结　论 103
　推荐阅读 104

第三章　柏拉图 — 107

- 第一节　从苏格拉底到柏拉图 — 111
- 第二节　美诺的研究悖论；柏拉图的回答 — 115
- 第三节　柏拉图形式理论的两个功能 — 123
- 第四节　柏拉图对相对主义的拒绝 — 125
- 第五节　对于形式的三个论证 — 132
- 第六节　柏拉图对形式的一般性刻画 — 156
- 第七节　柏拉图式分析：一个案例研究 — 161
- 第八节　善的形式的特殊功能 — 178
- 第九节　柏拉图的线段和洞穴：我们的认知前景 — 183
- 第十节　关于形式存在的问题 — 194
- 结　论 — 202
- 推荐阅读 — 203

第四章　亚里士多德 — 205

- 第一节　从柏拉图到亚里士多德 — 209
- 第二节　亚里士多德对范畴理论的引入 — 211
- 第三节　四因说的引入 — 220
- 第四节　对四因说的捍卫 — 224
- 第五节　四因的运用：灵魂和身体 — 247
- 第六节　四因的运用：幸福和人类功能 — 254
- 第七节　一个幸福者的德性 — 264
- 第八节　亚里士多德对一个苏格拉底悖论的处理：意志软弱 — 271
- 第九节　亚里士多德论哲学分析：同名异义 — 276

结　论	287
推荐阅读	288

第五章　希腊化时期的哲学　　291

第一节　希腊化时期	292
第二节　伊壁鸠鲁派	301
第三节　斯多葛派	320
第四节　怀疑论	364
结　论	398
推荐阅读	400

进一步阅读推荐	**403**
索　引	**421**

第一章 苏格拉底前的哲学

第一节　泰勒斯及最早的自然哲学家

1　　早在公元前 6 世纪[1]，一个名叫泰勒斯的人环顾我们生活的世界，做出了"一切皆水"[2]的判断。他的眼睛，以及其他一切感官都很正常；也没有任何记录表明他精神错乱、不健全或者疯狂。相反，一个从古代一直延续到今天的传统，却把他视为历史上的第一个哲学家。

尽管我们肯定会认为，泰勒斯的那句著名格言明显是错误的。但他之所以被认为是第一个哲学家，并非由于他拥有这种反常的嗜好，专爱发表一些明显错误的言论，而是因为，他站在了一个由某类研究者和思辨者所构成的悠久传统的开端。他们乐于对宇宙的根本特征做出大胆的声明。对我们的感觉经验或常识来说，

---

[1] 除非特别标明，本书中所有的日期都是公元前。
[2] 泰勒斯的这个论断，与我们所拥有的关于前苏格拉底哲学的所有信息一样，仅仅保存于后世作者的证词中。此处引用的后世作者是亚里士多德，他在《形而上学》第一卷中陈述了在他之前许多哲学家的观点。关于泰勒斯的评论出现于《形而上学》983b6-18。这句话在引用中通常被标注为 DK11 A2，参照的是德国学者 Diels 和 Kranz 的伟大著作 [13]，他们第一次将前苏格拉底哲学家的残片汇集为一个实用的单行本。Diels 和 Kranz 列出了两类不同的证言：A 类，其中的证言被认为是（1）间接的；或者（2）只是后世作者对前苏格拉底哲学家观点的转述。B 类，则被认为是由后世作者保留下来的对于前苏格拉底哲学家的实际引用。因此，DK11 A2 指的是 A 类第 11 章的第二个残片。这是一个转述而非直接引用。[13] 指的是此卷末进一步阅读书单中的条目。在 [15] 中，学生能找到对前苏格拉底哲学残片比较全面的希腊语展示，并配有英语翻译。对他们主要贡献的阐述可参看 [16]。（方括号中的数字对应于全书末尾所列的参考书目。——译者注）

这些特征并不是也不可能是直接可及的。因而在某些方面，泰勒斯与今天的一些科学家有许多共同之处。这些科学家告诉我们：如果在一条直线上高速运动，我们将在一定时候返回到出发点，而且将会比在没有经过这次旅程的情况下年轻一些。这种观点不仅是非常识的，而且是对常识的有力挑战，乍看起来，并且严格来说，都是难以置信的。只有当这些科学家所提供的充分理由压倒了我们的本能抵制时，我们才会最终相信这种学说。

任何这样的理由都将带领我们超越感觉的直接给予和常识概念的领域，迫使我们做出这样的结论：世界并不如它最初所表象的那样。这些理由往往诱导我们相信：世界拥有一些内在的运作，只有通过研究和反思才能揭示它们。因此，世界的表面形象应该让位于它的科学形象，后者能够纠正和克服我们对于世界所持有的原始的、幼稚的观念。如果泰勒斯想让我们相信一切皆水，这样的理由正是他所需要诉诸的。显然，万物看起来并非皆水，那么，我们为什么要相信泰勒斯的学说呢？

基于某些古代证据，我们可以合理地假定：泰勒斯的大胆猜测有两个不同的来源，一个明显是方法论的，另一个则具有更多的经验性质。首先，泰勒斯显然持有某种形式的物质一元论：他认为宇宙最终是由某种单一材料构成的。存在着某一种物质材料，万物从中派生，并最终消解于其中。这个承诺的两个部分，即唯物主义和一元论，既是完全独立的，又是互相补充的。

通过承诺某种形式的唯物主义，泰勒斯拒绝了在荷马式诗歌中所表现的宇宙图景。这种图景在自然世界之外，设定了一个超自然象限，其中的存在物并不服从那些支配所有自然物体相互作用的法则。如果万物都由质料构成，那么，对于宇宙中所有需要解释的现象，我们应该都可以通过物质对象及其合法则的相互作用来进行解释。这个简单的想法所设想的世界，已经与那个充满着超自然非物质存在物的世界，形成了鲜明的对比。这些超自然存在物的行为或任意无常，或深思熟虑；或理性，或非理性；或受人欢迎，或令人讨厌。但一个基本的原则是：它们都不能通过在自然世界中所发现的、各种形式的合规则性加以解释。在泰勒斯的自然主义宇宙中，我们应该能够发现一些模式和法则，并且以这些法则为基础，稳定地预测宇宙发展的方向。我们也能够揭示原因，并运用这些知识来找到治疗疾病的方法，或者发展出一些策略来最大化我们的福祉。在不那么实用的层面上，我们也能够对那些在任何一个有组织的社会中都会出现的根本问题，给出基础深厚的解释。这些问题持续存在着：宇宙从何而来？它的终极物质是什么？

也许正是由于泰勒斯的唯物主义所具有的这些解释性特征，一些关于他的轶闻才在古代广泛流传着。因为他懂得很多宇宙学知识，传言能够预测发生于公元前585年3月28日的日食，这样一种能力将他与其他所有同胞公民们区分开来。出于同样的原因，他能够预测长时段的天气模式，这种知识能够使他从中牟利。当泰勒斯根据他的气象预测，意识到将会出现庄稼大丰收的时候，他在那年年初就将所有的橄榄压榨机租了回来，然后在丰收时节出租而获取利益。后来，亚里士多德评论道，这个事件表明哲学家是能够挣钱的，尽管他们不愿意把时间花在这种世俗追求上（《政治学》1259a9-18)。[3] 无论如何，这个轶闻同时也体现了一个方法论上的道理，并为泰勒斯的后辈们所汲取：通过物质对象之间合法则的规则性所给出的自然主义解释，能够凭借其预测能力而在解释上是强有力的，这种预测能力是那种通过诉诸神的奇怪念头、临时兴趣、反复无常而给出的超自然主义解释所不具备的。

如果一个唯物主义的解释具有预测能力，一定是因为它揭示了自然的某种规则性，这种规则性存在于物质系统的诸多性质之间。如果是这样的话，我们很容易推断认为：预测能力来自于我们发现了自然法则。理性的以及经验的研究导致我们发现了一些法则，这些法则把握了宇宙所具有的因果性和解释性特征。然而，这些特征并不是直接写在表面上的。如果我们认识到，链球菌的存在导致感染，并且认识到，抗菌药物能够中和链球菌，那么就能做出下面的预测：感染能够通过服用适量的抗生素得到治愈。因为我们已经发现了一个以前为我们所不知的法则。泰勒斯认为，这种规则性或者法则能够被发现，并且通过唯物主义的解释来表达。仅这个假设就已经使他站在了自然科学家方法论的阵营里，而与那些把链菌性喉炎及其伴随的疼痛，解释为神对恶徒恶行的惩罚的人拉开了距离。

另一方面，泰勒斯的唯物主义与科学精神之间还有其他方法论上的共鸣：他是一个一元论者，认为宇宙最终是由某种单一材料构成的。这个观念本身似乎并不直接或明显是经验性的。然而，它却是一个驱动大量经验研究的深层动力：物理学家常常假设存

---

[3] DK11 A10。

在着某种单一的终极构件，某种基本的、不可还原的材料，无论是原子、分子、弦或者超弦。通过它们，万物最终都能够得到解释。这个假设的基础是什么？

尽管动机各异，但大多数科学家在科学解释上都对简单性有共同的承诺。他们试图把数量庞大、种类繁多的科学案例，还原为最小数量的解释性法则和预设。不同年龄、种族、国籍、政治背景以及社会习性的男男女女患上了肺癌。科学家们试图超越这些表面现象，以确定是什么样的致癌物质在起作用，并努力找出原因和解释。作为一个方法论的准则，简单性事实上在这些案例中，为我们带来了很多的助益。因而，如果基于已有的成功案例，并做出外推的话，我们将会期待，自然主义的解释也具有简单性，甚至用简单性作为标准，来选择解释上等价却相互竞争的理论。更进一步，尽管可能更不可靠，我们或许会期待或希望：对于自然宇宙最终的完整解释在简单性上将会达到极致，最终只假设某个基本材料，通过它来解释所有其他的东西。

泰勒斯认为这个材料就是水。因此，他与大多数唯物主义研究者一样，认为存在一个单一的、终极的解释因子，发现了这个因子就能统一所有高阶的解释。为什么是水？我们并不知道答案。但清楚的是，如果真的存在基本材料的话，水至少具有一些我们认为基本材料应该具有的性质。毕竟水具有很强的可塑性，它能在各种状态（液态、固态、气态）之间迅速转化。而且，相对于各种不同的状态，根据普通的感官知觉，我们很难确定其中存在着某种单一的材料：水蒸气和冰似乎看上去并不是同一种材料。因此，水至少具有承载不同形式的能力，这种能力是基本材料所必要的。进一步，水总是与所有生命系统以某种方式紧密相连。实际上，所有生物都需要水以维持生命。而且，许多人类系统，包括人类本身的构成大部分都是水。尽管这个发现并不能准确地捍卫泰勒斯的唯物主义一元论，但确实能够辩护他对于水所产生的本能反应。由于在解释自然世界的时候，我们需要解释生命系统的存在和活动，我们就应该发掘某种为这些系统所共有的东西。就此来说，水至少看起来是某种合理的初步猜想。

如今，我们并不认为水是基本物质，也不认为泰勒斯最终辩护了他对唯物主义一元论的承诺。然而，我们确实发现，在我们自己的解释和预测方法上，有许多方面都与泰勒斯的方法类似。为了满足科学解释所要求的系统性，我们像他一样，时刻准备着拒绝感官知觉和常识所提供的信息。我们像他一样，试图提出可投射的解释，并将这种解释表述为离散的物质现象间所具有的合法则的关联性。最后，我们在局部和全体的理论化过程中，都倾向于采用简单性标准，这一点也和泰勒斯的做法一模一样。尽管我们并不认为水是基本物质，但至少有很多人仍然认为，泰勒斯最终在形式上是正确的，只是在内容上犯了错。我们希望他的唯物主义一元论最终能够得到水之外的其他物质的辩护，尽管这种物质的精确本质还为我们所不知。即便对发现整个宇宙的基本构件持怀疑态度，我们还是会继续和泰勒斯一样，在局部范围内寻求具有简单性的、合法则的解释。作为第一个哲学家，以及一个自然哲学家，泰勒斯设定了一条道路，我们至今也未偏离这条道路的主要轨道。

其他自然哲学家也参与到泰勒斯最早的研究当中，他们中也有一些是唯物主义一元论者。其中最著名的人物之一叫作阿那克西曼德。在古代，他被认为是自然主义研究中泰勒斯的重要继承者。和泰勒斯一样，他也研究广泛的自然现象，包括日食和气象事件；同时，他进一步研究生命起源的问题。他的一元论特征在于，不将基本材料等同于某种我们熟悉的物质，比如水或气；而是将其等同于某个假设的、完全缺少本质性内在属性的材料，并将其称为 apeiron，即无限定、不确定以及永恒。他认为，这个材料既不湿，也不干，其自身也没有任何颜色。阿那克西曼德的基本材料完全缺乏任何内在性质，以至于人们很难直接把握它。

　　阿那克西曼德之所以设定这样一种原始材料，也许在一些方面类似于泰勒斯在提出水是万物本原时所抱有的动机，但在其他一些方面，则来源于更加深刻的考量。事实上，在传统四元素（土、气、火、水）之外，阿那克西曼德设定了一个更加根本的材料，其中所涉及的各种不同原因，是我们比较容易就能够发现的。这些原因直接对应于 apeiron 的三个意义。首先，无论水多么可塑，它仍然具有一些易于鉴别的内在属性，使它不适合作为某些我们所能观察到的事物的基本材料。比如，很难想象，水能够作为火的基本材料。相反，某种无限定以及不确定的东西，却能够扮演这个角色。事实上，如果存在着基本材料的话，无论是什么，它最好能同时作为我们在宏观层面易于观察到的各种相反属性的共同基础：事物有的湿、有的干，有的硬、有的软，有的黑、有的白，有的热、有的冷，有的是液体，有的是固体，有的是气体。能够构成所有这些事物的东西，不太可能正面地被任何一个这些性质本身所描述。

另一方面，阿那克西曼德似乎认为，任何基本材料必须在两个不同方面是无限的：空间和时间。第一个方面很显然，在某个特定的时间，必须有足够多的基本材料来构成万物。如果我们假设宇宙是无限定延展的，那么，构成它的材料也必须这样。在另一个维度方面，如果我们结构化的世界正如阿那克西曼德所假设的那样，在时间上开始于 *apeiron*，那么 *apeiron* 本身必须先于我们的世界。它似乎在时间上必须无限后退。进而根据一个普遍接受的假设，任何没有开始的东西都没有结束，那么就很容易明白，为什么 *apeiron* 在时间上是无限的。因此，在两个方面，阿那克西曼德的 *apeiron* 都必须是无限的。

如果这些猜测是正确的，那么我们将发现，阿那克西曼德和泰勒斯一样，即便进行着自然哲学的研究，他们仍然愿意展开某种形式的先天推理。[4] 某些事实在他看来是明显的；某些方法论准则对他来说是具有吸引力的；最后，某些为了说明这些明显事实的解释性假设，在遵循这些方法论准则的前提下，被发展了出来。

---

〔4〕哲学家区分两种形式的知识：先天和后天。某人拥有关于命题 p 的先天知识，当且仅当此人通过理性和概念资源而知道 p。后天知识则是非先天的知识。一般来说，我们认为数学和逻辑是先天的，而经验科学则是后天的。要知道：正方形内角和必然等于 360 度。我们并不需要为此做一个实验。事实上，有人认为，我们不可能基于经验而知道这个命题。这个命题是先天被知道的。相反，如果要知道维生素 C 是否有助于预防感冒，我们则需要设计并执行控制实验，以收集和评估相关数据。这个命题如果能被知道，一定是后天的。先天知识和后天知识这个在过去两个世纪发展起来的区分，本质上对应于本卷所讨论的哲学家所做出的通过理性知道和通过经验知道这个区分。需要注意的是，这两个区分涉及的是知识是如何得到辩护的，而不是知识是如何获取的。尽管一个学生可以从她老师那里学到 2+2=4，但她对于这个必然为真的命题的辩护并不能通过诉诸她的老师来完成，而是通过加法函数的本质来得到辩护。这个命题是先天地或者通过理性被知道的。

也就是说，他认为，我们在宏观层面所观察到的变化都奠基于某种东西。各种准则，包括对简约性和解释上简单性的承诺，在他看来是具有吸引力的。那么设定一些原则上不可观察的东西，就不会使他觉得是一个问题：如果我们需要某种材料来解释需要解释的现象，那么这已经有充分的理由认为，接受它的存在是有理性基础的。他这里所使用的推理方式并非异类或肤浅。相反，无论要求多少经验上的确证，我们得到许多科学灵感的方式在很大程度上就是阿那克西曼德和泰勒斯得到他们的科学灵感的方式，即依赖于某种先天和后天的混合。（我们经常听说，在对DNA分子的研究中，克里克和沃森在一定程度上受到一个信念的支配，即DNA分子将会是某种美丽的事物。事实上，双螺旋结构也确实如此。无论真假，这个传说捕捉到了一个思想，即并非每一个自然科学方法论准则都是严格经验的。）

这么说的目的并不是要赦免最早的自然哲学家所犯下的明显错误和漏洞。而是为了强调，在他们所从事的活动中，存在着从导向上来说真正哲学性的特征。如果我们参照那种诉诸不可预期的神的脾性所给出的解释方式（比如，每年春天的到来是因为珀尔塞福涅*拥有6个月从冥界释放回来的假期）来审视这种解释方式，我们就能理解：一个令人振奋的改变正随着泰勒斯和其他早期自然哲学家的到来而发生。

---

* 珀尔塞福涅，古希腊神话中冥界的王后，她是众神之王宙斯和农业女神德墨忒尔的女儿，被冥王哈迪斯绑架到冥界与其结婚，成为冥后。——译者注

第二节 克塞诺芬尼

如果唯物主义一元论者偏爱自然主义的,而非神圣和神话的解释,那么,在证据形式上,他们也同样有所偏爱。一般来说,他们倾向于自己的感官和心智能力所提供的证据,而非所谓的神圣启示。尽管对于荷马和赫西俄德来说,召唤缪斯,从而得到一些常人无法得到的关于宇宙起源和宇宙论的灵感,已成为某种习以为常的做法。泰勒斯和他的追随者们,一方面显然避免求助于这样的信息来源;另一方面,至少就现存资料来看,他们却也没有指名道姓地批评荷马和赫西俄德。

然而,事情在克塞诺芬尼(前570—前478)这里发生了变化,他是一个不敬神的流浪诗人兼哲学家,把在早期自然哲学家著作中还属隐含的东西明白地揭示了出来。他嘲笑荷马和赫西俄德所提供的解释形式,公开地、刻薄地讥讽那些信赖荷马和赫西俄德的人。比如,他指出,人们习惯性地按照他们所尊崇的形象来创造神。色雷斯人认为,他们的神和他们一样有着蓝色眼睛和红色头发。埃塞俄比亚人则认为,他们的神和他们一样,有着深色的肤色和大鼻子。[6] 克塞诺芬尼讥讽说,如果马和牛能作画,无疑也会按照它们的自我概念来画神,这些神当然就会看起来像马和

[6] DK 21 B 16。

牛。[7]更糟糕的是,希腊人从不理想化他们的神。荷马赋予神的一些行为特征,即便在凡人看来也是很不光彩的,比如:偷盗、通奸、欺骗。[8]总之,克塞诺芬尼认为,在关于神的问题方面,人类是坚定的神人同形论者。显然,这一切似乎向我们揭示着某个道理。

克塞诺芬尼确实认为是这样的。但这个道理并不简单。他并没有做出下面这样的推理:既然人类确实是根据他们的样子来设想神的,那么,有神论就是某种愚蠢的人类设计。相反,和之前的自然主义者一样,克塞诺芬尼提倡某种形式的有神论,而且显然是一种单神论,认为只存在着一个似乎是纯粹心灵的神,它能够想、看、听,而且只做那些恰当的事情。[9]因此,在某种程度上,克塞诺芬尼延续了早期自然哲学家的传统,即:为了发掘感官知觉和常识背后的原理而去思考表象背后的实在。

然而,他与这些自然哲学家在一个重要的方面有所不同。拒绝神话解释意味着承诺了一种更高形式的解释,这种解释不依赖于神圣启示,而是依赖于我们的感官所提供的材料和我们的推理过程。因此,这种拒绝也就暗含着认为,非神话形式的证据不仅是可得的,而且是更值得推荐的。至少就我们现存的材料来看,克塞诺芬尼是第一个进一步向前走的人,这一步深深地植根于哲学的品性中,把批判的焦点对准了这个暗含的承诺本身。克塞诺芬尼问了一个简单却又影响深远、他的前辈没有提出的问题,而这个问题却困扰了他之后一代又一代的哲学家,那就是:我们是

---

[7] DK 21 B 15。

[8] DK 21 B 11。

[9] DK 21 B 23、DK 21 B 24、DK 21 B 25、DK 21 B 26。

怎么知道的？这个简单的问题自身又带着一系列更加具体的问题，我们必须先处理这些更具体的问题，才能对这个问题给予恰当的回答。我们应该相信什么样的证据来源？我们应该更加偏重先天的证据还是后天的证据？这两种形式的辩护最终是可捍卫的吗？

令人惊奇的是，克塞诺芬尼并没有简单地提出一个关于我们知识辩护来源的开放性问题。相反，他对此提出了一个怀疑论的挑战，这个挑战在范围上是广泛的，而且植根于一个关于人类知识的显然合理的概念。他邀请我们拒绝荷马和赫西俄德，和他一样相信只存在一个神。我们已经看到，克塞诺芬尼指责荷马将神描述为拥有许多可耻的行为，指责每一个文化都按照自己的概念来塑造它们的神，指责人类即便在概念化他们世界的最核心特征时，也暴露出任意的主观性。即便我们认为，克塞诺芬尼的这些观点都是正确的，我们为什么就应该假设他的理论更好呢？也就是说，我们为什么应该假设克塞诺芬尼占据着一个更安全、更可靠的立场，使得他能够更好地思考这些问题呢？

克塞诺芬尼哲学的一个最有趣的特征就是，他自己想要警告我们，不要过于轻易地接受他的观点。他认为自己的观点不应该被认为是真的，而应该被认为在某种程度上接近于真。[10] 他有非常充分的理由持有这些建议。神话解释为什么是有缺陷的？简单来说是因为：即便这些解释所提供的假设，在某些人看来是非常令人满意的，但没有确凿的证据可以支持它们。因此，即便这些信念最终是真的，我们也不能说这些神话论者拥有知识；因为知

---

[10] DK 21 B 35。

识不仅仅要求它是真信念。在真信念之外，克塞诺芬尼认为，一个有知识的人必须拥有证据或者辩护。[11] 这些想法当然是正确的。如果一个探长相信屠夫犯了杀人罪，并且屠夫确实犯了杀人罪，然而如果我们知道她得到这个信念是因为她相信自己与去世者的精神有超自然的感应，那么，我们就很难赋予这个探长以知识。相反，我们会说，即便她相信了一个真理，但她却是通过偶然的方式得到这个真理的。探长拥有一个真信念，却没有知识。相反，如果探长拥有的这个真信念是基于确凿的刑侦证据，我们就说她拥有了知识。

那么，在克塞诺芬尼所关心的领域中，什么才是确凿的证据呢？在最高的层面上，是什么告诉我们：理性主义的，或者自然主义的解释为我们关于神、宇宙及知识本质的信念提供了可靠的辩护呢？在提出他的怀疑论挑战后，克塞诺芬尼就撤离了论证战场。他认为，即便我们得到了真理，也不知道自己已经得到了。信念统治着所有人类研究。[12] 然而，通过提出如此清晰和普遍的怀疑论挑战，克塞诺芬尼创立了认识论这个领域，因此为后世哲学家设定了一项研究。这项研究可以被分为两个部分：(1) 狭义的认识论，即分析知识的本质（克塞诺芬尼合理地认为，知识是得到辩护的真信念）；(2) 各个领域的知识主张所具有的认识论特征。包括研究辩护的不同种类和标准（这个论题得到柏拉图和亚里士多德的关注）。

即便如此，我们必须承认，克塞诺芬尼并没有给出任何理由，

---

[11] DK 21 B 34。

[12] DK 21 B 34。

以支持一个极端的或彻底的怀疑论。首先，他并没有给我们任何理由以认为，辩护在原则上是人类所不可能得到的。克塞诺芬尼对其怀疑论所提出过的仅有的理由，或许可以诉诸他对流行的宗教信仰的嘲讽。我们很容易发现，不同的人将他们自己投射到他们最深的信念中，这些投射包括他们的希望和恐惧、他们强烈的欲望以及他们的自我概念；而且我们也很容易能够得出这样的结论：在这个投射过程中，他们依赖于一个透明的、武断的主体性。然而，我们为什么要假设，对这种倾向的意识不能够成为一种矫正法呢？为什么要假设在其他领域，如自然科学或数学的知识主张中也存在着任意性和主观性成分呢？很难相信，在 2+2=4 这个信念中也有任何任意性和主观性成分。相反，这个信念看起来是完全必然的。总而言之，对于数学和逻辑知识，或者一般性的先天知识，任意性和主观性的入口在哪里呢？因此，我们为什么要受克塞诺芬尼怀疑论的影响呢？到目前为止，至少在这个研究领域，克塞诺芬尼并没有任何强有力的观点。

即便这样，他的怀疑论立场仍然是前苏格拉底哲学中的一个重要发展。即便我们自信能够在数学或化学等领域逃脱任意性、主观性的蒙蔽，依然没有任何理由认为，在政治学、伦理学或美学当中，也能够同样地摆脱这种蒙蔽。同时，我们显然也希望能够像苏格拉底一样，认为存在着一些我们知道是错误的东西，但我们并不认为，对这些错误的东西所持有的信念就一定是武断随意的。我们也不认为，每一个关于道德的信念都是一些我们永远不可能得到辩护的信念。

然而，需要注意的是，尽管关心知识主张的基础，克塞诺芬尼并不持有相对主义。也就是说，他从来不认为，如果存在真理的话，这些真理依赖于个体或者群体的态度或信念。相反，他质疑的是我们对何为真的知识主张进行辩护的可能性。因此，他是一个怀疑论者而非相对论者。只要他认为存在着可知的真理，就不可能是相对主义者，因为相对主义者挑战的就是这个承诺。

克塞诺芬尼提出的挑战拥有长远的影响。如果知识是真信念加上某种形式的辩护，那么每当我声称知道某个东西的时候，也就声称在这个真信念上拥有辩护。因此，如果我声称知道自然主义的解释优于神话论的解释，我就必须认为，自己至少能够在原则上为这个信念提出恰当的辩护。实际上，为这些高阶的知识提供辩护是非常困难的；在不能够提出必要辩护的情况下，我们就应该好好反思一下克塞诺芬尼的怀疑论挑战。

无论事实上多么有力，克塞诺芬尼的怀疑论在现存的残篇中并没有得到清楚的论证。相反，我们必须从他关于我们视角局限性的评论中找到一些论证来作为补充。他认为，人类在做出各式各样判断时都受到任意主观性的约束。这也构成对其怀疑论的某种形式的论据支撑。在某个意义上，这个观点类似于认为，我们所拥有的任何证据都无可避免是有缺陷的。如果我们寻求客观辩护，但却发现在任何方面都受到自身视角的局限，我们就必须得承认，那些我们自认为的证据也已经被这种不可避免的局限性所污染了。

这个怀疑论动机只有在一个意义上是高度普遍和成功的，即我们在某个既定领域的判断将不可避免地受到视角的限制。然而，克塞诺芬尼从未表明，我们必然地就将受到这种限制。因此，克塞诺芬尼的担心只能产生两个效果：(1) 提醒我们，在给出任何具体判断时，都要对我们所诉诸的证据抱有警惕性，(2) 激励我们以一种抽象的方式去反思各种可以被接受的证据类型。

第三节 赫拉克利特

神秘的赫拉克利特（大约出生于公元前540年）提供了额外的理由以表明，克塞诺芬尼所提出的各种视角的局限性确实是无法克服的。尽管不是怀疑论者，赫拉克利特却将他的注意力放在了他人的认知缺陷上。比如，他认为"绝大多数名人的知识只不过是意见而已"[13]。这些名人包括最受人敬仰的希腊诗人荷马，赫拉克利特不止一次点名道姓地批评他。同时也包括赫西俄德，另一个神话的经典来源，他也受到赫拉克利特的指责。[14]人们无疑是会犯错的，因为他们不明白表象并不总和实在相符。隐藏的联系高于表面的联系，[15]只有通过努力，它们才能被确定下来。因此，赫拉克利特认同米利都学派的观点，即世界的表象可能是具有误导性的。正如他所说："自然喜欢隐藏自己。"[16]自然的隐藏对于赫拉克利特来说具有重要的意义，因为他认为，我们对自然界的认识受到我们的视角和偏好的约束。而且，即便我们意识到了这种限制，这个意识本身也不能使我们免除这种限制。正如赫拉克利特所指出的，驴偏爱垃圾而非黄金，猪喜欢泥而胜过水，鸟则用

---

[13] DK 22 B 19。
[14] DK 22 B 56，DK 22 B 42。
[15] DK 22 B 54。
[16] DK 22 B 123。

人类觉得肮脏的泥灰清洗自己。[17]如果我是一头驴,偏爱垃圾而非黄金便是有充分理由的,因为垃圾可以作为我的食物,而黄金不能。即便假设我能够意识到,人类由于黄金的光泽而偏爱黄金,这一点对我来说也是不可能改变的。一般而言,我如何看待和评估这个世界,至少在一定程度上取决于我是谁。如果我试图超越主观自我,去获取客观知识,这注定会失败,因为我不可能仅仅凭借主观愿望就变成一个我所不是的东西。

确实如赫拉克利特所言,在观察这个世界的时候,我能够意识到,在两个相互关联的方面,我都与这个世界彻底地割裂开来。赫拉克利特有一句名言,即人不可能两次踏入同一条河流。[18]正因为这种言论,赫拉克利特被大家称为流动的哲学家;而且在这个方面,他对于某些后世的哲学家,如柏拉图,产生了巨大的影响。[19]他的观念似乎是这样的:物质世界在时间中变化着。当我今天浸入一条河流时,这条河流从昨天开始已经发生了自我更新,因此,实际上我今天浸入的这条河流并不是我昨天浸入的那一条。这里的河流象征的是自然界整体:它是流动的。在我们能够熟知这个物质世界之前,它已经一次又一次地发生了变化。

当我们理解了赫拉克利特的观点在古代是如何被应用到河流以外的事物时,他的流动性观念的重要意义才能够得到深入的理解。柏拉图将赫拉克利特与喜剧作家埃皮卡莫斯联系起来,后者

---

[17] DK 22 B 9, DK 22 B 4, DK 22 B 37。
[18] 在古代,对这句名言事实上存在着许多并不等价的表述,DK 22 B 12, DK 22 B 91a-b, DK 22 B 49a。本书讨论的是它们的一种融合。
[19] 关于赫拉克利特对柏拉图的影响,参看3.2(指本书第三章第二节。下同。——译者注)。

对于一个本质上是赫拉克利特式的哲学难题给出了一个有趣的戏仿。[20] 他这部喜剧的名字并不为人所知，其中主要角色的名字也不为人所知。A 让 B 偿还所欠的一部分债务。B 由于没钱，便精明地说道："如果你有奇数量的鹅卵石——或者偶数也行——然后往里面加入或者减去一块鹅卵石，你认为你还有同样数量的鹅卵石吗？" A 说："不认为。" B 又说："如果你有某个长度的腕尺，然后加上或者减去了一部分长度，原来的尺寸就不再存在了，难道不是吗？" A 同意说："是。" B 于是得出这样的结论："好，现在以同样的方式思考人类，一个人在增长而另一个人在缩小。所有的人总是处在变化的过程中，然而，本性上总在变化的东西必定在每一个时刻都与变化之前是不一样的。你和我都与昨天的我们不同，也与明天的我们不一样。"因此，结果就很清楚了：B 已经不再是过去的债务人，那个债务人似乎已经消失了，A 不可能收回欠他的东西。然而，A 很快也就学会了这一套。基于 B 的理由，A 能够而且确实在盛怒之下殴打了 B。B 提出抗议。A 此时就能还 B 以同样的颜色，A 可以问 B："你为什么要生我的气呢？正如刚才某人所证明的那样，并不是我打了你，完全不是我，而是另一个人。"[21]

这个段落是对生长论证（growing argument, GA）的戏弄。这个论证在后来希腊化时期的斯多葛派和学院派间的辩证交流中发挥着重要的作用。简单来说，它是这样的：

1. 如果我们在一堆鹅卵石中加入（或减少）一块鹅卵石，

---

[20]《泰阿泰德篇》152a-e。
[21] 这段对话是猜测性地从 DK 23 B 2 = K 170b = DL iii 10-11 中重构出来的。

这样所生成的那堆鹅卵石并不等同于原先的那一堆。

2. 人类似于一堆鹅卵石。

3. 因此，当人类损失或者得到一个构成粒子时，产生的那个人将不等同于原先的那一个。

显然，尽管很难精确地指出人和鹅卵石的区别究竟在哪里，很多人还是会拒绝上述论证的第二个前提（GA-2）。然而，很难说一个赫拉克利特主义者将人比作河流就是不对的。因为人和河流都持续地发生着物质上的增减变化。人和河流一样都经历着处于时间中的粒子变化，直到他们完全被新的粒子所替代，然后这个过程又重新开始一遍。两者都处于流动中。

赫拉克利特不仅让我们注意历时性的流动，即贯穿于时间中的变化，同时也让我们注意一个相对来说比较弱的流动观念，即共时的流动。这是相对于一个对比语境，在同一时间点上的变化。尽管一开始很难察觉，但考虑到后来古典哲学的发展情况，这个流动观才是更有趣和更重要的。比如他说："上升的路和下降的路是同一条路。"[22] 类似的，他认为海水既是可喝的，又是不可喝的——对于鱼来说是可喝的，对于人来说却是有害的。[23] 又如，相对于神来说，最聪明的人也不比猿更聪明。因此，相对于不同的参照点，人类既聪明又不聪明。[24] 将这种共时流动视为一种变化，听起来比较奇怪。因为通常来说，我们认为变化需要一段时间。然而，赫拉克利特认为，这仍然是一种变化，是一种由于视角的

---

[22] DK 22 B 60。

[23] DK 22 B 61。

[24] DK 22 B 83。

更改，而非时间的流动所带来的变化。这也正是理解这个概念的重要性之关键所在。我们也许会把一袋40磅重的土豆描述为既是重的也是轻的，因为这取决于谁来提这袋土豆。因此，这袋土豆并不是绝对的轻，也不是绝对的重。它的轻重是由用来承载它的能力所决定的。对于力量的这种看法同时也适用于知觉和思想：我们的所见和所想，在一定程度上是由我们的视角框架所决定的。

如果是这样的话，赫拉克利特就超越了克塞诺芬尼。他不仅表明了，我们的视角影响了我们经验这个世界的方式，同时也表明了，我们必然地要受这种视角的约束。关于历时和共时流动的这些事实，都表明了没有谁能够对于世界采取一个神的视角。甚至，或许神都不可能采取一个神的视角，因为那将是一个没有视角约束的视角。

重要的是，赫拉克利特并没有利用这些流动的事实来宣扬某种怀疑论，相反，他想要表明，我们的感官如果能得到合理运用，是能够帮助我们认识自然规律性的。事实上，他强调，那些有着"粗野灵魂"的人，其所见所闻也是很糟糕的。[25] 这似乎意味着，那些不拥有"粗野灵魂"的人就可以不用遭受这种缺陷，因而或许可以获得知识。

赫拉克利特一次又一次地劝诫世人：人类应遵循"逻各斯"——这是一个有着多重含义的词，可以指"词""故事""解释""结构"。[26] 这个词对于某些读过《约翰福音》第一句话的人来说是比较熟悉的，所谓"太初有道（逻各斯）"。这里的翻译应该包含着在赫拉克利

---

[25] DK 22 B 107。

[26] DK 22 B 1。

特那里所蕴含的许多奥义。毕竟在他那里，逻各斯包含所有这些意义，或许更多。至少，赫拉克利特想要表明：宇宙中存在着基本的秩序，通过阅读他的文字，人类能够努力地去理解"逻各斯永存"的道理。[27]然而，我们很难准确地理解他那些晦涩的文字，比如"同一个东西既生又死，既醒又眠，既年轻又老，因为它们总是不断地互相转化"[28]。也许他只是在说：所有的东西形成了一个统一体，这个统一体是可以通过研究发现的。或许正因如此，他才说"不要听我的，而要听逻各斯的，能够认同万物皆一是明智的"[29]。应该在多大程度上按照字面意义来理解这句话，存在着很多争议。但我们将看见，一个遵循赫拉克利特学说的哲学家认为，我们应该非常字面地、严肃地理解这句话。

---

[27] DK 22 B 1。
[28] DK 22 B 88。
[29] DK 22 B 50。

第四节　巴门尼德和芝诺

巴门尼德（前515—前450）与克塞诺芬尼和赫拉克利特一样，希望我们努力地去思考证据的日常来源所具有的可靠性。然而，与克塞诺芬尼不同的是，对于我们的证据，他从未持有某种形式的怀疑论态度。他认为，某些证据是毫无价值的，而且能够被证明如此；而存在着其他形式的证据，能够为我们提供可靠的知识，完全免除怀疑论的质疑。同时，在陈述自己观点的方式上，他与赫拉克利特不同，并不满足于用一些花哨的、引人注目的格言来表达观点。巴门尼德直接并且有意识地去论证他的结论。确实在某种程度上，他旨在抛出各种挑战。他提出了一些直接的论证，这些论证的结论非常难以置信，目的只是在于挑战那些怀疑他的人，指出他们的缺陷。在免除了这些缺陷之后，他希望读者和他一起，不仅仅以早期唯物主义一元论者所采取的那种零碎方式来抛弃常识，而是以一种非常极端的方式彻底拒绝感觉经验带给我们的，同时也是植根于常识中的世界表象，以及这种表象所呈现出的最一般特征。同时，他也希望我们放弃通过经验来辩护的各种知识，强调所有知识的唯一来源只能是理性。

他否认：存在着任何形式的变化；存在着物体的生成和消亡；存在着多样性；存在的东西拥有一个开端或者拥有一个结束；我

们能够提及或者思考不存在的东西。他主张：存在。[30]

只需关注巴门尼德的一个令人惊讶的主张，即"不存在变化"，我们就能够理解他的思想的极端性，以及为什么他能够对后世追随他的哲学家产生如此巨大的影响。

存在着变化，这一点对我们的知觉经验来说是最为明显的。我看见乌鸦飞，它变换着位置。我听见一首交响乐在播放，它变化着音调。我闻见烤洋葱，它从甜变辣。我喝到酸牛奶，我的感觉从一个中性的状态变为尝到某种腐烂东西的状态。所有这些例子都直接清楚地表明，某些事物在发生变化。至少，表面上来看，要求我对这个信念提供证据似乎反而是不合理的。

巴门尼德无法容忍这种态度。他嘲笑那些认为这些一般观念是常识的人。事实上，他认为，以下这些观念才是真正简单而普通的：通过使用纯粹理性，任何人不仅能够明白不存在变化，而且不可能存在变化。变化是不可能的。因此，如果我们认为自己知觉到了变化，我们一定是被迷惑了。他的态度类似于父母对于那些认为看见了太阳围着地球转的孩子所持有的态度。父母知道，在孩子看来事实似乎是这样的，但他们也知道这些孩子是错的。如果他们还没有能力学会天体运动的原理，那么最好的办法或许只能让父母以高人一等的方式把知识灌输给他们，直到他们自己能够对此获得成熟的理解。然而，如果这对父母遇见的是一个正常的成年人，此人坚持认为太阳围着地球转，地球是平的，而不顾那些清晰的反面证据，那么这对父母也许就会嘲弄这个人的愚

---

[30] DK 28 B 8。

蠢。父母的这种态度在巴门尼德那里也能找到对应物，那些陷于感官知觉表象中的人也是糊涂和困惑的，他们游荡在这个地球上，却对于世界是怎样的，以及世界必须是怎样的没有一点理解。

世界必然是怎样的与感官知觉所传达给我们的世界图景是不相容的。因为在我们众多的后天信念中，我们显然相信这个世界向我们展现了变化和多样性。事实上，巴门尼德想要拒绝所有形式的后天辩护，而支持那些能够先天可知的东西。也就是说，如果我们认为某个命题 P 是后天可知的，当且仅当它的辩护最终诉诸的是感官知觉所提供的材料，那么，巴门尼德的观点就可以很简单被表述为：我们不拥有这样的知识。我们所拥有的任何知识都一定是先天的。[31] 值得注意的是，对于后天知识的可能性，巴门尼德完全不是采用怀疑论的态度，而是认为这种知识观本身是不融贯的。他的推理能够被很好地重构如下。首先，他持有一个总原则。这个原则不仅被视为真，而且必然为真。然后，他把这个原则运用到所谓的"久经战斗考验的证明"中。[32] 这个原则就是思考的关系性理论（Relational Theory of Thinking）：

（RT）所有思考的个例都包含一个与被思考的东西处于某种关系中的思考者。

也就是说，思考就像触摸。每一次我触摸某个东西的时候，都存在着某个被我触摸的东西。如果我想要触摸你，而你却闪开了，那么我并不是成功地触摸了无，而是我根本就没有能够成功地触摸。用一个比较接近于巴门尼德自己表述的例子：如果我想要表

---

[31] 关于先天和后天知识的对比，参看本章注释 4。
[32] DK 28 B 7。

达某个东西，但由于缺乏必要的语言能力而未能成功，那么，我并不是成功地表达了无，而是我根本就没能表达任何东西。比如我若只知道一点点韩语，当想要表达一些复杂东西的时候，我只能说出了一串无意义的话。那么，我成功地断言了无吗？不，倒不如说，我并没有断言任何东西，而只是发出了一堆不可理解的声音。根据巴门尼德的观点，同样的情况也适用于思考：如果我想要思考某个东西，但未能成功，那么我并不是成功地思考了无，而是根本没有思考。

或许有人认为我们能够思考无。比如，我也许会认为，银行里有些东西总比什么都没有要好。或者我可以进行更加抽象地思考，认为无是一个只有哲学家和数学家才思考的话题，所有其他人都只是思考某些东西或者另一些东西。然而，那样的话，哲学家和数学家就确实思考了无，而我由于思考了他们思考无，因此我也思考了无。巴门尼德的捍卫者会做出这样反驳：如果他们确实思考了，那么，在某种意义上，他们思考的是无这个概念，而这个概念本身是有。如果每一个思想确实都包含着思想者和被思想的东西之间的某种关系，那么每一个思想都必须是有内容的。于是在这些案例中，我们并不是真正地设想了某个思想了无的人。相反，我们如果在思考，就一定在思考某个东西。

不管怎样，运用（RT）这个原则，巴门尼德认为他可以得出某个结论，这个结论能够成为思考和存在间的一个桥梁原则（Bridge Principle）：

（BP）：思考任意一个 x 是可能的，当且仅当 x 存在。[33]

注意：（BP）的内容多于（RT）。（BP）做出了两个断定：(1) 对于任意存在的 x，思考 x 是可能的；(2) 对于任意能够被思考的 x，x 存在。从（BP）以及巴门尼德所主张的"'无'不存在"，可以得出这样的结论：不可能思考无。因此，如果我认为自己在思考无，那我肯定是错的。这个情况类似于：如果我认为自己正在思考 14 和 19 之间的一个质数，同时又不是 17，那我不仅是错的，而且必然是错的。在我看来似乎是真的东西其实是假的，而且必然是假的。17 是 14 和 19 之间唯一的质数并非一个偶然的事实。因此，如果我认为自己在思考某个具有此规定特征的数而又非 17，那么我就弄错了我究竟在思考什么。类似的，如果我认为自己在思考无，那我肯定也是错的，只是受到了迷惑。

以此为背景，巴门尼德就能够展开他对后天知识的攻击（AAPK）。他的论证分为两个步骤：

1. 如果我们有任何后天知识，那么我们就能知道存在着多样性和变化。

2. 我们不能知道存在多样性和变化。

3. 因此我们不具有后天知识。

这个论证足够简单而且显然是有效的。（AAPK-1）似乎是真的。可以合理地认为，如果我们后天地知道任何东西，那么我们也就有能力发现变化以及事物的多样性。毕竟，如果我知道自己正在

---

[33] 如此表述（BP）抓住了巴门尼德主张的要点，即存在和可被思考是共外延的。参见 DK 28 B 8。

知觉某个蓝色的东西，那么就能知道在我的视野中存在着某个区域；或者说，我们至少能够知道蓝色的东西并不是我视野中的其他黑色或者非蓝色的区域。然而，如果我的视域是一片毫无区分的蓝色海洋呢？即便那样，我们也能够合理地认为，我可以关注其中的一个部分，并且将这个部分与其他部分区分开来。类似的，如果我能知道一片树叶的坠落，那么我也能知道这片树叶改变了它的位置。由于这些例子或多或少是随机选取的，巴门尼德认为，对于任意一个后天的知识，你都会发现，具有这种知识的能力意味着有能力知道在感官知觉的世界中存在着多样性和变化。因此我们可以认可（AAPK-1）。

这个论证中令人吃惊的是（AAPK-2）。为什么巴门尼德认为我们不能够知道存在着多样性和变化呢？难道当我们看这个世界的时候，我们不是显然看见了各式各样的事物在每一个瞬间都发生着变化吗？正是在这里，他认为先天的知识优越于似乎是后天的知识。也正是在这里，在捍卫（AAPK-2）时，他提供了一个令人吃惊的论证，这个论证主要依赖于（BP），也就是他对于思想和存在之间给出的桥梁原则。存在着两种类型的变化：生成和简单的变更。生成意味着某个东西从之前不存在的状态变为存在。变更则意味着某个已经存在的东西从某个状态变到另一个状态。关于生成和变更的普遍接受的案例分别是：一个新生命的诞生以及某个男孩在 17 岁时剪了一个很时尚的发型。当然，巴门尼德认为，这些只是大家所认为的属于变化的例子，而他则认为这些观念其实都是不融贯的。他反对变化的论证如下（AAC）：

1. 不可能思考无。

2. 只有可能思考无，才可能设想生成。

3. 因此，不可能设想生成。

4. 只有可能设想生成，才有可能设想变更。

5. 由 3：不可能设想生成。

6. 因此不可能设想变更。

在此基础上，巴门尼德只需要再添加两个简单的想法就能够得到他那耸人听闻的主张的一半，即我们不可能知道存在着变化：

7. 所有的变化，要么是生成的例证，要么是变更的例证。

8. 如果知道存在着变化是可能的，那么至少必须可能设想生成和变更。

9. 因此由 3 和 6 我们不可能知道存在着变化。

这就是巴门尼德主张的一半。

如果这个论证是成功的，一个平行的论证就能够用来表明不可能存在多样性，因为多样性意味着我们要思考无，以区分不同的事物。加在一起，这些论证就能够得出巴门尼德的（AAPK-2），即我们不能够知道存在着多样性和变化。如果我们接受（AAPK-2），那么，由于（AAPK-1）的合理性，即如果我们拥有任何后天的知识，那么我们就能够知道存在多样性和变化。巴门尼德似乎就能够合法的得出他的结论，即我们事实上不具有任何后天的知识。他也就能够实现先天对后天的胜利。

这个论证有多成功呢？作为一个历史事实，这个论证成功到引起了古代哲学家的充分关注，最终柏拉图和亚里士多德都给出了不同的反驳。作为一个纯粹哲学的问题，能够简要地表明巴门尼德是如何对他的论证给予充分支持的就足够了。首先，所有重要的论证步骤都归结为反对变化的论证。因为，如果这个论证是可靠的，那么（AAPK-2）就得到了建立，然后加上（AAPK-1），就可以得到巴门尼德的结论。对（AAC-1）的支持来自两个方面：一是巴门尼德对于（RT）的充分合理的承诺，即思考的关系性理论。二是相对来说更具争议的桥梁原则（BP）。因此，这两个原则具有多大的合理性，他的整个论证就具有多大的合理性。

这个论证的第二个前提（AAC-2）需要一些评注。根据这个前提，仅当思考无是可能的，才有可能思考生成。这里的想法是：如果我们思考的是真正的生成，而不是变更，那么，我们思考的就是某个从无到有的东西。某个东西突然从绝对的无变为存在，这或许可能，也或许不可能。当然，巴门尼德对这种可能性是抱有怀疑的。然而，即便是可能的，我们也不可能设想它是这样，因为这意味着我们必须思考某个从无而来的东西。然而如果（BP）是正确的话，思考无则是我们所办不到的。因为那个原则认为，我们只能够思考存在的东西，而无并不存在。因此，我们不能真正地思考生成。

事实上，我们难道不会说：当我们认为自己在思考生成的时候，其实仅仅是在思考变更吗？一张桌子生成了。真正发生的只是某些木头被造成了桌子的形状。也就是说，真正发生的只是某些木头以某种方式发生了变更。婴儿的"生成"也是这样。真正发生的也只是精子和卵子结合，然后开始分裂，并且随着周围物质的增加，按照设定好的方式生长。这里我们拥有的也不是生成，而是通过增加带来的变更。因此，也许不可能设想真正的生成。通过反思，我们发现，我们思考的并不是我们认为我们思考的东西。具体来说，我们并没有意识到思考真正的生成需要思考无，而现在我们明白，思考无是不可能的。

那么，如果我们就此认可了（AAC-3）这个处于中间的结论，我们也并不愿意进一步走到（AAC-6）。如果生成其实是变更，那么我们就能够通过思考变更来思考生成。毕竟，变更正是我们将生成还原为的那种变化形式。

然而，巴门尼德并不这么认为。他显然觉得我们并没有实现这种还原。相反，我们已经发现了生成是不可设想的。现在我们发现了更多的东西，即出于同样的理由，变更也是不可设想的。因为正如（AAC-4）所言，仅当设想生成是可能的，设想变更才是可能的。也就是说，并不是生成还原为变更，相反所有的变更都只是伪装的生成。当一个女人学会了弹钢琴，某个新的东西便产生了，即一个之前不存在的弹钢琴的女人。以巴门尼德的方式来看问题，每一次我们得到一个似乎是变更的例子的时候，我们得到的其实是某个新事物的生成，一个之前不存在的东西的生成。但这同样给我们带来了一个问题。因为，如果是这样的话，仅当我们能够设想生成，我们才能够设想变更。而我们刚才已经发现，我们是不可能设想生成的。如果这是正确的话，我们就陷入了这样一个结局，即我们也不能够设想变更，由此，巴门尼德就能够得出他最极端、最具有革命性的结论。

显然，存在着许多我们想要审视这个论证的地方。从（RT）和（BP）开始，大量的问题产生了。其他问题则使我们想要停下来，重新思考其他的一些前提，包括（AAC-2）和（AAC-4），关于它们，我们的讨论才刚刚开始，我们并没有能够完成这个讨论，因为存在着许多不等价的方式来挑战这些前提，每一种方式都有自己的长处和劣处。事实上，古代不同的哲学家都以不同的方式对它们做出了回应，我们将会看到巴门尼德的论证是如何得到柏拉图和亚里士多德的不同回应的。这些论证都带来了令人惊奇而又具有高度价值的、积极的理论发展。

然而，值得反思的是，一般而言，我们应该采取何种态度来对待这种论证。在某种程度上，它类似于来自埃利亚的另一个哲学家所提出的一系列论证。这个哲学家就是芝诺（生于公元前490年左右），他比巴门尼德稍微年轻一些，在古代被认为是巴门尼德的学生和捍卫者。芝诺留给了我们四个关于运动的悖论，这四个悖论都由亚里士多德记载下来，每个悖论都产生了有趣的结论，即运动是不可能的。因此，芝诺可以被认为是巴门尼德主张的捍卫者，即我们不拥有后天的知识，因为如果我们甚至不能够知道任何一个东西运动的话，那么就很难依赖于我们的感官去知道任何东西。

这些悖论中最简单的一类依赖于两个很简单的想法。首先，在我到达任意一个地点之前，我必须先走一半的路程。即每当一个物体要从 A 点运动到 B 点的时候，它必须首先运动 AB 之间一半的距离。其次，对于任意一段距离 D，我们都能平分 D。因此，对于这个距离 D，存在着一半的距离，即 1/2（D）；进而，对于这个距离又存在着另一个一半的距离，即 1/4（D）；以此类推，至于无穷。似乎并不存在一个不可以进一步分割的最小的距离。单独来看，这两个想法当中的任何一个似乎都是没有问题的。然而，把它们合在一起似乎就能产生一个荒谬的结论，即我不可能运动到任何一个地方：我将永远处于旅途中，首先运动距我终点一半的距离，然后又运动这一半距离的一半，然后又一半，没有终止。

　　类似的，假设阿基琉斯和一个乌龟赛跑。在意识到自己肯定比乌龟快之后，阿基琉斯决定让这场比赛变得有趣一些，他让乌龟先跑十米。芝诺认为，这个举措是错误的。因为这样的话，只要乌龟保持运动，阿基琉斯将永远不可能赶上乌龟。在他赶上乌龟之前，阿基琉斯必须要达到位置 P1，这个位置就是乌龟的起点。然而，那时乌龟已经运动到了 P2，阿基琉斯必须达到这个位置才能进一步追上乌龟，而那时的乌龟已经到了 P3。此外，加上另一个同样朴素的想法，即只要乌龟持续运动，他就将不处于同一个位置，这一事件序列就将无限持续下去，阿基琉斯将永远不可能追上乌龟。

　　很多人倾向于简单地把这些悖论抛开，认为它们是明显有缺陷的。比如，在回答芝诺的第一个悖论时，读者也许认为，简单地通过放下手中的书，然后走到门边就已经反驳了他。这似乎就已经表明了运动是可能的，因为实际上存在着运动。因此，芝诺的运动悖论必定是错的。

　　如果一个读者采取这种回应方式的话，他或许只能令他自己满意。芝诺的悖论之所以是悖论性的，是因为它迫使我们接受了一个我们不能够接受的结论，而这个结论却是基于我们完全接受的前提。当我们穿过这间屋子的时候，我们肯定了某些我们轻易不会否认的东西，即运动是可能的。然而，芝诺反对运动可能的悖论来源于两个非常简单的主张，这两个主张在直观上都是合理的：(1) 走到某个地方是需要时间的，或者更一般地说，运动任何一段距离都是需要时间的；(2) 每当我们从地点 1 运动到地点 2 时，必须首先运动这段距离的一半才能够最终达到地点 2。我们很容易发现，这第二个原则能够被重复使用以致无穷，从而产生无限数量的距离供我们运动。以这两个主张为武装，芝诺就能够论证运动的不可能性（impossibility of motion, IM）：

  1. 如果运动是可能的，那么对于某个跑步者来说，原则上就可以在有限的时间中运动有限的距离，即从起点到终点。

  2. 为了能够运动从起点到终点这段距离，跑步者必须首先要运动这段距离的一半，然后一半的一半，至于无穷。

  3. 如果 2，那么，为了能够运动从起点到终点这样一段有限的距离，跑步者就必须在有限的时间中穿越无限数量的距离。

  4. 对于这个跑步者或者任何一个人来说，在有限的时间中穿越无限数量的距离都是不可能的。

  5. 因此运动是不可能的。

读者通过放下手中的书而走开，这种方式并不能反驳芝诺，因为这根本不是反驳，而只是某种无视芝诺的方式。

如果某人只是无视芝诺，而不是通过接受芝诺带来的挑战而反驳他的话，这是很令人遗憾的，因为那些实际上接受芝诺挑战的人发展出了某些非常复杂的数学理论，比如集合论和无限理论。这些理论的许多部分都在计算机科学以及其他地方拥有令人惊奇并难以预见的运用。事实上，芝诺悖论的一些极为复杂的变体时至今日都是数学当中非常困难的挑战。[34] 然而，在本书的语境中，我们只需要关注芝诺想要得到的结论所拥有的那些令人吃惊的特征。在论证它的反直观结论时，芝诺和巴门尼德一样，已经准备好了只依赖于理性，而抛开那些感官知觉给我们提供的简单材料。他迫使我们去接受那些能够被证明的东西，而抛开那些仅仅看起来如此的东西。在这么做的时候，芝诺以一种惊人的方式与世界表象分离开来。

在这些悖论当中，芝诺邀请我们反思那些关于空间、时间、运动的广泛接受的假设的合理性，即使它们都非常符合我们的直观。如果我们以某种轻蔑的态度去回应芝诺，认为如果他非常肯定阿基琉斯将不可能超过乌龟，那就应该把一生的积蓄都压在乌龟身上，那么，我们就将错过这些悖论能够给我们带来的宝贵理论财富，比如现实无限性和潜能无限性理论，空间和时间无限分割性理论，无限集和它们与有限长度的无限分割之间的关系的理论，关于收敛性的理论以及无限序列的和的理论等等。事实上，直到 20 世纪，对于这些悖论，我们才发展出完全令人满意的回答，而这已经是在它们被提出后的大约 2500 年了。显然，值得我们注意的是，这些悖论的提出受到了巴门尼德关于多样性和变化的怀疑的启示。

同样，如果我们要拒绝巴门尼德的论证，认为它们明显是错误的，那么我们就应该有能力指出那些明显的错误。我们将会发现，为了揭示它们的缺陷，我们至少需要理解后天知识的本性和局限，

---

[34] 对于芝诺运动悖论的历史和发展感兴趣的读者可以首先参看 Wesley C. Salmon 的《芝诺悖论》（Hackett 出版社, 2001）。

这种知识形式的辩护原则永远令人难以琢磨。也许,巴门尼德的论证存在着缺陷,但是它们似乎成功地表明我们不应该赋予后天知识以特殊的不容置疑的特权,甚至不应该认为它们在某种程度上比先天知识拥有更多的辩护。难道我们真的看见了多样性和变化吗?

第五节　德谟克利特和公元前 5 世纪的原子论

对感官知觉来说什么才是直接明显的，这个问题随着公元前 5 世纪原子论的到来拥有了一个新的维度，并且也更加重要了。无论人们如何理解巴门尼德反对后天知识的论证，有一点是无可否认的，那就是它们的结论是不可信的：很难理解我们如何能够相信完全不存在多样性以及没有任何东西发生过变化这样的主张。阅读这本书的人似乎是在某一个时间点开始阅读它的，因此在那个时刻，他至少在某一个方面发生了变化，或者说（只要这本书的作者不去阅读他自己的书）读这本书的人与写这本书的人就不是同一个人，因此至少存在着这样一种多样性。只要巴门尼德想要去否认这些常识，他的推理就注定显得与我们的日常生活所提供给我们的材料极端相背离。当然，他或许就希望这样，但这将很难使他的结论为人们所接受。

巴门尼德如果愿意尝试解释为什么世界的表象与世界实际所是的样子如此的不同，那么他的这些主张或许至少显得不那么耸人听闻。然而，他并没有做过这方面的任何尝试。相反，我们在他的著作中找到的只有他对那些不愿意或者不能够遵循他主张的人的严厉的、不妥协的斥责。在这方面，某些追寻他的哲学家们表现得要好得多。公元前 5 世纪的原子论者留基波和德谟克利特都持有与巴门尼德相近的观点，他们都认为由科学和哲学所描述的世界截然不同于由常识和感官经验所描述的世界。同时，根据某些古代的记载，他们似乎很愿意去解释为什么在我们所知觉到的世界与我们应该相信的表象背后的世界会有如此的差距。他们提供了原子论以作为对巴门尼德一元论的补充：尽管现象世界并没有按照世界本身所是的那样表象这个世界，然而这个世界之所以那样表象却是有充分理由的。现象世界源自于在空无中运动的原子间的不可知觉的相互作用。

在这些原子论者中，德谟克利特（约前460—前360）是现有文献中展现得最充分的一位哲学家。通过关注他对于巴门尼德所持有的态度中存在着的那些调和性的部分，我们就能更加容易地理解他的主张。基于先天的理由，他同意巴门尼德的主张，即不可能存在从无而来的生成。因此，任何一个由生成而来的东西都是从某个已经存在的东西那里产生的。同时，任何一个丧失存在的东西，都将分解为某些东西而不是彻底的无。首先从宏观层面来说，一张桌子是由某些木头而来的，被斧头毁灭之后，它又将分解为木头。从这个角度来看，桌子只是某些已经存在的更基本的材料即木头的暂时的变体。然而同样的原理也适用于木头本身，相对于某些更为基本的材料，木头也是由它们而来并最终分解为它们。这样一个过程要么无限地延伸下去，要么终止于某个或某些最基本的材料。德谟克利特采纳后一种选择：最终存在着基本的原子，它们是不可被分解的，因此永远不会生成也不会毁灭。（在希腊语中原子一词指的就是不可分割的东西。）每一个原子都是不可分割的，没有开端也没有终结，而是一个绝对的统一体。在某个方面，每一个原子都是一个微型的巴门尼德的"一"。

然而，并非如巴门尼德所认为的那样，存在着一个包容一切的原子。原子论者认为，存在着不可数的原子，它们都在空无中运动。他们并没有直接真正地回应巴门尼德的论证，而是试图回避他的论证。首先，他们认可巴门尼德的主张，即如果变化和生成是真实的，那么就一定存在着"不存在"。通过主张变化的实在性将最终得出必须存在着不存在的结论。正如德谟克利特所说："不存在也是一种存在。"[35] 通过将这种不存在等同于空无，德谟克利特认为原子就是在这个空无中运动的，它们的运动解释了我们在现象世界所经验到的各种变化。德谟克利特的原子显然拥有大小、形状和重量，通过这些性质，宏观层面的观察就得到了解释。因此，苦涩也许被认为是某些食物中拥有绝大多数的尖锐的原子，而甜则是某些食物中拥有绝大多数光滑柔和的原子所导致的。

也许我们觉得原子论者对巴门尼德的回应代表了常识的胜利。尽管世界本身所是的样子仍然与常识的世界分离开来，但至少我们所经验到的世界是基于原子的世界并通过原子的世界得到解释的，尽管这个原子的世界是我们的感官知觉所不可及的。我们的经验既是融贯的也是可解释的，我们不再需要害怕巴门尼德的劝诫和责备。

出于两个方面的考虑，这种释怀或许是不够成熟的。首先，应该清楚认识到的是，原子论者从未在任何地方成功地直接反驳了巴门尼德。后者毕竟给出了一个详细的论证以表明思考无是不可能的。在原子论者的回应中，从未直接处理过这个论证。在这

---

[35] DK 68 B 156。

方面我们可以说，原子论者并没有引起巴门尼德的注意，或者说他们没有给巴门尼德任何回应以引起巴门尼德的注意。其次，通过调和巴门尼德的主张，德谟克利特或许做出了太多的让步。他认为最终只存在着一种形式的变化。我们知道，巴门尼德潜在地想要将所有的变更还原为生成（前提 AAC-4）。如果这个想法在巴门尼德那里就是不可靠的，那么在德谟克利特这里想要执行一个相反的还原，即将所有生成都还原为性质上的变更也将是不可靠的。在德谟克利特的图景中，所有的东西最终都是空无中的原子的变体。在实在中，似乎是生成的事物其实只是原子的一个新的变体，在某个方面只是过渡性的，甚至是虚幻的。

德谟克利特自己也意识到了这一点。在一个残篇中，他区分了两类截然不同的判断，一类基于感官而另一类则基于理性的运作，他把前者称为"私生子"，只有后者才是合法的判断形势。[36] 至少在这个方面，他实际上看起来很像是一个巴门尼德式的哲学家。"私生子判断"属于视觉、听觉、味觉、嗅觉和触觉。而理性的判断只关心原子和空无，原则上不受感官判断的影响。也就是说，原子论的主张在当代人看来无论多么合理，德谟克利特自己的动机绝不来源于当代原子论者所基于的那些经验证据和材料。而且他的原子论将感觉材料视为非客观的，仅仅是习俗性的，认为实在中只存在着原子和空无，所有其他存在的东西都只是通过约定而存在的。这种约定只是某种出于便利考虑的虚构。甜和苦、热和冷，甚至颜色都是这样。[37]

---

[36] DK 68 B 11。
[37] DK 68 B 9。

德谟克利特用一个有力的论证来区分实在中的存在和约定的存在，这个论证在哲学中产生了深远的影响。它从一个简单的事实出发，即：不同的人，在与同一个对象相互作用的时候，所做出的感觉经验报告是不同的。以此试图得出这样的结论：对于被知觉的对象而言并不存在客观的事实。这就是知觉的约定性论证（Conventionality of Perception Argument, CPA）：

  1. 如果 S1 将某个对象 x 知觉为 F（如将一桶水知觉为温暖的）而 S2 将这个相同的 x 知觉为非 –F（即这同一桶水是冷的），那么 F 和非 –F 都不是 x 这个对象自身的性质。

  2. 在知觉中经常发生这样的情况，即 S1 将 x 知觉为 F，而 S2 将 x 知觉为非 –F。

  3. 因此知觉性质就不是对象自身所拥有的性质。

（CPA-2）是很难被反驳的。如果某个人刚从桑拿中出来，泳池对她来说似乎是冷的。而如果另一个人刚从一个有空调的屋子里出来，泳池对于他来说也许就是温暖的。类似的，在某些情况下对某个人来说是甜的东西，对于另一个人来说却是酸的。这显然是一个我们所认为的经验事实。也许一杯柠檬汁对于某个人来说是苦的，而对于另一个人来说却是甜的。这种情况当某个知觉者在生病或者反常的情况下就会发生。然而，对于两个完全正常的健康人来说，这种情况也同样可能发生，只要他们拥有不同的参照系或者不同的感性能力。

因此，如果（CPA-1）是真的，那么就可以得出（CPA-3）这个结论。为什么认为（CPA-1）是真的呢？如果将德谟克利特的整个论证，尤其是（CPA-1）这个前提，看作是对关于知觉的朴素实在论的攻击，我们就能够最为容易地理解他的主张。关于知觉的朴素实在论认为，感觉性质就是被知觉对象的内在性质。甜这个性质就属于柠檬，红这个性质就属于车，温暖这个性质就属于泳池。朴素实在论认为，只需要通过与这些对象进行正常的接触，我们就能够经验到它们所呈现出来的性质。如果（CPA-1）是正确的，那么朴素实在论就是错误的。

至少有一些理由让我们认为（CPA-1）确实是正确的。如果我们是朴素实在论者，我们显然就将认为，如果某个泳池对于主体S1来说是冷的，而对于S2来说是暖的，那么以下四种情况中就只有一种是必须成立的：（1）S1是正确的，S2是错误的；（2）S2是正确的，S1是错误的；（3）他们都是正确的；（4）他们都是错误的。很难支持（1）和（2）这两种可能性。我们没有任何理由认为，相对来说，S1或S2谁具有更加优越的地位。同时朴素实在论的立场也并不支持（4）这种可能性，即两者都是错误的。这样我们就只剩下（3），即他们都是正确的。然而，泳池自身如何可能既冷又不冷，既暖又不暖呢？这第三个可能性似乎导致了双重的自相矛盾。

这样的话，我们很自然会认为，S1和S2都不可能是绝对的、客观的正确或错误：对他们来说，自己就是正确的。然而这正是德谟克利特的观点：仅就事物所显现的那样而言，他们都是正确的，而非就事物自身实际所是而言，即独立于且先于我们的经验而言。如果每一个知觉者对于事物是如何显现的都是权威，并且被知觉的对象自身不可能客观地就是它们所显现的那样，朴素实在论就必须是错误的。用德谟克利特自己的话来说，知觉领域的事物在实在中将不可能一定是这样而非那样。事物的热和冷都是被约定的。

通过将颜色纳入仅仅相对于知觉者而存在的那些性质中,德谟克利特将这个论证向前推进了一步。他认为,甚至颜色都不是事物自身所拥有的性质。通过变化光线条件,同一个对象对于不同的知觉者来说会呈现出不同的颜色。极端的例子就是红绿色盲的人会错误地知觉正常的知觉者知觉到的红色和绿色。如果有人以色盲者是明显不正常的人来对此做出回应,德谟克利特将会说:这种对于正常和不正常的谈论,本身就是对于约定的规则的谈论,因此就已经预设了他的观点,即朴素实在论是错误的。而这意味着在假定(CPA-1)的情况下,我们就可以得出(CPA-3)。因此,我们过于看中我们的"私生子"判断这种行为是错误的。这类判断只告诉我们世界的表象是什么样的;但它并没有告诉我们世界本身是什么样的。在实在中,世界只是原子和虚空。

在如此理解之下,原子论者通过摧毁某些元素而保留了表象中的某些其他元素。事实上确实存在着变化和多样性;但是所有的变化仅仅是变更而不是生成;而所有的多样性只是在虚空中运动的原子的多样性。我们确实在知觉这个世界;但是我们知觉产生的仅仅是"私生子"判断,它们将我们与实在中的存在切割开来。即便如此,理性还是能够发现什么才是真实的实在。然而,无论如何,德谟克利特对于心灵和感官,进而对于先天和后天知识之间的精巧的相互关系表达出了一种神秘的意识。在一个有趣的残篇中,他描述了感官向心灵的发问:"卑鄙的心灵,你从我们这里获取证据然后又推翻我们吗？我们的瓦解就是你的衰败。"[38]这里，感官指出了心灵是从它们那里接收证据的。因此，心灵想要推翻感官权威的任何尝试，最终都将只是推翻心灵自身而已。巴门尼德非常清楚地想要推翻感官所提供的所有证据。对于德谟克利特这种自我批评式的指责，我们可以提出一个有趣的问题：在什么意义上，知觉相对性论证代表着心灵如此瓦解感官知觉可靠性的尝试？

---

[38] DK 68 B 125。

第六节　普罗泰戈拉和智者运动

原子论在感官知觉外设定一个实在世界的意图将其置于某种危险的认知地位，尤其是在假定了（CPA）之后，即感官知觉中所经验到的性质并不是外在对象的内在性质。即便如此，即便存在着怀疑论的担心，德谟克利特却从来没有怀疑过存在着一个客观的实在。相反，当他对约定的存在和实在中的存在进行对比时，存在着一个客观的实在正是他所接受的立场。正是因为存在着这样一个实在，它独立于人们的感官知觉，客观地、先于经验而存在着，赫拉克利特才能发现自己与这样一个感官所不可及的实在相隔离。

随着智者运动的到来，尤其是在其中最为有名、最令人敬仰的实践者普罗泰戈拉（约前485—前414）的倡导下，事情的发展迈向了一个新的、极端的方向。尽管不存在什么东西将所有称为智者的人统一起来，也很难归纳出智者们所共同坚持的某一个特殊主张，然而，确实存在着一个被称为智者运动的松散的社会现象。这个运动的起源主要得益于历时长久并根深蒂固的雅典民主政体。这个政体的发展尽管被打断过，仍然从公元前6世纪早期的克里斯提尼变革一直延续到了马其顿人于公元前332年对民主的毁灭。即便在那之后，在希腊化时期，民主也经历了好几次的恢复，虽然时间非常短暂。

民主创造了获得政治权力的机会。在寡头制和君主制下，许多被剥夺了公民权的人们不可能同样拥有它们。然而，并不是所有的公民都能够平等地把握住这些机会。那些受过有效的公共演讲及劝说技艺教育的人们更容易把握它们。民主的这个后果遭到了富裕阶级和特权阶级的激烈批评。然而，即便是在民主制度下，权力还是有效地集中在了出身良好的阶层中，因为只有那些有闲阶级的人们才能负担得起让自己的儿子去学习修辞学和公共演讲所需要的费用。正是在这里，智者找到了进入雅典生活的入口。许多智者都吹嘘说他们拥有无与伦比的公共演讲技能。由于这种能力，智者中的许多人被富裕家庭选中，成为其子嗣的老师，武装他们以求获得社会成功。出于这种社会目的，这些家庭付给了智者可观的费用。

然而，人们对待智者们的态度却是矛盾的。在某种程度上，这类似于当代人对待律师的态度：人们倾向于讨厌他们，但当发现自己需要法律服务的时候，又希望能够通过合理的价格得到他们的帮助。同样的，雅典人有时候讽刺智者为不知羞耻的江湖郎中，但是又希望从他们的服务当中得到好处。某些雅典人，包括一些哲学家批评智者，认为他们的学说对于传统道德产生了恶性的、摧毁性的效果。这些批评在一定程度上是合理的，在一定意义上我们至少可以承认，智者们的学说确实对于人们习以为常的、传统的道德思维和决策制定模式产生了摧毁性的效果。在这一点上最为著名的就是普罗泰戈拉所宣扬的一系列相对主义，它们对于任何形式的道德权威都产生了威胁。对于那些试图推崇某种独立于个体实践和信念的道德权威观念的人们来说，他的学说无疑是非常危险的。即便如此，它们还是找到了追随者。事实上，从大量的公共和学术意见中可以看出，许多人一直认为他的观点是非常合理的。在某些圈子中，普罗泰戈拉式的相对主义被认为是显然正确和毋庸置疑的。

然而，他的观点在古代遭到了柏拉图和亚里士多德有力的攻击。在感官知觉所具有的实在性这个问题上，我们已经了解了原子论者的观点。如果将普罗泰戈拉式相对主义理解为对这些原子论讨论的扩展和非怀疑论式的修正，我们或许能够更为容易地理解为什么柏拉图和亚里士多德会如此关注普罗泰戈拉的观点。普罗泰戈拉最著名的尺度学说（Measure Doctrine, MD）认为，人类自身就是美丑、对错、实在和非实在的尺度或标准。普罗泰戈拉认为："人类乃是之所以为是，非之所以为非的尺度。"[39] 简单来说，（MD）认为，人类决定了对于自身而言的实在；在他们与世界相互作用之前，他们并不能发现世界所呈现的样式。至少就某些性质而言，这个观点在很多人看来是非常恰当的。红酒尝起来是甜的，并不仅仅是一个约定的事实：它确实是甜的，至少对于某些品尝它的人来说确实是甜的。这与原子论者所关注的现象是相同的，即不同的人以不同的方式经验这个世界，但是对于这个现象所持有的态度却截然不同。普罗泰戈拉并不承认在表象背后存在着一个实在，相反，表象即实在。事物呈现于我是怎样的，对我来说它就是怎样的。没有任何理由去怀疑事物表象的实在性，或者我直接认识这种实在性的能力。

---

[39] DK 80 B 1。

因此，尺度学说恰恰是从原子论者所关注的知觉多样性现象中得到了支持。然而，这个观点却进一步扩展到了另一个领域：道德。理解这种扩展的最佳方式就是通过思考（CPA）的一个简单的变形。这个变体论证处理的是道德属性而非知觉属性，从而产生了一个支持普罗泰戈拉式相对主义的论证（APR）：

1. 如果S1认为某个行为x具有属性F（如：安乐死在道德上是被允许的），S2认为这个同样的行为x具有非-F这个属性（安乐死在道德上是不被允许的），那么F和非-F都不是x自身所拥有的性质。

2. 在我们的认知中经常出现这样的情况：S1认为x具有属性F而S2认为x具有非-F这个属性。

3. 因此，道德属性并不属于行为本身。

这里，（APR-2）看来几乎是不可反驳的。显然，在人们之间存在着道德冲突。不同文化时代和族群的人们，在对于某些行为的道德性评估上存在着分歧。现在对于美国人来说，奴隶制是非道德的，然而在并不多久以前，美国人还拥有着奴隶。希腊第一个历史学家希罗多德记载了许多令人震惊的风俗：埃及人几乎在所有的事情上都倒行逆施；波斯人娶自己的女儿；印度人吃尸体；西赛亚人游牧的生活方式使得他们不可能修建神庙或从事农业。关于西赛亚人，希罗多德崇拜他们能够通过敏捷的移动逃过波斯统治的能力，而对于他们的其他品性，则说"我不喜欢它们"。对于这种厌恶情绪，他给出了一个一般的说明：那些对于他们文明之外的文明有所了解的人们，总是习惯性地认为自己的文明高于其他文明。因此希罗多德认为"习俗统治一切"[40]。

普罗泰戈拉无疑认为这种观点是非常合理的，但其合理性并不仅仅基于原子论立场，即坚持习俗与实在的截然对立。他的尺度学说认为，这种对立是毫无意义的。波斯人看来是正确的东西不同于希腊人看来是正确的东西。故事到此就终结了。并没有进一步的事实能够证明希罗多德所说的那些自我感觉良好的希腊人就确实优越于别人。同样也没有事实能够证明自我感觉优越的印度人就确实优越于其他民族。他们所做的，对于他们来说是正确的，而对于希腊人来说则是不正确的。甚至当希腊人内部发生争执的时候，也并不存在任何事实能够证明某些希腊人优越于其他希腊人。希罗多德记载了希腊人不能忍受印度人对于死者的不尊敬。然而，当他如此书写历史的时候，恐怕忘记了赫拉克利特的存在，后者说过这样的话"尸体比粪便更应该被扔掉"[41]。如果并不存在非约定的事实以证明希腊人优越于印度人，那么同样很难认为存在着事实以证明某些希腊人优越于其他希腊人。显然，赫拉克利特就不是很在意习俗所提供的"事实"。

回到（APR），我们可以看到，普罗泰戈拉是如何在三个方面扩展原子主义的知觉约定性论证的，每一个方面都向他展示了一个困难。第一个扩展得到了柏拉图的强调，它涉及知觉观念本身。存在着对于狭义知觉的谈论，也存在着更具理智性的知觉判断形式。在英语和古希腊语中，我们都很容易从前者不经意地滑向后者。（从："她知觉到蓝色"到"他察觉到她的不适，因为她是在场的

---

[40] 希罗多德《历史》iii, 38。
[41] DK 22 B 16。

唯一女性"再到"他在这个财政年度的早期就察觉到 GNP 会在接下来的几个月下滑"。)德谟克利特主要关注的是狭义上所理解的感官知觉间的冲突。在每一个道德冲突的案例中，尽管我们也认为自己知觉到了这些冲突，但这种知觉其实并非直接明显的。也许印度人和希腊人关于死者的丧葬道德原则并没有冲突。双方有可能都认为从道德上应该表达对死者的虔诚；他们的冲突或许只在于如何更好地表达这种虔诚，这种冲突最好不要被认为是关于道德原则的冲突。

第二个扩展比较复杂，假设（APR-2）是正确的。在道德问题，确实存在着冲突，而且是关于道德原则的冲突。让我们在这个意义上承认（APR-2）。然而这提供给我们的信息比某些人所设想的要少很多。（APR-2）仅仅指出了一个描述性的事实，即：存在着道德冲突。普罗泰戈拉如何才能够从存在着冲突这个干瘪的事实，推进到拒斥传统道德呢？因为在传统道德看来，某些行为的正确与否是独立于且先于我们对它们的判断的。也就是说，（APR-2）仅仅是对于文化或个体差异的简单陈述。如果我们要避免这个论证所诉诸的两个前提使用了具有歧义的概念，第一个前提必须被理解为是做出了这样一个判断，即道德冲突这个干瘪的事实足以表明不存在独立于知觉者的道德属性。也许确实不存在这样的属性。也许有很好的理由怀疑它们的存在。然而在此，我们却怀疑普罗泰戈拉是否给我们提供了这样的理由。目前为止他并没有。为了建立道德相对主义，他必须要做出更多的努力，而不仅仅是诉诸道德冲突这个事实。比如说，当存在科学冲突的时候，我们并不直接推论说在科学中并不存在相关的事实。相反，我们试图发现什么样的事实才能够在某个方向解决我们的冲突。尽管普罗泰戈拉可以像某些当代人那样回应说道德和科学是完全不可以类比的，然而他仅仅如此断言并不能就使之成为事实。为了建立道德相对主义，而不仅仅是断言它，普罗泰戈拉和他的追随者们就需要提供一个论证。这个论证显然不能仅仅依赖于存在道德冲突这样一个不可争辩的琐碎的事实。

当我们关注普罗泰戈拉对原子论者约定主义论证的最后一个扩展时，以上的那种需求就显得更为迫切。这个扩展涉及他对于自己最终结论的态度。原子论者认为，我们所知觉到的并不就是实在。客观实在躲在知觉领域背后，而且在某种程度上帮助我们解释了我们的经验。在拒斥朴素实在论时，德谟克利特的理解就是如此。他进而总结道：知觉性质并不是对象的内在性质，而是产生于我们与原子的相互作用，这些原子在虚空中运动着，它们本身是不可被知觉的。普罗泰戈拉的观点要更加简洁。他并不否认知觉或道德属性的实在性。相反，他认为它们确实就是实在的，只是它们的存在依赖于我们的判断。他并不是某种怀疑论者。我知道对我来说什么是正确的；那就是我相信对我来说是正确的东西。如果要将约定的东西与那个处于非约定实在中的客观存在截然区分开来的话，普罗泰戈拉也不认为上面所说的那种对正确与否的判断是约定性的。当原子论者认为，同一个对象不可能既甜又不甜时，他们进而推论道，甜并不是实在的而是约定的。普罗泰戈拉却认为，某些东西对于我来说就确实是甜的，即便它们对于你来说是不甜的。对于普罗泰戈拉来说，这一点同样也适用于道德性质；如果我们按照普罗泰戈拉的意图，认为尺度学说是完全不受限制的，那么，对于知觉和道德属性所成立的原则就普遍适用于所有的属性。人类是存在的尺度。

以此来看，尺度学说似乎是非常极端的。我们可以对其给予一个正面或负面的表述：

（MDpos）对于任意命题 p，如果 S 相信 p，那么 p 对于 S 为真。

（MDneg）对于任意命题 p，如果 S1 相信 p 且 S2 相信非 -p，那么不存在任何事实以判断 S1 正确还是 S2 正确。

根据如此表述，（MDpos）是很难被人们接受的。如果在一所小学里，一个同学相信 3+2=6，那么，我们认为她是错的，而她也将被老师所纠正。如果"对于 S 为真"仅仅指的是"被 S 信以为真"，那么（MDpos）显然就是毫无信息量的，它仅仅断言了如果 S 相信 p，那么 S 相信 p。人们希望相对主义所传达的信息比此要多。这是必须的，如果相对主义值得引起我们的注意的话。

在此，有一种方式可供采取以帮助普罗泰戈拉。我们可以明确地限制（MDpos）中所涉及的命题的范围。我们可以认为，它并不包括数学或经验上可被判决的事实，而只包括道德事实。当我们在道德领域发生冲突的时候，某些人会认为并不存在一个事实以判断谁是正确的或错误的。这种策略在本质上其实产生了对尺度学说的负面表达的某种限定版本。然而重点在于，我们已经在此与普罗泰戈拉背道而驰了，因为他对任何这样的限定并不感兴趣。而且当我们提供这种限定时，我们有责任给出一个原则性的理由以支持它。如果我们认为，相对主义作为一个一般学说是应该被拒斥的，那么，上述理由就显然需要向我们表明这种想法是可以得到充分辩护的，即便它被限制在了某些研究领域中。正如我们已经看到的，仅仅诉诸道德冲突这个事实是远远不够的。因此，那些想要执行这种限定的人们欠着世界一个论证。

第七节 前苏格拉底哲学家和智者所带来的挑战

普罗泰戈拉和其他智者给后来者留下了一个挑战。即便认为普罗泰戈拉未能最终确立他的尺度学说，我们也必须承认，到目前为止，我们也并没有发现任何确凿的理由以拒绝这个学说。普罗泰戈拉奠基于原子论者。如果意识到这一点，我们或许会发现，普罗泰戈拉狡猾地回避了我们所面临的一个危险：怀疑论。如果我们从一开始就与自然主义者站在一起，反对神话主义者，那么，根据克塞诺芬尼所提出的要求，我们不仅应该对自己所提出的各种各样的具体解释提供辩护，而且还需要为我们所偏爱的解释框架本身，提供一个更为一般的辩护形式。这个框架是我们有意识地引入进来的，而且坚信它优于前人所持有的框架。如果我们偏爱先天辩护，与巴门尼德和芝诺站在一起，就会冒险持有某些听起来非常奇怪的结论。另一方面，我们很难知道，如何才能以一种非循环的方式对我们的后天方法提供一个后天辩护。这样的话，或许我们就只能与德谟克利特站在一起。我们的各个官能将相互争吵，争夺辩护上的最高权威。无论如何，若是没有普罗泰戈拉式相对主义所采取的那种朴素的、不充分的权宜之计，我们将发现自己仍在苦苦追寻着某种方法，它能够充分避免怀疑论，而又不需要彻底与现象世界断绝关系。苏格拉底、柏拉图、亚里士多德，以及希腊化哲学家们都将依次接受这些挑战，并对它们做出回应。

回应的策略不同，各自成功的程度也不同。而在同一时期，怀疑论也将带着复仇计划回归哲学舞台。

推荐阅读

一手文献：

对前苏格拉底哲学和某些智者哲学的一般引证，学者们使用下面这个希腊哲学残篇汇集，其中大部分有相应的德文翻译：

Diels, H., *Die Fragmente der Vorsokratiker*, sixth edition, revised by Walter Kranz (Berlin:Weidmann, 1952).

学生可以在以下著作中找到英文翻译：

Sprague, R. (ed.) *The Older Sophists*: *A Complete Translation by Several Hands of the Fragments in Die Fragmente der Vorsokratiker*, edited by Diels-Kranz, With a new edition of Antiphon and of Euthydemus (Columbia, South Carolina: University of South Carolina Press, 1972).

至于希腊文的前苏格拉底哲学残篇选集，包括英文翻译和有用的评注，最佳的参考是下面这部著作：

G.S. Kirk, J.E. Raven, and M. Schofield, *The Presocratic Philosophers*, second edition (Cambridge: Cambridge University Press, 1983).

二手文献：

对前苏格拉底哲学的清晰易懂的导论可参看：

McKirihan, R., *Philosophy before Socrates: An Introduction with Texts and Commentary* (Cambridge, MA: Hackett, 1994).

Hussey, E., *The Presocratics* (London: Duckworth, 1972).

Burnet, J., *Early Greek Philosophy* (London: A. and C. Black, 1932 [1892]).

更加全面生动，尽管要求更高的一本论述是：

Barnes, J., *The Presocratic Philosophers* (London: Routledge, 1982).

另外，学生们可以在 [1][2][3] 中找到大量的关于前苏格拉底哲学的信息。[42]

---

[42] 方括号中的数字对应于全书末尾所列的参考书目。下同。

第二章 苏格拉底

70 岁时，哲学家苏格拉底（前469—前399）由于不虔敬的罪名遭到雅典人的审判。审判末尾，陪审团的大多数判他有罪。此团有 500 人，都是他的同胞公民。处罚则是服毒死刑。尽管苏格拉底并没有对这次诉讼留下一手材料，他的伙伴柏拉图却以对话的形式对其做出了戏剧性的重述，包括苏格拉底在审判中的辩护演说、审判后苏格拉底的牢狱生活，以及在死刑执行日当天的最后谈话。[1] 尽管柏拉图对苏格拉底的描述与同时代人的苏格拉底描述经常存在着分歧，[2] 但柏拉图所呈现的苏格拉底既是令人着迷的又是非常复杂的：他可能魅力十足，也可能不修边幅；可能尖酸刻薄，也可能温柔敦厚；可能忸怩作态，也可能真诚坦荡；可能

---

[1] 柏拉图的《申辩篇》给出了苏格拉底的辩护词。（"申辩"在古希腊语中就是辩护、捍卫的意思。）《克里同篇》记载了苏格拉底关于正义和公民不服从的谈话，是苏格拉底在狱中展开的谈话。《斐多篇》记载了苏格拉底最后的谈话，主要是关于灵魂不朽的。关于这三篇对话，学术圈中是存在着争议的。尽管三篇对话向我们呈现了完整的戏剧情节，但很可能前两篇对话向我们展现的是历史中的苏格拉底，而第三篇则是柏拉图视角下的苏格拉底。关于苏格拉底对话和柏拉图对话的特点，可以参看下面 3.1。

[2] 苏格拉底自己没有留下任何著作。因此学者们面临着所谓的"苏格拉底问题"：我们如何确定作为真实历史人物的苏格拉底的观点，而不将其与其他众多而不等价的对苏格拉底及其观点的描述混淆起来。除了柏拉图之外，关于苏格拉底的其他材料有：喜剧作家阿里斯托芬，在《云》中他讽刺苏格拉底为智者；色诺芬的详细描述，他写了《苏格拉底申辩》以及许多其他关于苏格拉底的著作，包括《回忆录》《会饮篇》和《家政篇》。这些著作就哲学内容来说与柏拉图对话没有可比性。因此，我着重通过所谓的柏拉图的苏格拉底对话来展开我对苏格拉底的讨论。尽管过于依赖于此并不很可靠，但我们还是可以合理地认为柏拉图的苏格拉底对话呈现了作为历史人物的苏格拉底的观点。（关于柏拉图对话的顺序，参看第三章注释 5）。除非特别说明，所有对于《申辩篇》的引用都来自于柏拉图的《申辩篇》。

信念坚定，也可能是一个不可知论者。从这些复杂性中，我们看到了一个清晰鲜明的人物形象，他拥有令人敬畏的理智能力和永不妥协的性格。

柏拉图著作中同样也包含着苏格拉底为何遭人憎恨，甚至是痛恨的理由。他喜欢将其同胞公民们拉入一系列令人不悦的讨论，在其中迫使对话者们暴露出对于所讨论的问题所拥有的惊人无知，尽管他们之前总是声称自己拥有相关的专业知识。通常来说，苏格拉底会通过提出一个直接、朴素的问题来开始他们的讨论。这个问题涉及一个大家熟悉的、简单的道德属性的本质。他的对话者们通常声称对于这些属性拥有很多知识，最终却拜倒在苏格拉底的质问之下，绝大多数陷入痛苦的自相矛盾中。

在一篇对话中，柏拉图记述了一个典型事件。苏格拉底在审判路上遇见了一位熟人，名叫欧绪弗洛。他刚刚处理完一桩法律案件。苏格拉底问是什么案子，欧绪弗洛答道，他刚对他的父亲提起诉讼，控告他的不虔敬。这也正是苏格拉底自己所要面对的控告。苏格拉底听了很吃惊，欧绪弗洛却显得很困惑：在他看来，父亲犯了罪，应该受到法律的制裁。即便受到其他家庭成员的指责，欧绪弗洛仍然能够将自己的行为视为对其确定知识的正直表达，并对此保持自信，甚至觉得道德高尚。他知道提起控诉是恰当的，因为他知道其父亲是不虔敬的。

尽管自己处境恶劣，苏格拉底还是无法拒绝这个提问的机会。问题非常简单，却具有革命性，即：什么是虔敬？这个问题之所以简单，是因为它仅仅是让欧绪弗洛解释他认为已经知道的东西。它之所以具有革命性，是因为还没有任何哲学家以如此赤裸的方式提出过此类问题。在提出怀疑论挑战时,克塞诺芬尼隐含地依赖于某种对知识的分析。尽管如此,他却从来没有退后一步直接地去询问:什么是知识?[3] 类似的,巴门尼德否认变化和多样性的存在,但他的否认却依赖于对这两个概念的未被澄清的理解,从未要求对这两个概念本身提出一个说明。甚至在普罗泰戈拉支持关于价值的相对主义时,也没有首先追问价值本身的本质是什么。相反,苏格拉底却有着强烈的分析冲动。他想知道什么是虔敬。而当像欧绪弗洛这样的人过来告诉他拥有这方面知识的时候,苏格拉底显得非常的高兴。

在寻求这种分析的时候,苏格拉底并不关心虔敬这个概念,至少并不关心欧绪弗洛对虔敬所持有的那个概念。相反,苏格拉底想要对是虔敬的这个性质、这个属性,或者说虔敬这个东西本身做出分析。他认为,正是虔敬本身的存在使得所有虔敬的行为成为虔敬的(《欧绪弗洛篇》6d)。因此,他并不感兴趣于某些后世哲学家所说的概念分析,尤其当这种分析被局限于仅仅是思考我们概念框架的深层结构时。相反,他想要分析的是那个事物本身,从而使其本质得到展现。如果某化学家想要对钠元素进行化学分析,她想要的是这个元素本身能够得到研究,从而使其本质得到理解。至于去阐释某些人是如何思考这个元素的,则不是她的目的。对于虔敬,苏格拉底想要的正是类似于这种化学分析,而不是社会学或心理学的分析。

然而可悲的是,欧绪弗洛并没有能力提供这种分析。面对苏

---

[3] 相反,柏拉图在《泰阿泰德篇》中提出并详细地回答了这个问题。关于柏拉图对知识及其对象的论述,参看 3.2、3.3 和 3.5。

格拉底的问题，他最终给出了一个经不起推敲的回答。同时，尽管将欧绪弗洛的观点拿来审视，苏格拉底却声称对于他所寻求的答案自己也不具有知识。尽管他能够知道欧绪弗洛的答案为什么是错误的，苏格拉底却提不出自己的答案。这样看来，他的方法似乎主要是破坏性的。苏格拉底认为，在自己的认知缺陷问题上，没人愿意自欺。他则希望通过揭示出别人的无知而使其获益。他甚至希望那些对话者能够感谢他，因为他帮助他们揭示了之前被蒙蔽的无知。然而在绝大多数情况下，他们并没有感谢苏格拉底。相反，他们觉得很尴尬，很羞辱，甚至很愤怒。在苏格拉底质疑的最后，欧绪弗洛倒并没有变得很愤怒。事实上，他似乎很难理解刚才在他身上所发生的一切。在与苏格拉底的对话中，欧绪弗洛显然没有能力解释他认为自己知道的东西。而在他们的讨论结束之后，苏格拉底指出，他们并没有在此问题上得到任何进展。欧绪弗洛则赶紧溜走去处理某些紧迫的事务。

　　在许多方面，苏格拉底与欧绪弗洛的对话都典型地体现了他的方法和使命。最为重要的是，它展现了苏格拉底所拥有的三个一以贯之的品质：对分析的冲动，对无知的坦诚，以及在他与别人的交谈中一次又一次地被使用的研究方法，即苏格拉底问答法。

第一节　苏格拉底问答法

在一次典型的苏格拉底问答中，他提出一系列问题，旨在为某些重要德性的本质找到一个答案。在每一次对话中，这些问题最终都揭示出他的交谈者的无能，通常是通过发现其交谈者在对这个问题的思考中存在着矛盾而做到这一点。总的来说，一个典型的苏格拉底问答包含以下六个步骤：

1. 苏格拉底提出这样一种形式的问题：什么是 F 这种属性？（什么是勇气？什么是正义？什么是美德？）

2. 被问者回答道：F 这种属性是 G。（勇气就是在战争中站稳脚跟。正义就是帮助朋友且伤害敌人。美德就是获取好的事物的能力。）

3. 苏格拉底引出被问者的其他信念。（在战争中站稳脚跟是否有可能是因为被恐惧吓呆了？帮助那些不正义的朋友是否是正义的？美德是否永远是正义的？难道一个人不能够通过非正义的方式获取好的东西吗？）

4. 苏格拉底向他的交谈者们表明他们的观点互相之间是不相容的。（不可能同时持有以下的观点，如：[a] 美德就是获取美好事物；[b] 有美德的行为总是正义的行为；[c] 对美好事物的获取有时是不正义的。）

5. 苏格拉底的交谈者们意识到他们持有一个不相容的命

题集，因此必须放弃某些主张。他们几乎总是放弃最初对苏格拉底的那个回答。

6.苏格拉底承认自己和他的对话者一样无知，并建议对所思考的道德属性的本质重新展开研究。

很显然，那些被苏格拉底反驳的人有时会觉得苏格拉底非常令人厌恶；即便听到苏格拉底也承认自己是无知的，还是很难平息他们的愤怒。

更为关键的是，当苏格拉底表明他的无知，并希望对所讨论的性质重新进行分析的时候，他似乎把自己放在了一个非常尴尬的境地。首先，即便苏格拉底有时也发表了很多个人观点，我们还是很难理解他的问答方法是否具有任何积极的效果。[4]苏格拉底提出他的老问题:"什么是 F ?"他的回答者们草率地对其做出回应。这个回应最终被表明是不恰当的，因为它与这个交谈者所持有的其他信念不相容。因此，这个最初的回应被拒斥掉。我们为什么认为这样一个反驳的过程不会无休止地进行下去呢？事实上，所有的柏拉图的苏格拉底对话都是困惑性的（aporetic）:[5]它们以困惑收场，并且表达了对于所讨论的问题的无知。鉴于他们所使用的方法，这似乎是完全可预测的。而且纯粹从一个形式的角度来看，我们也很难理解为什么苏格拉底和他的对话者们如此轻易地就放弃他们对于"什么是 F"这个问题最初的那个回答。也就是说，当

---

[4] 苏格拉底有时候认为问答法能够导致真理，如:《高尔吉亚篇》497e，480e，508e-509b。然而这样的观点从未出现于那些短小的、完全以困惑结尾的关于"什么是 F"的对话中。也可参看《拉凯斯篇》196c 以及《卡尔米德斯篇》166d。

[5] 关于柏拉图的苏格拉底对话和柏拉图对话，参看下面 3.1。3.1 的注释 5 给出了部分苏格拉底对话和柏拉图对话。

苏格拉底的质问揭示出一个矛盾的时候，交谈者们符合理性的做法只需要收回这些相互冲突的信念中的某一个信念。从逻辑的观点来看，并没有任何理由以表明最初的回答就比这个不融贯的信念集中的其他信念更应该被拒斥。

关于成功的分析能够实现什么，苏格拉底和他的对话者们也许预设了一个他们共享的观念；至于在什么时候某个分析就已经失败了，对此他们或许也认为自己拥有相关的资源以做出判决。无论如何，这些都是柏拉图《卡尔米德斯篇》中所接受的猜测。这篇对话所关注的问题是节制这个美德的本质。对话者们邀请苏格拉底以任何他所认为最恰当的方法来研究节制的本质。他指出，如果节制存在于某人中，它就会给它的拥有者提供线索以表明它的存在，而且也会向他们表明它隐秘本质的大致轮廓。[6]因此推而广之，苏格拉底似乎认为，如果某人是虔敬的，虔敬本身就会为它的本质提供证据。因此，如果欧绪弗洛真的是虔敬的，那么他就应该至少在刻画虔敬的本质的道路上取得一些进步。

最一般地来说，这种认为拥有孕育着意识的主张似乎过于乐观。（如果我是一个习惯于自我欺骗的人，没有任何理由认为我就拥有任何特别的便利以认识自我欺骗的本质。）然而，苏格拉底或许表达的是一个更加适度的乐观主义，即如果我们对于虔敬拥有亲知，那么通过足够刻苦的概念工作，我们至少能够在分析它本质的道路上获得更深入的理解。这样来看，苏格拉底的分析冲动仅仅预设了：至少对某些核心性质的哲学分析，原则上来说，我

―――――――
〔6〕《卡尔米德斯篇》159b-c。

们是能够获得成功的。我们自己就拥有资源去开展真正进步所必需的那类研究。这种主张或许主要是为了表明哲学分析的方法大部分是或者完全是先天的。

不管怎样，通过反思某些具体的案例，苏格拉底问答法的优缺点才能够得到最好的理解。为此，有必要给出两类例证。因为，为了证明其对话者们的观点是不充分的，苏格拉底正是通过两种不同的方式来完成的。在第一类反驳中，苏格拉底仅仅试图表明那个被审视的观点甚至在外延上就不是恰当的。也就是说，苏格拉底试图通过提供一个简单或直接的反例以表明他的对话者所提出的分析甚至不能够涵盖所研究的性质的那些毫无争议的案例。[7] 第二类反驳比较精巧：在某些情况下，苏格拉底试图表明，尽管所提出的分析或许是外延上恰当的，它依然是失败的。在这类反驳中，苏格拉底对于成功分析所要求的不仅仅是外延上的恰当。

对于第一类反驳形式的例证来自于柏拉图的《美诺篇》，其中柏拉图和美诺试图一起阐明美德（arete）的本质。对于第二类的例证，苏格拉底和欧绪弗洛所展开的关于虔敬本质的研究无疑是最能说明问题的。

---

[7] 一个解释是外延恰当的，当且仅当它给出了所有且仅仅是该外延或集合或性质的个例。因此，一个解释将正方形定义为"平面上内角和等于360度的封闭的四边形"就不是外延恰当的，因为它囊括了长方形。另一方面，一个解释将天鹅定义为"一种拥有细长脖子的大型白色水鸟"也不是外延恰当的，因为它将澳大利亚的黑天鹅排除在外了。

第二节　美诺和欧绪弗洛的失败

塞萨利贵族美诺在去雅典处理事务时碰见了苏格拉底，他们就某个问题展开了讨论，这个问题由于智者运动而变得非常重要。智者们声称能够传授美德，或者说 arete，并对此服务收取费用。[8] Arete 不仅仅包括狭义的道德德性，也意味着某种卓越形式。这种形式与存在于技艺或一般而言的人生管理中的杰出能力相关。因此，我们可以合理地询问，他们所教的究竟是什么？他们声称所教的东西是否真的是可教的？这里涉及的问题可以这样来理解：我们也许会说，一个医生的主要德性在于他的诊断技巧，而律师的德性更多地在于他的修辞能力而不在于他的复杂研究。然而，我们也常常比较狭义地谈论与道德品质相关的性格上的德性。因此，医生在某个方面是卓越的，律师在某个方面也是卓越的，有道德美德的人在某个方面也是卓越的。因此，当某人声称能够教授这种卓越本身的时候，在付他学费之前，我们自然就想知道付出的费用究竟能买到什么东西。这正是苏格拉底向美诺提出的问题。并不是因为美诺自己是个智者，而是因为美诺是智者高尔吉亚的塞萨利崇拜者。高尔吉亚则声称 arete 是可教的。基于苏格拉底对分析的冲动，这些问题很快就让位于另一个问题：什么是德

---

[8] 关于智者，参看上面 1.6。

性？或者说什么是卓越？苏格拉底承认自己是无知的，而美诺则声称自己知道问题的答案。[9]

美诺首先认为，男人的德性在于拥有处理公共事务的能力，同时能让朋友受益、让敌人受损；而女人的德性在于很好地管理家庭事务并顺从她的丈夫；进而，小孩、老人，以及奴隶的德性都各不相同。对于每一种行为和每一个年龄都存在着一个德性。[10]

苏格拉底对美诺的这个初次尝试做出了回应，此回应既具有方法论上的意义也具有实质性的意义。苏格拉底抱怨说：尽管他问的是一个德性，美诺的回答却以整整一堆德性将其围住。后者通过描述德性的多样性来回答"什么是F"这个问题。苏格拉底在回答中强调，即便存在各种各样不同的德性，它们也必须拥有一个相同的形式，这个形式的存在使得所有有德性的行为成为有德性的。正如，男人和女人健康的方式有所不同，但对于他们来说，什么是健康的必须是相同的。因此，如果我们想要知道健康是什么，我们就要发掘健康的男人和女人的共同点。苏格拉底认为，对于他们所研究的性质的本质来说，提供一个统一的分析是可能的。也就是说，他持有一个单义性假设。根据这个假设，对于他所关心的性质来说，存在着一个单一的、统一的定义或分析。他承认狮子和士兵都可以是勇敢的。然而，当在研究勇敢的本质时，当在回答什么是勇敢这个问题时，苏格拉底想要的答案是能够揭示出所有且只有勇敢的例证所具有的共同性的答案。即便存在着各种类型的德性，也应该存在着一个唯一的东西，它的一般本质是

---

[9]《美诺篇》70a–71d。

[10]《美诺篇》71d–72a。

我们能够理解并呈现的。苏格拉底进而认为德性就像是形状。尽管方和圆都是形状，但是这两者都不能够回答什么是形状这个问题。[11] 只有对"是形状的"这个性质的分析才能揭示出所有的形状并且只是形状所具有的共同点。

面对苏格拉底的单义性假设，美诺最终决定说：德性就是获取美好事物的能力。这或许看起来很奇怪。然而，如果我们还记得 arete 不仅仅指道德德性，这个分析似乎就不那么令人诧异了。这就像我们问某人，你认为一个卓越的生活方式是怎样的？他回答道：卓越的生活就是有能力获取所有自己想要的美好事物。无论正确与否，这个主张至少值得一听。

苏格拉底听后的回应也很简单：他很快而且很容易就将美诺的观点化归为一个矛盾。苏格拉底指出，我们显然可以用非正义的方式来获取好的事物，比如说偷盗或者撒谎。而正如美诺所认可的，德性的表达永远不可能是非正义的。因此，我们就有了三个不融贯的主张：（1）德性是获取美好事物的能力；（2）德性的表达不能是非正义的；（3）我们能够通过非正义的方式获取美好的事物。进而，如果我们将（1）修正为：德性是正义地获取美好事物的能力。那么，我们就又陷入之前的问题，即：通过诉诸一种形式的德性来定义德性，因为正义只是德性的一种形式，这就像我们将形状定义为任何类似于圆的图形一样。[12]

苏格拉底对美诺的驳斥反映的不仅仅是对单义性假设的简单依赖。他同样强调了一个成功的苏格拉底式分析如何应该至少在

---

[11]《美诺篇》72a-b, 72c-d, 74b-76b。

[12]《美诺篇》78c-79e。

外延上是恰当的。美诺的失败在于，他将某些显然不是德性的例子（如偷盗）纳入了有德性的行为这个集合当中。当他意识到这一点，试图将这些行为排除出去时，他又简单地认为，德性只能是正义地获取事物的能力。不幸的是，他同时已经认可了在正义之外还存在着许多其他的德性，如节制、智慧和慷慨。[13]于是，这种修正又导致了他在另一个方向上的失败，即过于具体化。因此，他还是未能正确地给出德性的外延。因此，在不同的方面，美诺的失败不仅仅阐明了苏格拉底的单义性假设，而且也充分阐明了苏格拉底对于一个正确分析至少应该具有外延恰当性的合理要求。

在回应苏格拉底时，美诺或许可以只是将大家所认可的德性都列举出来。他可以说，任何一个属于这些所列举的类型的行为都可以算作是有德性的。这样，他或许至少能够给出一个恰当的外延。然而，即便他做到了这一点，苏格拉底仍然不会满意。从苏格拉底和欧绪弗洛的对话中，我们可以清楚地看到他不满意的原因何在。欧绪弗洛不仅对所研究的性质给出了一个正确的外延，而且还进一步给出了一个与此性质必然同外延的集合。然而即便这样，苏格拉底仍然不满意。这意味着外延恰当性对于成功的苏格拉底分析来说并不是充分的：构成成功的分析的要素必须多于外延恰当。要认识到这一点，我们就必须去思考苏格拉底问答式反驳所具有的一种更强、更微妙的形式，而这在《美诺篇》中是不存在的。

当被苏格拉底要求刻画什么是虔敬时，欧绪弗洛犯了他的第

---

[13]《美诺篇》74a。

一个错误。他认为虔敬就是他自己的行为所体现的德性，即控诉一个犯了错误的人，即便这个犯错误的人是他的亲戚。苏格拉底对这个回答很不满意，因为欧绪弗洛给出的是完全不合格的回答。苏格拉底想要的是一个一般性的说明，而他给出的只是一个例子，或者说只是一个可能的例子。即便他的行为事实上是虔敬的，仅仅指出这一点并不构成他对这一点的分析。苏格拉底和欧绪弗洛都认为，所有虔敬的行为都是通过某个形式而成为虔敬的。因此，一个成功的分析最好能捕捉到这个共同性。由此看来，欧绪弗洛的第一个回应显然就是失败的。进而，苏格拉底想要的分析是能够满足一些认识论需求的。我们能够把这种分析视为一个模型，并且将其奉为某种标准加以运用，以判断某些所谓虔敬的例子事实上是否真的是虔敬的。苏格拉底想要的分析将能够指引他区分那些处于灰色地带的情形，而欧绪弗洛自己的情况似乎就正处于这些灰色地带。

　　欧绪弗洛终于开始理解了单义性假设的意义，从而以某个恰当的一般性说明作为对苏格拉底的回答：一个行为是虔敬的，仅当这个行为是被神喜爱的。苏格拉底对这个回答要满意得多，然而他还是要求欧绪弗洛对此做出了一个重要的限定，即：如果这个回答要有成功的可能性，那么众神就必须在这些问题上拥有一致的意见。通过承认这一点，欧绪弗洛实际上拒绝了普罗泰戈拉主义，因为他排除了下面这种可能性：由于不同的神拥有不同的观点，从而同一个行为有可能是既虔敬的又不虔敬的。无论如何，欧绪弗洛的这个回答至少具有正确的形式。

　　实际上，如此阐述的理论拥有一个重要的历史，它开始于柏拉图之前，并一直延展到当下。这是因为，我们可以合理地将欧绪弗洛对于虔敬本质的态度视为对普罗泰戈拉相对主义的回应，而这种相对主义无论在古代还是今天都广为流传。在苏格拉底的质问下，欧绪弗洛阐发了一个现实主义的虔敬概念。对待道德，存在着某种一般化的总体态度。这种态度由诸如安提戈涅这样的人所持有。他认为，诸神拥有不变的法则，这些法则优越于那些不断变动的人类法则，因此当人类法则相互冲突的时候，神圣法则就应该压倒这些人类法则。[14] 欧绪弗洛刚才所表达的那个现实主义虔敬观正是这个一般态度的特殊实例。这个虔敬观因而很容易被视为是"道德的神圣命令理论"的个例。根据这种理论：一个行为 A 在道德上是被要求的，当且仅当 A 是由神所命令的；一个行为 A' 在道德上是被禁止的，当且仅当神命令 A' 是不可以被实践的。根据这种理论，某些行为必须被实践，而其他一些行为则不能被实践，同时还有一些行为从道德视角来看是中立的。对此，《旧约·出埃及记》中存在着类似的说明：尊敬父母在道德上是必需的，偷盗在道德上是被禁止的；而就神圣命令而言，驾驶一辆红色的车而非蓝色的车则是一件道德中立的事情。

由于欧绪弗洛的观点是神圣命令理论的一个个例，他对于虔敬的最终分析就拥有了一个额外的意义。同时，相对于他的第一个分析而言，也具有一些相应的优缺点。优点至少在于它满足了单义性的要求：根据欧绪弗洛的观点，是虔敬的就是被神所喜爱的。然而，尽管苏格拉底对此比较满意，他仍然提出了一个对此

---

[14] 索福克勒斯：《安提戈涅》450-459, 1065-1068, 1270。

分析来说具有毁灭性的问题。问题很简单：虔敬的行为被神所喜爱，是因为它是虔敬的呢，还是说因为神爱它，它才是虔敬的？（这个问题同时拥有一个更一般的形式：道德行为是因为神的命令，所以是道德的，还是因为它们是道德的，所以神才有此命令？）对欧绪弗洛来说，这个问题包含着一个困境的种子，这个困境后来在一个非常复杂和精妙的交谈中浮现出来，最终的结论是欧绪弗洛并没有把握到虔敬的本质，而只是成功地指出了虔敬所具有的一个特征或性质，即神的喜爱。[15]

重要的是，这个结论能够使我们认识到苏格拉底对于成功的分析所设定的标准。包括我们已经知道的单义性假设在内，存在着三个标准。一个成功的分析必须是：（1）完全一般性的和单义性的，（2）认识论上是有用的，及（3）不仅仅是外延上恰当的。我们已经在苏格拉底和美诺的对话中遇见了这三个限制中的前两者。第三个是一个新的标准，需要我们进一步阐释。苏格拉底希望对于虔敬的分析能够表明虔敬的本质，这就要求我们必须给出虔敬的内在属性。因此仅仅给出虔敬的一个特征是不够的，即便这个特征是它必然拥有的。也就是说，即便"在道德上是必需的"和"是被神所命令的"这两个性质被所有而且只有同样的行为所例证，即便这种情况还是必然的，我们也不能直接得出这样的结论："是被神所命令的"这个性质为"在道德上是必需的"这个性质提供了任何形式的分析。类似的，即便必然地，所有的三角形都是三边形，且所有的三边形都是三角形。苏格拉底依然认为："是

---

〔15〕《欧绪弗洛篇》10a–b。

三角的"和"是三边的"都不构成对彼此的恰当分析。我们举一个并非苏格拉底的例子:"是一个递归函数"和"是图灵可计算的"是必然同外延的,然而它们是两个不同的性质,彼此并不构成对对方的一个分析。总而言之,苏格拉底要求,构成恰当分析的要素应该多于必然共外延性。

这就是他为什么认为欧绪弗洛没有能够澄清虔敬的本质。后者未能对虔敬提出一个分析,因为他只是给出了虔敬的一个性质,即被神所喜欢。[16] 我们将到达此结论的论证称为"欧绪弗洛问题(EP)",它是非常复杂和精致的,分为两步展开:

EP 第一步:

1. 每当 x 被某个 y 所作用时,x 就获得了被作用这个性质,因为 y 作用于它;并不是因为 x 是某个被作用的东西,从而 y 获得了作用某个东西这个性质。

2. 被喜爱是一种被作用的方式。

3. 因此,当 x 被喜爱时,x 获得了被喜爱这个性质,因为某个 y 喜爱它;并不是因为 x 是某个被喜爱的东西,从而 y 获得了喜爱 x 这个性质。

4. 虔敬的行为被神所喜爱。

5. 因此虔敬的行为获得了被喜爱这个性质,因为某个东西,即神,喜爱它。

由此,苏格拉底表达了这样一个思想:某个东西的被神所爱是由神的行为来解释的,即他们爱他们所爱。因此,虔敬的行为

---

[16]《欧绪弗洛篇》11a—b。

是被爱的，正是由神对他们的爱来解释的。这里的想法在于，每当某个东西以某种方式被作用时，它以那种方式被作用，是由导致它被如此作用的行为所解释的。这些似乎完全没有问题。如果拉里爱萨利，那么萨利拥有被爱这个性质的事实就是由拉里爱她这个事实来解释的。相反，萨利被爱这个事实并不解释拉里爱她这个事实。在这方面，拉里之爱萨利对于萨利拥有被爱这个性质来说是解释上优先的。在论证的这个阶段，苏格拉底同时表明了解释上的优先性是不对称的。如果 x 解释了 y，那么 y 并不同时解释 x。（如果一个被部分堵塞了的冠状动脉解释了某人呼吸局促以及持续疲乏，那么这些症状并不同时解释了她拥有一个被部分堵塞的冠状动脉。）

现在问题在于，解释一个行为是虔敬的事实是否可以是这个行为被神所爱。苏格拉底想要知道此问题的答案是非常合乎情理的。因为，根据欧绪弗洛的分析，"是虔敬的"和"是被神所喜爱的"其实是同一个东西。事实上，按照欧绪弗洛的建议，对虔敬的分析所揭示出的虔敬的本质就是"被神所喜爱的"。因此，如果欧绪弗洛的观点是正确的，就意味着任何情况下我们想要解释为什么某个行为是虔敬的，我们就能够，或者说我们必须诉诸这个行为是否是被神所喜爱的。而苏格拉底则认为，我们并不能这样做，因为"是虔敬的"这个性质和"是被神所喜爱"这个性质最多只是必然共外延的。

这个论证的第二步，也是更困难的一步，就旨在表明为何如此：
EP 第二步：

　　6.任何一个行为 A 是虔敬的，因为它拥有"是虔敬的"

这个性质。

7. 如果 A 同时是被神所喜爱的，那是因为 A 是虔敬的。

8. 如果 7，那么 A 之"是虔敬的"相对于它的"是被神所喜爱的"就是解释上优先的。

9. 因此，A 之"是虔敬的"相对于它的"是被神所喜爱的"就是解释上优先的。

10. 如果欧绪弗洛的提议是正确的，我们就能够将 6 分析为 6'：任意一个行为 A 是虔敬的，因为它拥有被神所喜爱这个性质。

11. 如果 6'，那么 A 之"被神所喜爱"相对于它的"是虔敬的"就是解释上优先的。

12. 由于 9，A 之"被神所喜爱"不可能相对于它之"是虔敬的"在解释上是优先的。

13. 因此，6' 并不是对于 6 的一个可被接受的分析。

14. 因此欧绪弗洛对于虔敬的提议是不正确的。

这是一个复杂的论证，需要澄清和捍卫。它在问答式语境中所具有的复杂性足以向我们表明：苏格拉底拥有他的前人所不具有的思想上的高度敏捷性。

这整个论证的关键在于解释优先性这个概念。在（EP-12）中，苏格拉底预设了他认为已在此论证的第一个阶段所建立起来的原则，即解释优先性是不对称的。以此预设为武装，苏格拉底就能够轻易地将欧绪弗洛的观点化为矛盾：欧绪弗洛同时认为"是虔敬的"在解释上优先于"是被神所喜爱的"，以及"是被神所喜爱的"在解释上优先于"是虔敬的"。它因此违背了解释优先性的不对称原则。因此欧绪弗洛的分析是失败的。

也就是说，根据欧绪弗洛自己所认可的（EP-7）中的假设，即如果任意一个行为 A 是被神所喜爱的，这是因为 A 是虔敬的，欧绪弗洛的分析就是失败的。因为正是在这里，欧绪弗洛承认了"是虔敬的"在解释上优先于"是被神所喜爱的"。或许他在这里犯了一个错误？也许他应该拒斥（EP-7），而认为神或许就是爱任意什么行为，并不是出于什么原因。这使他可以拒斥（EP-9）从而肯定（EP-11）并得出（EP-6'）是对于（EP-6）的正确分析这个结论。而这显然正是他自己的观点，作为道德神圣命令理论的一个特殊个例，所要实现的意图。

事实上，即便不承认（EP-7）似乎对于欧绪弗洛来说至少也是融贯的，他并没有退一步去反思究竟是否应该接受这个前提。因此，欧绪弗洛或许与苏格拉底共享一个预设，这个预设未得到他们中任何一个的捍卫和澄清。这个预设是这样的：可能存在着某些内在不虔敬的行为，使得永远没有哪个神会喜爱它们。用神圣命令理论的话来说，这个预设就是：存在着某些内在的、可被指责的行为，以至于全善的神永远不会，且不可能命令它们。欧绪弗洛的捍卫者们，或者神圣命令理论的支持者们也许想要质疑这个假设。然而，在《欧绪弗洛篇》的语境中，对于任何想要捍卫欧绪弗洛的人，苏格拉底满足于为他们指出一些阻碍。他认为，无论虔敬的本质是什么，它都将对于虔敬本身来说是内在的。通过诉诸外在于虔敬的性质，欧绪弗洛注定是失败的，因为他所应该做的是给出某些内在的、本质性的东西。

苏格拉底方法的一个精妙之处在于，他从未否认神会喜爱虔敬的行为，或者说神会命令符合道德的行为。相反，他似乎认为，我们可以合理地期待，神确实必然会喜爱虔敬的行为，或者必然会命令符合道德的行为。他的担心只在于，确立这种必然的共外延性对于回答什么是 F 的问题来说是不充分的。与欧绪弗洛的互动向我们表明了为什么苏格拉底持有这种观点。必然共外延本身并没有把握到解释上的优先性，这就是为什么一个成功的分析必须不仅仅在于外延上的恰当。这也解释了为什么苏格拉底对欧绪弗洛所提出的要求实际上是相互关联且相互支持的。一个成功的分析具有完全的一般性和单义性，它必须把握所研究的性质的本质；如果要呈现这种本质，这个分析就必须把握什么是内在的以及在解释上是优先的；而当它做到了这些后，这个分析就将在认识论上是有用的。它将使苏格拉底能够通过参看这个分析以确定此属性的形式是否存在于任何一个被给定的行为中。拥有了这些知识，即便在那些颇具争议的地方，比如关于欧绪弗洛自己的行为，苏格拉底也能够知道：某人所提出的某个虔敬的个例事实上是否算得上是虔敬的个例。

在不同的方面，苏格拉底和美诺及欧绪弗洛的互动都揭示了他哲学方法的不同特征。当他从事于哲学分析时，苏格拉底希望他的对话者们能够满足一个比较高的标准。对于他所给出的某个什么是 F 的问题，苏格拉底施加了一个单义性假设来限制他所期待的答案。一个成功的分析必须是完全一般性的和单义性的；必须拥有认识论功能；且必须不仅仅满足于外延恰当性。在最后一点上，苏格拉底与美诺的对话表明，一个成功的分析至少是外延恰当的；而他与欧绪弗洛的对话则进一步表明，一个成功的分析事实上必须多于外延上的恰当。因此，必然的共外延对于苏格拉底式分析来说并非是充分的。

第三节　苏格拉底式无知和苏格拉底式反讽

与欧绪弗洛的讨论结束之后，苏格拉底表现出深深的失望。如果他能够从欧绪弗洛那里学到虔敬的本质，或许就能摆脱不虔敬的指控。他可以证明自己最终获得了关于神圣的智慧，他的无知也将因此不再使其在这类事物上疏忽犯错。事实上，他感叹道：有了这样的知识，"我的余生就会过得更好"[17]。

鉴于苏格拉底在与欧绪弗洛对话中所体现出的明显的思维敏捷性，我们很难理解他怎么可能如其所说的那样无知。然而，这种对于无知的声称事实上并不非常罕见。[18]古代晚期一些主要的怀疑论者都将苏格拉底视为他们思想上的祖先。[19]他们认为苏格拉底持有完美的怀疑论态度，他之所以声称无知，正是因为意识到知识是不可能的，而且他有很好的理由持有这种立场。也正是为此，某些对话者也指责他不坦率、刻薄、喜欢恶毒的嘲讽。[20]

---

〔17〕《欧绪弗洛篇》16a。
〔18〕苏格拉底以不同的方式表白过他的无知：《申辩篇》20c, 21d, 23b，《卡尔米德斯篇》165b, 166c，《欧绪弗洛篇》5a—c, 15c，《拉凯斯篇》186b—e, 200e，《吕西斯篇》212a, 223b，《高尔吉亚篇》509a，《美诺篇》71a, 80d。
〔19〕怀疑学派的领秀阿塞西劳斯被认为是从研究苏格拉底而获得完整彻底的怀疑论的。参见：西塞罗：《论雄辩家》3.67,《至善篇》2.2, 5.10,《论学园怀疑论》1.43—44,《论神性》1.11；尤西比乌斯著作中的努门尼乌斯（Numenius ap. Eusebius）：《福音的预备》14.6.12—13。参见 5.4。
〔20〕苏格拉底对话者对其反讽的指责可参见：《高尔吉亚篇》489e,《理想国》337a,《会饮篇》216e 以及亚里士多德《尼各马可伦理学》1127b22—26。

因此，对于苏格拉底来说，声称无知和被指控热衷于反讽，总是紧密伴随在一起。鉴于他肯定知道某些问题的答案，批评者们认为，当苏格拉底声称自己不知道这些答案时，他肯定是不真诚的。他的不真诚明显表现在对欧绪弗洛之流的嘲讽、戏弄中，因为苏格拉底在智力上显然远远高于他们。这种智力上的差距是如此的明显，以至于在对话结束后，欧绪弗洛甚至都未能意识到他被苏格拉底反驳得究竟有多彻底。其他的对话者没有这么迟钝；他们感受到了苏格拉底式问答法给他们带来的刺痛，从而以某种出于羞愧的愤怒作为对他的回应。

尽管许多人都将苏格拉底视为冷酷无情、善于反讽、一心只为娱乐自己的思想诈骗犯，在柏拉图对苏格拉底的呈现中，我们却很容易看到，这种观点是得不到任何支持的。首先，对于苏格拉底所提出的"什么是 F"这类问题，我们没有任何理由假设他实际上肯定知道其答案。我们必须做出的假设只在于：苏格拉底拥有轻松揭露出其对话者信念集中所蕴含的矛盾的能力。即便某人并不知道费马大定理的真假，但在面对某个对此定理真假的证明尝试时，他显然也是有可能辨别其成功与否的——尤其当这个证明能够被揭示出包含着内在不融贯时。因此，对于一个给定的命题 p，我们或许不知道它的真假，但如果有谁声称知道的话，我们还是能够知道此人是否果真知道的。因此，没有任何理由指责苏格拉底是不真诚的、喜欢恶意反讽的。

因此，问题就在于，他是否可能一方面展现出揭示矛盾的能力，最终又不会被认为拥有自己声称所缺乏的知识。而这显然是可能的。他或许拥有某些知识，但缺乏确定的知识；或者拥有一般知识，而缺乏专业知识；或者拥有某些领域的知识，而缺乏其他领域的知识。在大多数情况下，对于他所研究的那些性质，他所否认拥有的似乎只是完全的、成功的分析性知识。在哲学分析的语境下，缺乏的恰恰是分析知识，这就能够合理地促使苏格拉底将自己描述为是无知的。这与他通过使用问答法而取得的大量胜利也是相容的。因为完整的分析知识对于基本进步来说并不是必需的；对于反驳那些明显走上论证歧路的人来说也不是必需的。（如果某人认为铀是气体，那么，一个非科学家，即便自己并不能够指出铀在元素周期表上的位置，她也能够合理地纠正这种观点。）因此，对于苏格拉底所取得的无可争辩的问答法胜利，我们需要首先穷尽所有可能的解释因素，否则没有任何理由认为，对于所提出的问题，他必须实际上已经知道了答案；而在得不到这个结论的情况下，我们就没有任何理由指责他是在从事着任何不真诚的反讽。就目前得到的证据判断，苏格拉底或许是完全真诚的。事实上，像他一样，认为分析的冲动起源于无知，甚至是 *aporia*，这一点似乎显然是正确的；正是当我们感觉困惑的时候，哲学的冲动才滋生出来。在这方面，苏格拉底式无知是一个非常普遍的现象。我们从事分析是由于我们不知道，而不是由于我们知道。

进而，认为苏格拉底是完全无知的这种主张与柏拉图对他的描绘是不相容的。柏拉图笔下的苏格拉底确实声称自己在分析的语境下是无知的。然而，他也将苏格拉底塑造为一个拥有许多深刻道德信条的人。它们如此深入地植根于他，管理着他的行为和性格。这些信条有时候只是一些常识，有时候却非常复杂，复杂到似乎甚至具有悖论的特征。

第四节 苏格拉底信条和苏格拉底悖论

如果苏格拉底声称缺乏对主要道德性质给出成功分析所必需的知识,他并没有同时声称缺乏对某些指导行为的重要道德原则所具有的知识。而且,他自信地认为,某些类型的道德主张总是经不起问答法的推敲,因为他或许知道,这些道德主张是有缺陷的。有时候,他的观点听起来就像是普通的道德常谈,比如:他认为,不受惩罚地从事非正义活动永远不是一件好事;他也认为,伤害别人最终将不可能是正义的,而且一般来说,作恶将是不被接受的。然而其他时候,他所提出的观点又特别地反直观,以至于这些观点必须在得到捍卫的情况下才能够被我们严肃地对待。在某些例子中,这种捍卫令人惊奇地接近他那些道德上的老生常谈。比如,在做出"伤害别人永远不是正义的"这个评论后,他首先推论到"我们因此永远不应该以恶制恶",最终"承受伤害也好于作恶或伤害别人"。这里,苏格拉底从某个易于被人接受、看起来完全没问题的主张推进到了一个很难被接受的主张。[21] 然而在其他情况下,苏格拉底的捍卫就更加复杂,他的观点也很难得到理解。

这里所说的这些其他情况主要涉及知识和德性的关系。苏格拉底就此所提出的主张是相当反直观的,以至于我们将它们视为

---

[21]《高尔吉亚篇》472e, 507b-c, 508e—509b,《申辩篇》30b,《克里同篇》48b。

"苏格拉底悖论"。然而，我们应该保持警惕，不要将苏格拉底道德主张上的所谓悖论理解为芝诺意义上的悖论。当芝诺提出悖论时，他向我们表明了两个互不相容的命题都能够从看起来不可避免的前提中推导出来。[22]尽管苏格拉底的某些观点最初似乎非常奇特，但奇特的信念本身并不一定就是悖论，即便它是违反常识的。无论如何，最为著名的一个所谓苏格拉底悖论并不拥有严格意义上的悖论形式。相反，它只是一个令人吃惊的论题。要想捍卫这个论题，就需要对我们的常识道德心理学持有某些修正性态度。

这个论题正是苏格拉底关于意志软弱性的观点，他认为 *akrasia* 是不可能的。[23]苏格拉底指出，绝大多数的人都相信他们在某些时候是意志软弱的。他们认为，即便当自己知道什么是最好的行为方式时，他们有时也不会这么去做。在这些情况下，对快乐的憧憬控制了他们，以至于他们所拥有的知识像奴隶一样被非理性的激情和欲望拖着走。比如在有些时候，某学生知道应该为了某个重要的考试而学习，但却发现与朋友社交的可能更具诱惑。尽管之后他会为他的行为感到悔恨——甚至在他行为之前就已经意识到将会为此感到悔恨——他还是决定了去聚会而不去学习。即便承认如此行为并非最有利于自己，他还是会这么去做。

---

[22]关于芝诺悖论，见1.4。
[23]另一个苏格拉底悖论是指：当时的一些主要德性，如勇敢、虔敬、正义、节制、智慧，在某种意义上是一个统一体，这至少意味着某人不可能拥有其中一个德性而不具有其他德性。更强的观点认为，这几种德性其实是一种德性。参看《普罗泰戈拉篇》329c–d 和 332a–333 以及《拉凯斯篇》198a–199e。这两个悖论通过苏格拉底的认知主义连接在一起。为了支持德性的统一性，苏格拉底指出道德德性就是道德知识。而为了反对意志软弱的可能性，苏格拉底认为知识对于德性来说是充分的。

他并没有做自己认为或者甚至知道是明智的行为。

更普遍的经验则是：我们常常未能去做自己知道是符合道德的行为。一个牧师也许真诚地相信嫖娼是不正确的。然而，当遇到有机会放纵自己从事某些禁忌性性行为的时候，他或许就屈服了。更有甚者，或许在每个周五晚上，在准备完周日布道之后，他就会这么去做。在被揭发以后，他又会在电视上泪流成河地乞求大家原谅。他深深为自己的行为感到悔恨，检讨自己的软弱，并声称我们都是罪人。苏格拉底并不怀疑牧师的真诚，但他却深深地怀疑他自我描述的准确性。

这两个场景似乎阐明了我们所讨论的那种行为失败。学生是理智上软弱的，而牧师则是道德上软弱的。他们的共同点在于：他们都知道，基于全方面的考量，应该去做某个行为 A；然而，他们都没有做 A；相反，每个人都做了某个别的行为 B。之后又都为这个行为而后悔。他们的区别在于：学生主要基于理性慎思进行判断，而牧师则主要基于道德进行判断。然而，在描述自己的行为时，他们都认为自己当时被快乐所征服。两者都拥有软弱的意志，两者都是 akratic。

苏格拉底认为，在某种程度上学生和牧师错误地描述了自己的经验。因为在他看来，意志软弱是不可能的。因此，那些声称自己遭受了意志软弱的人一定是弄错了。当然，原则上来说，我们错误地理解了自己的经验和动机是有可能的。比如，我们或许未能意识到自己正在嫉妒别人，或者基于这种嫉妒而行为。直到如此行为很长时间之后，才逐渐意识到这一点。甚至于我们或许需要某个拥有洞察力并富有同情心的朋友为我们指出自己行为的动机。在这些方面，我们或许对自己来说是不透明的。即便如此，正如苏格拉底所意识到的，我们仍然需要一个特殊的理由来相信自己从来不可能意志软弱，以及相信学生和牧师都未能准确地描述他们自己生活中所发生的事件。

通过关注理智慎思的 *akrasia*，也就是上文中的学生所经历的那种意志软弱，我们能够最为容易地理解苏格拉底为此所持有的理由。对它们做出某些适当调整之后，这些理由同样也适用于道德上的意志软弱。苏格拉底认为，理智慎思的 *akrasia* 是不可能的，因为存在着某些其他的原则蕴含了它的假，而这些原则是绝大多数人都接受的。在《普罗泰戈拉篇》中，苏格拉底集中讨论了 *akrasia*。他明确地将这些背景原则赋予那些未受过教育的"大多数人"，以便向其表明，基于他们自己的信念，他们必须承认当声称自己意志软弱的时候，他们事实上错误地描述了自己的经验。这些原则是：

> 心理利己主义（psychological egoism, PE）：每个人行为的目的总是最大化自己所意识到的自我的善。
>
> 享乐主义（hedonism, H）：人类的终极善就是快乐。

（PE）是一个描述性陈述；它并没有规定人们应该如何去行为。相反，它只是认为，作为一个事实，每个人行为的目的总是最大化他们所意识到的自我的善。它并没有指出这里的善是什么。然而，如果大多数人都能够理解（PE）和（H），同时也能够把握它们之间的联系，那么他们就能够理解每个人所追求的善就是他们自己的快乐。也就是说，如果大多数人都承认每个人总是寻求他们自己的善，同时认为每个人都知道这里的善就是快乐，那么他们就将承认每个人所寻求的善就是他们自己的快乐。因此，根据大多数人，人类就是利己的享乐主义者。

正如苏格拉底所指出的，大多数人都认为（H）和（PE）是合理的。然而，一旦假设这两个原则，他就能够提出下面的论证以表明 *akrasia* 的不可能性（impossibility of akrasia, IA）：

1. （H）和（PE）。（被大多数人所假设。）

2. 如果（H），快乐和善指的就是同一个东西。

3. 因此，如果 S 认定行为 A 比行为 B 要好，S 就事实上认定 A 比 B 更快乐。

4. 如果（PE），S 行为的目的总是最大化 S 自己所意识到的善（根据 [H]，这就是 S 自己所意识到的快乐）。

5. 如果 S 行为的目的总是最大化自己所意识到的快乐，那么，对于 S 来说，认定 A 比 B 更快乐，却由于意识到 B 所提供的快乐（知道如此并有意愿地）而做 B，就是不可能的。

6. 因此，对于 S 来说，认定 A 比 B 更快乐，却由于被快乐所征服（知道如此并有意愿地）而去做 B，就是不可能的。

（IA-6）所否定的，就是《普罗泰戈拉篇》中所理解的 *akrasia* 的可能性。在那篇对话中，*akrasia* 被合理地描述为这样一种观点：某些人，某些时候，在已经认定什么是更好行为的情况下，被快乐的欲望所征服而未能做他们认为是最好的行为。某些人在理智慎思上是软弱的，某些人在道德上是软弱的。事实上，绝大多数人在人生中的某些时刻都会认为自己在这两方面都有可能是软弱的。如果（IA）是可靠的，他们就是错的。

某些人攻击（IA-3），因为他们认为这个前提依赖于一个错误的替换原则：N 和 N'是同指称的单称词，N 和 N'就能在所有语境下保存真值地相互替换。这个一般原则显然是错的。（即便玛利亚知道伯莎是个异装癖爱好者，她还是可能否认其丈夫伯特是个异装癖爱好者，因为她并不知道自己的丈夫伯特就是伯莎。这里，"伯特"和"伯莎"尽管是同指称的单称词，但它们却不能在保存真值的情况下相互替换。）即便如此，我们完全不清楚（IA-3）是否需要任何这种不受限制的替换原则。在这个论证的语境下，我们假设 S 是一个坚定的享乐主义者。因此，S 认为，在所有可选择的行为中，最好的行为就是能提供最多快乐的行为。对于 S 来说，更好就意味着更快乐。总而言之，如果 S 在基于全面考量之后，认定行为 A 优于行为 B，他就将同时认定，基于全面考量，行为 A 比行为 B 能提供更多快乐。因此，如果攻击（IA-3）的理由涉及任何形式的不合法替换，那么，这个前提本身似乎就是完全没有问题的。

然而，一旦我们接受了（IA-3），这个论证的其他部分就自然随之而来。（PE），即人们行为的目的总是最大化自己所意识到的善，这个论题意味着，每个人都试图最大化他的快乐——当然，这里进一步预设了他们已经了接受（H），正如绝大多数人事实上所接受的那样。因此，（IA-4）似乎就没有任何问题。（IA-5）似乎犯了一个模态错误：从人们总是如何行为推断出人们可能如何行为。然而，对于人们行为的目的总是最大化自己所意识到的善这一点而言，（PE）的支持者们或许并不认为这只是一个随机的、偶然的事实。相反，他们认为，（PE）的真奠基于关于人类的一些更深入的事实上，或许是关于人性的一些本质事实。因此，（PE）所带有的模态性就能够传递下去：如果它是真的，那么人们只可能最大化自己所意识到的善。因此（IA-5）也是可以被接受的。这样的话，就可以达到最终的结论（IA-6）。因此，至少相对于大众和苏格拉底共同持有的前提集而言，*akrasia* 是不可能的。

根据苏格拉底的观点，大众对 *akrasia* 的描述尤其是不可能的。他们都认为，仅仅因为被快乐所征服，就能够自愿地去做对自己来说是次好的行为。现在看来，这是荒谬的。如果 S 想要最大化他的整体快乐，并且认为 A 是实现这个目的的方式；那么，如果他说由于屈服于快乐而从事了 B，就相当于说，他出于快乐的目的寻求了更少的快乐而非更多。苏格拉底似乎坚定地认为这种解释是有问题的。事实上，这个解释似乎是不融贯的。它包含了三个互相排斥的命题：（1）我总是最大化快乐；（2）我认为 A 比 B 能够提供更多快乐；（3）我选择 B。如果我辩解说，我是因为快乐而选择的 B，那么由于我同时接受（2），因此只能拒绝（1）。苏格拉底认为对于 *akrasia* 的通常态度在这个方面是不融贯的。

那么如何理解这种现象呢？似乎可以肯定的是，我确实在一些场合能感受到自己的意志软弱。我怎么可能是在欺骗自己呢？我们可以回到那个知道应该学习却选择去聚会的学生的案例上，这样能够更好地理解这个现象。如果他真的认为更应该学习，那么，在假定（H）的情况下，这就意味着他认为总的来说学习能够给他提供更多的快乐。比如说，他认为一个有好工作的人生能够比财务不稳定的人生提供更多的快乐；同时他正确地相信，学习是获得这种人生的工具。那么，他怎么可能不学习而去聚会呢？苏格拉底从来不否认这个明显的事实：他是可能这么做的。他否认的是这个学生对自己情况的描述，即他这么做是因为意志的软弱。他不可能这样。相反，他肯定是做出了错误的计算。这可能是由于参加聚会的快乐近在眼前而引起的。无论是如何被引起的，他的错误计算就只是错误计算。这个学生错误地认为参加聚会能够给他提供更大的快乐。如果他在这个计算上是错误的，他就不可能是意志软弱的。他只是犯了一个认知上的错误。

这一点对于苏格拉底来说是很重要的。他认为该学生的例子类似于一个想要最大化其投资组合价值的人在计算一个最优的方式。没有人愿意选择在市场上亏损。然而，某人或许会将他的一部分投资组合转移到具有中等风险的短期股票上以求快速实现收益的最大化，而不是把资金投入在安全的、可预测的长期债券基金上。他的目标在这两个策略上是一样的：最大化他的总体收入。他只是认为，短期的策略或许是能够实现目标的最佳方式。现在假设他在这个有风险的投资上亏损了。他意志软弱了吗？似乎不是的。相反,他只是做出了错误的计算。可以这样来理解这个案例：如果这个人拥有所有相关的信息，他将会倾向于债券而不是短期股票。他只是如苏格拉底所常说的出于无知而行为。然而，无知是一个认知上的失败，而非意志软弱。当然，这里存在着一个进一步的问题，即无知的某些形式是否是意愿性的，或者说我们是否需要为某些形式的无知负责而不需要对其他形式的无知负责？然而这些问题已经预设了苏格拉底想要建立的观点：最大化快乐的失败源自于认知错误。因此，这些错误需要的是认知上的解决办法。

苏格拉底对 *akrasia* 的否定是否是个悖论呢？只有当我们坚

持认为，自己能够由于非认知性的软弱，或者具体而言被快乐所征服而去选择次优的行为方式时，苏格拉底的否定才是一个悖论。苏格拉底的认知主义意味着，认为我们在自己的选择面前是被动的，其实是对自己行为的自我放纵的描述方式。他认为，当我们做出某些坏行为时，是由于认知上的疏忽而不是意志的软弱。如果将理由归于后者，就好像是说，我们自身的某个部分决定要违抗最优判断而伤害我们，而我们所具有的知识却能够像奴隶一样被驱使去执行这个部分的命令。如果我们的判断是可靠的，我们就不会犹豫不前；如果我们确实犹豫不前，应该被责备的并非快乐或意志上的软弱。相反，我们应该意识到，自己缺乏的是如何确保什么才是最有利于自己的那种知识。在这个意义上，苏格拉底要求我们应该准确地描述自己的失败所在。我们应该倾向于接受那些能够捕捉我们错误行为的根本原因的解释，而非那些将我们引导到尽管可能是自证无罪的，但却是非根本原因的解释。因此，无论如何让人感到不适，苏格拉底的建议自身并非是悖论性的。

即便如此，苏格拉底对 *akrasia* 的否认必定会显得很反常。它最终将受到柏拉图和亚里士多德的质疑和部分拒斥。因此有必要简要地反思一下这个否认所具有的明显的力量和软肋。首先，苏格拉底似乎只关注一阶的 *akrasia*，也就是只关注所谓意志软弱的个别案例。他并不直接关注相对来说更为复杂的、涉及意愿本身是如何形成的这样的问题。比如说，我们是否应该对于自己的倾向和长期稳定的欲望的发展负有认知上的责任？进而，他的论证基于（H）和（PE）这两个背景假设，而它们自身显然就会遭到质疑。然而，苏格拉底论证的力量在于它能够被用来处理更为精妙的享乐主义的各种变体，甚至许多其他非享乐主义的终极善概念。至于（PE），它要么是假的，要么是空洞无意义的。（要么它容许反例的存在，要么它就由于规定而变得空洞无物）由于苏格拉底和大众都依赖于这个主张，对 *akrasia* 的挑战就陷于危险的境地。然而，我们很容易就能将这个论证重新组织以抛弃（PE）。一个有力的重构方式拒绝（PE）而持有某种形式的理性自我主义。它在本质上是规范性的，认为一个理想的理性行为者行为的目的总是最大化自己的善。如果我们接受这个主张，苏格拉底对 *akrasia* 的挑战就会变得更加有力。如此看来，苏格拉底对 *akrasia* 可能性的挑战就像一块模板，它能够以多种方式得到修改和运用。而鉴于这个论证的结论所具有的反直观性，（IA）就成为一个拥有令人惊讶的力量和适应性的论证。

第五节　审判和狱中的苏格拉底

苏格拉底坚定不移地坚持着自己的主张。他主要是对于许多人所感受到的那种社会压力具有免疫力。在这个方面，他是一个非顺从主义者；清晰、尖锐地将自己与其同胞公民们区分开来，从不退缩、妥协。他审视其他公民的道德原则、促进他们的道德进步。在辩护词中，苏格拉底指出，他改进自己和他人的热情来自于神启，而他所从事的任务部分来源于一位专属于他个人的神灵的煽动，这个神经常和他交谈、给他许多负面的指引。[24] 同时，他也告诉我们，他之所以总是被驱使着质疑他人，主要是想理解德尔斐的阿波罗所做出的关于他的神谕的意义。苏格拉底的朋友查瑞丰告诉人们，阿波罗神谕指出：没人比苏格拉底更具有智慧。由于意识到自己深深的无知，苏格拉底想要通过询问他人以表明他们比自己更智慧，从而能够理解并最终接受神谕所暗含的秘密。结果却是，基于充分的理由，他发现那些在城邦中享有盛誉的人们正是那些在理智上最具缺陷的人。其他人也是无知的，但却认为自己是智慧的。相反，苏格拉底尽管不是智慧的，却至少承认自己的无知。然而，正如他所汇报的，由于对别人持续的质问，他成了不受欢迎的人。托苏格拉底问答法之福，那些原本被认为

---

[24]《申辩篇》31c-d；另参见色诺芬《苏格拉底申辩》12以及《回忆录》1.1.2。

享有大智慧的人，由于声誉遭到了贬损和毁坏，都群起对其展开了诽谤和攻击。[25]

对于自己使命所具有的正直性，苏格拉底从未表达过任何怀疑。他意识到，甚至于自己的辩护词也有可能引起轰动，然而，与他一贯的道德信念相一致，他仍然对陪审团发出了警告，指出对他的杀害将会对他们而非他自己构成更大的伤害。苏格拉底甚至进一步认为，他的指控者安尼图斯完全不可能伤害他，因为"好人被坏人伤害"是不被允许的。[26] 在提出这些观点的时候，他似乎将自己描绘成一个在道德上优越于安尼图斯的人，而且同时也优越于其他人。拥有这种道德上的优越感或许是因为，他同时也认为自己在理智上也优越于他人。因为至少在他所提及的层面上，其他人甚至都不能够意识到自己的无知。苏格拉底强调，道德知识和有德性的行为之间存在着紧密的关联。基于这一主张，我们将很难避免以下结论，即：苏格拉底的德性和知识总是相辅相成的。

如果说在对自己的辩护中，苏格拉底给人的印象是傲慢且不妥协，他似乎对此并不是很在意。相反，他一再指出，他更愿意侍奉于神，即便这将使其与城邦中的其他人产生冲突。他向我们叙述了自己是如何拒绝参与那些他认为非法或不义的行动的。比如，由于暴风，十将军未能营救出阿吉纽西战役中的雅典幸存者。许多人坚持认为，议会成员应该依法处置他们；而苏格拉底对此却断然反对。又如，当雅典民主在前404年落入寡头统治之后，他拒绝服从后者的直接领导。在这些案例中，苏格拉底的行为遵

---

[25]《申辩篇》21a—24b。
[26]《申辩篇》30d。

循着自己的道德原则，而这正符合我们对他所抱有的期待。尤其是当正义诉求与城邦法律相冲突的时候，苏格拉底总是优先考虑正义的要求，即便这样会导致自己被判死刑。因此，当他直接声明不会以放弃从事哲学为条件而接受赦免时，没有人会为此感到惊讶。遵循那样的规则对于苏格拉底来说是非正义的。苏格拉底将遵循神的旨意而非城邦的旨意。[27]

然而令人吃惊的是，在被定罪入狱后，苏格拉底却拒绝逃跑，这并非人们通常所期待的。或者说，令人吃惊的是他在《克里同篇》中所给出的拒绝逃跑的理由。这篇对话记述了苏格拉底在狱中等待死刑时所展开的谈话。这些理由似乎与他在辩护词中所做出的关于正义的指令和人类立法的指令的清晰区分并不相容。关于正义及其与城邦法律的关系，苏格拉底自己是否持有不相容的信念集呢？既然他经常表现出改进自己和他人的强烈欲望，确定这一点似乎就是非常合理和有必要的，

我们可以很简单地表述反对苏格拉底的理由。在狱中等待死刑时，[28] 苏格拉底接受了同伴克里同的拜访，后者试图劝说他逃狱。克里同首先诉诸大多数人的态度。他们或许会认为他吝啬到不愿意花钱贿赂狱警以使苏格拉底越狱并逃脱雅典法律的制裁。正如克里同所强调的，大多数人都会将他视为不受尊敬的人，因为被认为在意金钱胜于朋友无疑就是最坏的名声。显然，苏格拉底谴

---

[27]《申辩篇》32a-d, 29d-e。

[28] 被执行死刑之前，苏格拉底在狱中待了将近一个月，因为他的审判发生于雅典对提洛岛的宗教任务开始之时。在执行该任务的船只还在雅典之外的时候，没有任何死刑允许被执行。《克里同篇》告诉我们该船正在已经马上回到雅典了（《克里同篇》43d）。

责了克里同的担心。他解释道,我们不应该关心大多数人的想法;而应该确定最有理性的人、智慧的人的建议是什么。毕竟这是他们过去的传统。现在的状况完全不应该使他们放弃对于理性和论证的习惯性依赖。[29]

这些看来都是很恰当的。然而,当智慧的人建议苏格拉底不要逃跑时,问题就产生了,因为他们给出的理由是:公民不服从是永远得不到辩护的。他们进一步认为,苏格拉底应该"要么说服,要么服从"城邦的秩序。如果他不能说服城邦什么是正义的本质的话,就应该至死遵循城邦的规则。[30] 如果这些智慧的人确实主张这种极端观点的话,那么,当苏格拉底如其在《申辩篇》中所说明的那样不去遵循寡头统治秩序的时候,他自己的行为就不是明智的。在《申辩篇》中,他也直接声明说,如果释放他的条件是禁止他继续进行哲学思考的话,他将不遵循任何这样的指令。有时候人们会强调,由于寡头并不构成一个合法的政府,苏格拉底事实上仅仅是威胁不遵循那些恰当制定的雅典法律,而事实上却从未这样做过。因此严格来说,他从未自相矛盾过。这类回答是无益的,因为它回避了眼前的问题。

问题是这样的:苏格拉底一再坚持以下这个原则:

(AJ)人们必须总是做正义的事情。

《克里同篇》的论证似乎蕴含:

(NCD)公民不服从是永远得不到辩护的。

只要正义的指令和社会的法律总是完美契合,(AJ)和(NCD)

---

[29]《克里同篇》44b-d, 46e-48b。
[30]《克里同篇》51b。

就是相容的。然而正如苏格拉底自己所强调的,这两者并非总是完美契合的:有时存在着非正义的法律。基于这个简单的事实,(AJ)和(NCD)不可能同时为真。因此,如果苏格拉底同时持有这两个主张,他就是自相矛盾的。借用苏格拉底问答法的一个论证技巧,我们可以发现"什么是正义的"和"什么是合法的"并非共外延的。当我们发现某个行为正义但却非法时,我们希望苏格拉底坚持(AJ)而不是(NCD)。马丁·路德·金在他感人肺腑的《一封来自伯明翰监狱的信》中主张为了正义的非暴力的公民不服从。他将这个原则部分归功于苏格拉底。在那封信件中,金向他的基督教牧师们解释了他所支持的公民不服从。这个解释本质上也是苏格拉底式的,即:非正义的法律正因为其非正义而必须被打破。金的苏格拉底是《申辩篇》的苏格拉底,而《克里同篇》的苏格拉底却与此不同。

因此,问题就在于苏格拉底是否持有像(NCD)那样极端的观点。《克里同篇》的论证以一种我们所熟悉的方式开始。苏格拉底表明,有意地伤害别人永远不可能是正义的。并进而推论到:即便在被人伤害后,以伤害他人的方式进行报复也永远不可能是正义的。[31]这些看起来或许没什么问题,但事实上已经极富争议了。一个主张报复的人会拒绝苏格拉底的这个基本原则,坚持认为报复某个非正义的伤害是被允许的;那么在某些情况下,自愿地伤害别人也就是正义的。当某个人由于自己的恶行被他人所伤害,那么这个作恶的人是应该受到此伤害的,这个报复者的行为也因

---

[31]《克里同篇》49a-c。

此是正义的。尽管苏格拉底意识到了某些人或许会这么想,他依然坚持自己的这个基本原则。他邀请克里同一起反思这个基本原则的可捍卫性,并暗示它拥有深远的影响。克里同照做了,并进一步坚定了自己的信仰,这就为支持(NCD)的论证铺平了道路。[32]

反对公民不服从(ANCD)的主要论证由拟人化的法律所提出,它表达了城邦的视角:

1. 如果 S 和 S' 以正义的方式制定了一个契约,那么,如果 S 在未解除契约的情况下,有意识地破坏了这个契约,S 就有意地伤害了 S'。

2. 苏格拉底与雅典以正义的方式制定了一个契约,即:要么说服它什么是正义的本质,要么遵守它的法律。

3. 苏格拉底并未说服雅典什么是正义的本质。

4. 因此苏格拉底只有在解除契约的情况下才能违背它与雅典所制定的契约。

5. 雅典并未同意与苏格拉底解除此契约。

6. 因此如果苏格拉底逃跑,他就将有意地伤害雅典。

(ANCD-6)实际上是说逃跑就是某种形式的不服从,因此是在契约上被禁止的。鉴于有意的伤害是不正义的,那么,由于破坏某个有约束力的契约就是某种形式的有意识的伤害,逃狱就是不正义的。因此在某种意义上,苏格拉底不仅不认为(AJ)和(NCD)结合在一起将导致矛盾,他事实上试图以(AJ)为前提来论证(NCD)。[33]

---

[32]《克里同篇》49b-e。
[33]《克里同篇》49e-51c。

由于正义的和合法的并非是共外延的,(AJ)和(NCD)是不相容的。因此,苏格拉底的这个论证策略让人感到吃惊。我们很难理解他如何能够以这种方式论证(NCD)。这里的张力要求我们对于(ANCD)做出更仔细的审视。

这个论证存在许多明显的问题。(ANCD-1)似乎已经显得过强,除非它考虑到了解除契约的自由条件。正如苏格拉底自己在别处所论证的那样,我们在某些时候违背某些自己身陷的契约是可以得到辩护的。比如,根据原初的契约,我们必须要归还某样武器,却发现武器所有者的精神已经不再正常,这时候,我们就可以合理地违背当初的契约。[34] 另一方面,如果契约解除条例是自由的,那么我们或许会问,当一方不正义地对待另一方的时候,这为什么不能够成为废除契约的充分理由呢?苏格拉底对于这个结论似乎是不满意的,在他看来,过去的不正义与将来的有意伤害问题是不相关的。

(ANCD-2)有它自己的论证,而这个论证在接下来的时间中拥有了一段丰富的历史。"法律"认为,尽管苏格拉底从未与城邦签订过任何正式的契约,但由于他总是自由地接受城邦所提供的许多利益,他事实上已经默认了与城邦间的这种契约关系。[35] 在这方面苏格拉底与我们大多数人非常相似:我们也从未与我们的政府签订过任何形式的契约。因此,如果这些契约存在,而且我们受其约束的话,我们其实已经默认了它们的条款。假设在此方面他是正确的(尽管人们或许会对此产生怀疑),一个棘手的问题

---

〔34〕《理想国》330c-d。
〔35〕《克里同篇》52a-d。

立即产生了：这些条款究竟规定的是什么？苏格拉底指出了一些令人惊讶的条款：说服或服从。然而，似乎没有什么理由认为，任何这样的条款都能够具体针对苏格拉底当下的情形和时间。因此，那些试图决定是否应该支持（ANCD）的人们，或许想要去反思他们自己是否以默认或别的什么方式认可了任何这类条款。在此，我们经常可以看到一种试图放松这些严格条款的尝试。它指出，在古希腊语中"说服"并不总是一个暗含了成功的动词，因此它或许仅仅指"试图说服"。（在英语中，基于这个动词的形容词也具有类似的性质，比如我们说："尽管辩方律师非常具有说服性，他最终还是未能赢得这场官司。"）即便如此，《克里同篇》似乎不可能采用这个比较弱的观念。退一步说，即便它用了这个观念，也只是转移了问题：为什么苏格拉底的辩护词算不上是说服雅典人什么是正义的本质的尝试呢？事实上，在某种意义上，整个苏格拉底问答法不就是说服的尝试吗？

对"说服"的理解显然也影响了我们对（ANCD-3）所持有的态度。因此，就这个前提而言，上面已经提到的一些问题同样也会产生。此外还伴随着一个新的问题。如果我们使用了比较弱的标准，进而假设公民所承担的唯一的契约责任就是试图说服他的城邦什么是正义的本质，那么，我们就会很好奇，为什么苏格拉底甚至不愿意做出这种尝试。在当前的语境下提出这个问题，并不意味着我们是在挖掘他心理档案的主要特征。相反，我们的目的在于指出：苏格拉底在《克里同篇》中所做出的陈述有可能与他的其他主张处于非常紧张的关系中。如果苏格拉底甚至没有试图说服雅典人什么是正义的本质，那么他似乎已经放弃了自己在

《申辩篇》中所声称具有的神启使命的一个核心部分。

无论如何，在假定这些前提的情况下，"法律"得出了它们的中间结论（ANCD-4）。遵循在（ANCD-1）的语境下所讨论的关于免除契约的条件，"法律"就能够自由地规定（ANCD-5），且进而得出它们的最终结论。这个结论只是对普遍的禁止公民不服从政策的一个特殊运用。也就是说，它们现在似乎有理由可以肯定（NCD）的合理性，即公民不服从是永远不被允许的。由于苏格拉底支持它们的结论，他似乎也就注定要接受这个结论的某种很强的形式。

存在着许多方法可以限制（NCD）的适用范围，其中一些或许可以与《克里同篇》中的论证相容。学生和学者们有充分的理由去寻找这些限制。因为在无限制的形式下，（NCD）似乎与苏格拉底许多正面的哲学精神相冲突，尤其是（AJ），即：我们必须总是做正义的事情。学生们不妨思考一下，对那些勇敢的公民权支持者、活动家（比如甘地，金或者由于从事颠覆活动而被纳粹绞杀的学生组织"白玫瑰"），苏格拉底会持有何种态度。通过确定他的可能立场，我们或许能够评估苏格拉底在这类问题上所具有的主要倾向究竟是什么。纳粹将学生运动认定为具有颠覆性，这无疑是正确的。然而，这些颠覆活动难道不是在绝望的环境中确保正义的典范性尝试吗？我们很难相信苏格拉底会不这么认为。

对苏格拉底在《克里同篇》中的论证效力的探究并不是旨在指责苏格拉底的内在不融贯。相反，它们是用以表明，鉴于苏格拉底对于正义的坚定拥护，每当出现不融贯的威胁时，（NCD）都必须服从于（AJ）。我们完全有理由要求苏格拉底向我们证明这个结论如何实现的。因为这种要求本身与他自己所宣称的使命是一脉相承的。我们只是在让他通过表明自己的观点是能够得到问答法论证的来为自己辩护。

结　论

出现在柏拉图对话中的苏格拉底是一个非常复杂、拥有超强说服力的角色。从一个狭义的方法论视角来说，有两个特征显得非常突出：(1)苏格拉底对分析的冲动，这导致他对广泛的、值得人们拥有的道德属性提出"什么是F"这样的问题。(2)他的问答法方法，及其成功的高标准。根据这些标准，一个哲学分析是成功的，仅当它是完全普遍的、单义的、在认识论上有作用的，且不仅仅是外延恰当的。如果他发现自己不能够满足这些高标准，他也从不会放弃尝试的努力。这是因为，他认为"最重要的事情不是生存，而是生存得好"[36]，生存得好意味着生存得高贵和正义。对于苏格拉底来说，以这种方式生存就要求承诺持续的理智探索，而这不仅仅是一个抽象的指引，而是最具体的个人行动指导原则。正是出于这样的理由，他曾以其典型的坦率方式尖锐地指出"未经审视的人生是不值得过的"[37]。

---

[36]《克里同篇》48b。

[37]《申辩篇》38a。

推荐阅读

一手文献：

最好的柏拉图对苏格拉底呈现的翻译集可见：

Cooper, J. (ed.) *Plato: Complete Works* (Cambridge, MA: Hackett, 1997).

文本中所讨论的所有个别对话都可以较 [22] 便宜的方式得到。关于 [22] 中的苏格拉底的文本的一个相关的选集是：

Plato, *Five Dialogues* (*Euthyphro, Apology, Crito, Meno, Phaedo*) (Cambridge, MA: Hackett,1981).

二手文献：

畅游于庞大的关于苏格拉底的二手文献是一件令人沮丧的事情。除了 [4] 之外，这些都是很好的起点读物：

Smith, N. and Brickhouse, T., *The Philosophy of Socrates* (Boulder, CO: Westview, 2000).

Vlastos, G., *Socrates: Ironist and Moral Philosopher* (Cambridge: Cambridge University Press,1991).

Santas, G., *Socrates: Philosophy in Plato's Early Dialogues* (London: Routledge, 1979).

以下文集也很好，包含许多很好的处理苏格拉底哲学的论文：

Benson, H., *Essays on the Philosophy of Socrates* (Oxford: Oxford University Press, 1992).

Vlastos, G. (ed.) *The Philosophy of Socrates* (London: Doubleday, 1971).

—— *Socratic Studies* (Cambridge: Cambridge University Press, 1994).

第三章 柏拉图

柏拉图（前429—前347）是一个建构型的系统哲学家，拥有令人惊讶的广度和深度。和苏格拉底不同，他并不将自己局限于仅仅思考与伦理行为相关的问题。相反，他研究更加广泛的问题：形而上学、认识论、心灵哲学、美学、道德哲学（包括道德形而上学和道德认识论）、政治哲学，以及以一种崭新的、抽象的方式研究哲学方法论的相关问题。柏拉图的哲学影响如此之广，以至于著名的英国哲学家阿尔弗雷德·诺斯·怀特海可以怀着明显且真诚的崇敬心情声称："对于欧洲哲学传统最可靠的一般性描述就在于指出这个传统是由一系列对柏拉图的注脚所构成的。"[1] 本书对柏拉图那些最持久的哲学贡献的研究并不首先关注其令人惊讶的影响力，而是直接进入文本，以确定我们是否应该将他的主要哲学论断接受为真。在这个过程中，我们当然有可能会将他的某些主要论断视为是假的和不可捍卫的。然而，我们给予他的这种处理方式正是他自己所寻求的：在阅读柏拉图对话时，我们可以清楚地感觉到，当他的论断似乎是有保障时，他期待我们对其提出一些质疑性的结论；而在它们似乎无保障时，却期待我们能够加入他的阵营。

理解柏拉图哲学的关键在于正确把握他的一对承诺，即：先天知识的可捍卫性以及他称为"形式"的抽象对象的存在。柏拉

---

[1] 怀特海：《过程与实在》，纽约：麦克米兰，1929年，第39页。

图并不是第一个认为人类有能力获得先天知识的哲学家。[2]在他之前的巴门尼德当然也持有这样的观点，并且更加极端地认为先天知识穷尽了所有的人类知识。尽管柏拉图和巴门尼德一样，认为存在着先天知识，但对于先天知识的范围，前者并不接受后者那不加约束的预设。同时，柏拉图与那些在另一个方向上走向极端的当代哲学家也不属于同一阵营，因为他并不认为人类知识只限于后天的范围。相反，他将自己放在这两个极端之间，允许两种知识形式的存在。如果我们愿意允许某些形式的知识（比如说数学知识）是先天的，而某些其他形式的知识（比如说自然以及社会科学中的知识）则大多是后天的，那么，柏拉图的观点至少似乎是一个谦和的中间立场。

然而，当柏拉图的认识论主张与某些大多数人认为是奢侈或极端的形而上学承诺纠缠在一起的时候，它们就变得极富争议性。因为在柏拉图看来，先天知识的范围远远超过了数学。他认为存在着一类先天的哲学知识，它们以类似于数学对象的对象为主题。他将这些对象称为形式。形式之于哲学，就像数之于算术、形之于几何。当我们发现了数之间的关系时，我们便发现了某些必然的、不可更改的事实。同理，当我们知道三角形内角和等于180度时，我们也就把握了某些必然的事实。对于三角形而言，具有这些特征并不是一个偶然的或约定的事实。柏拉图认为，在同样的意义上，当我们知道了正义或美的本质时，我们便发现了关于正义本身的某些事实，这些事实并不是约定的产物，并不相对于某一个时间

---

[2] 关于先天、后天知识的区分，参见第一章注释4。

或地点，它们是必然的。甚至对于那些最为同情柏拉图观点的读者来说，这个主张都注定会使他们感到惊讶。我们的目标就在于引入柏拉图在持有这些主张时的动机和论证。我们也将开启，但仅仅是开启，评估这些论证可靠性的、令人着迷的进程。如果最终我们相信，这个进程确实是值得加入其中的，那么，怀特海对柏拉图卓越成就充满崇敬的那句评价，就至少因我们的作为而增加了相应的可信性。

第一节　从苏格拉底到柏拉图

苏格拉底声称自己在分析上是无知的,他并不知道自己所发起的那些分析请求的正确答案。由于他的对话者通常也不能让他知道答案,柏拉图的苏格拉底对话典型地以承认失败而告终,同时也乐观地强调:崭新的哲学努力或许能够收获更加丰富的哲学果实。然而,似乎并不存在对任何公认的成功案例的清晰记载。在这个意义上,柏拉图的苏格拉底对话主要是毁灭性的,而不是建构性的,尽管问答法本身并不蕴含这个特征。此外,苏格拉底虽然提出了一个成功分析所应该具有的清晰而复杂的标准,但并没有将注意力转向认识论或形而上学,并没有将它们本身视为特殊的研究课题。正如亚里士多德所说,苏格拉底只关心与道德性质相关的问题,是历史上第一个关注它们所具有的普遍的、定义性的特征的人。[3] 相反,同样也是根据亚里士多德的评论,柏拉图则关心整个自然以及苏格拉底所未触及的形而上学问题。

在此问题上,依赖亚里士多德的判断似乎是合理的。[4] 这样的话,我们便可以将柏拉图对话分为两类:一类试图呈现作为历史人物的苏格拉底自己的观点,另一类中的苏格拉底则只是柏拉图

---

[3] 见《形而上学》978b1-2。
[4] 亚里士多德是柏拉图的学生,也是亲密的同伴,也是第一个系统的哲学史家。他在柏拉图学院待了大概20年。因此,很难忽视他对柏拉图和苏格拉底的区分。

用来表达自己理论的一个角色。尽管对于确定柏拉图对话的相对年代存在着学术争论，[5] 我们仍然可以将这些对话依据论题而相对容易且合理地分为苏格拉底对话[6]和柏拉图对话。前者构成了我们讨论苏格拉底的基础。后者则进一步可以被区分为前期对话和后期对话，这些柏拉图对话是我们研究柏拉图哲学的资料来源。

无论我们对柏拉图对话的年代持有什么态度，通读整个柏拉图作品，我们会发现苏格拉底形象的自我呈现发生了重大的转变。目前我们所认识的苏格拉底，即历史上的苏格拉底，声称自己在分析上是无知的；同时对于某些重要的问题（如死后的存在）抱有不可知论的态度。事实上，在辩护词中，苏格拉底直接表明了他并不知道是否存在着死后的生活。即便如此，他也能够意识到，死亡只能是二选一的一种状态：它要么意味着无——这样的话，它就是无害的；要么意味着灵魂从一个地方到另一个地方的转移——

---

[5] 在柏拉图对话的编年方面，学者们主要依赖以下标准：（1）古代的见证（包括一些外在的记录，比如亚里士多德在《形而上学》i6、xiii 4 以及 9 中的评论以及在《政治篇》1264b24-30 中的评论。同时也包括柏拉图自己著作中内部的相互引证）。（2）文体风格分析（关注柏拉图的用语和语法风格）。（3）一般文学特征（刻画的仔细程度、对戏剧场景和细节的关注）。（4）哲学学说（对话以某个疑问而告终，还是做出了一些肯定的断言；主题是否限于道德问题；是否遵循形式理论）。

通过使用这些标准，我们可以做出以下粗糙的划分：

①苏格拉底对话：《欧绪弗洛篇》《申辩篇》《克里同篇》《阿尔西比亚德篇》《卡尔米德斯篇》《拉契斯篇》《吕西斯篇》《欧绪德莫篇》、大小《希比亚篇》《伊翁篇》《普罗泰戈拉篇》《高尔吉亚篇》（最后两部是过渡性的，其中包括早期柏拉图对话的特征）。

②柏拉图对话：A 早期：《美诺篇》《斐多篇》《克拉底鲁篇》《会饮篇》《理想国》《斐德罗篇》《巴门尼德》；B 晚期：《泰阿泰德篇》《蒂迈欧篇》《菲力布篇》《克里提亚篇》《智者篇》《政治家》《法篇》。

[6] 苏格拉底对话的突出特征是：篇幅短、戏剧情节生动、贯穿着苏格拉底问答法、内容只关心道德问题、最终以困惑结束对话。

这样的话，它简直就是某种莫大的福气，因为它提供了一个与不朽诗人，如荷马和赫西俄德，展开愉快对话的良好机会。[7]（我们可以想象苏格拉底与荷马就德性的问题展开问答的场景！）这与《斐多篇》的苏格拉底形成鲜明的对比，后者坚定地相信死后的存在。事实上，他一次又一次地证明灵魂的不朽，每一个证明都旨在表明：人世间的死亡只是灵魂与身体的分离，而不是存在的终结。假设《斐多篇》中的苏格拉底实际上提出的是柏拉图的观点，而非历史上的苏格拉底自己的观点，我们就能够立即发现他俩的一个重要的区别。与苏格拉底不同，柏拉图不仅拥有正面的主张，而且准备对这些主张进行长篇论述。他并不满足于与人进行问答式交谈。相反，他以一种建构的方式直接论证自己的正面主张和理论，这些主张和理论所涉及的范围也远远超过了苏格拉底主要关心的那些伦理事务。

在这么做的同时，柏拉图也表现出对于那些总是伴随着形而上学研究（包括对道德的形而上学）而出现的认识论问题进行讨论的愿望。与苏格拉底不同，柏拉图非常愿意对道德属性提出自己的分析，包括对其中最为主要的"正义"这个属性的本质提出分析。这正是《理想国》的主要论题，而它在古代的副标题就是"论正义"。当他这么做时，他表现出对这些属性的本质或本性是很熟悉的。可以理解的是，关于他对这些本质的认知可及性问题总是紧随其后。总的来说，如果某人声称知道正义、德性、对错的本质，或者知道灵魂是不朽的、相对主义是错误的，那么，另一方就自

---

[7]《申辩篇》40c—e。

然会询问他是如何知道的。由于苏格拉底从不声称自己拥有知识，他也就不面对这样的问题。相反，柏拉图就必须面对这样的问题，而在他有义务回答这些问题时，他也从不回避。

第二节　美诺的研究悖论；柏拉图的回答

柏拉图早期对认识论进行研究的一篇重要对话就是我们已经提到过的《美诺篇》。那篇对话以一个典型的苏格拉底问答开始。[8] 苏格拉底问美诺，什么是德性。在苏格拉底的指导下，美诺开始学会尊敬单义性假设，并对苏格拉底的问题给出了一个分析，但很快就被归结为一个矛盾。苏格拉底如往常一样，承认自己也是无知的，并鼓励重新开始研究，以望能捕捉到德性那难以捉摸的本质。[9] 这一切都是典型的苏格拉底对话的展开方式。

当美诺突然拒绝按照苏格拉底的方式继续对话下去的时候，事情发生了意想不到的转折。美诺提出了一个在其他苏格拉底对话中不存在的认识论问题。柏拉图时刻就此到来：在苏格拉底表明了自己的无知后，美诺要求知道，对于一个他甚至都无法辨识的目标来说，朝此目标展开的研究如何才能取得进步。在讨论的各方都不知道什么是正确分析的情况下，我们如何可能去寻求关于德性的这种正确的分析？美诺的问题在某个方面让我们想起克塞诺芬尼的抱怨：即便我们碰巧发现了真理的整体，我们也不具有知识，因为即便在那种情况下，我们也并无能力知道我们碰到

---

[8] 参考 2.2 对问答法的讨论。
[9] 《美诺篇》79e, 81d。

的是什么。[10]但是，美诺的问题已经超越了克塞诺芬尼，因为他想要以更精巧的方式去论证研究本身是不可能的。

美诺的研究悖论（Meno's paradox of inquiry, MPI）具有一个简单的两难困境的形式：

  1. 对于所有的 x，要么你知道 x，要么你不知道。

  2. 如果你知道 x，那么对 x 进行研究就是不可能的，因为你不能研究自己已经知道的东西。

  3. 如果你不知道 x，那么对 x 进行研究也是不可能的，因为当你甚至不知道所寻求的是什么的时候，是不可能展开研究的。

  4. 因此，对于任意 x，对 x 进行研究是不可能的。

美诺的观点是非常简单的。（MPI-1）直接诉诸排中律。（MPI-2）合理地认为，如果关于相关的论题，我们已经知道了所有需要知道的东西，那么，研究这个已经知道的东西就是不可能的。比如，我不可能研究 2+2 是否等于 4。因为我已经知道了这一点，没有更多的东西需要我来确定。（MPI-3）不是那么直接，因此需要进一步的阐述。这里的想法在于：研究某个我们对其完全不知道的事物是不可能的。比如，对于某个完全没有受过教育的人来说，如果你问他什么是余弦，后者甚至不可能在以下三个可能的选项中做出选择：（1）宗教仪式中用来盛放圣餐面包的容器。（2）直角三角形中，锐角的邻边和斜边的长度的比。（3）军舰上所插放的一种特殊形式的国旗。总之，如果我们什么也不知道，研究就是

---

[10] 关于克塞诺芬尼，见 1.2。

不可能的。因为我们将不知道从何处出发，或者止于何处。

柏拉图直接将（MPI）描述为"论客式论证"或"辩论者论证"。其目的显然是因为它依赖于某个诡辩性的谬误。他对此的判断无疑是正确的。（MPI）在上文的呈现形式中运用了"知识"这个概念的歧义性，因为，如果（MPI-2）是真的，知识必须指的是"关于某事物知道了所有一切"，而如果（MPI-3）是真的，知识必须指的是"关于某事物知道任意一点"。如果在这两个意义中，我们确定采用任意一个，那么（MPI-2）或（MPI-3）中就有一个将是假的，整个论证就是不可靠的。如果我们为了让这两个前提都为真，从而在两个不同的意义上理解"知识"这个概念，那么（MPI-1）就将不再是排中律的一个案例，也就为假。因为现在它将被解读为：对于所有的 X，要么你知道关于 X 的所有一切，要么关于 X 你什么也不知道。这显然是错的，因为存在着大量的事物，对于它们，我们只拥有部分的知识。因此，同样也是显然的，柏拉图对美诺论证给出的诊断无疑就是正确的。这个论证确实包含着一个狡猾的谬误，但只要对此稍加留意，我们就能避免它。[11]

然而，令人吃惊的是，在注意到这个论证的缺陷之后，柏拉图并没有进而揭示这些错误。相反，他却将这个论证作为阐发他的一个著名论断的出发点。这就是回忆学说。柏拉图首先通过援引诗人和圣人们的权威来引出这个学说，紧接着就以他典型的方式提出了一个深刻的论证。回忆学说由以下几个论题构成：（1）灵魂不朽；（2）不存在灵魂没有学过的东西；（3）人们所说的学习实际上只

---

〔11〕美诺的研究悖论以及柏拉图的回答，见：《美诺篇》80d—81a。

是回忆。因此，当我们开始学习某个东西的时候（如德性的本质），我们所做的实际上只是诱导自己回忆起已经拥有的知识，因为这些知识已经存在于灵魂之中。如果被要求背诵小时候学过的葛底斯堡演讲，我或许会努力地将它们拼凑起来。如果成功了，我就将成功地回忆起这篇演讲。尽管一开始我并不能够将其背诵出来，但这个过程并不意味着我又将它重新学习了一遍。类似的，如果美诺想要学习德性的本质，他只需要向内挖掘出事实上他已经拥有的东西，一点点地将其回忆出来。因此，柏拉图认为，我们不应该把注意力放在那个所谓的"辩论者论证（MPI）"上。相反，我们应该在自己的分析事业上保持热情和充满能量。

　　鉴于引出回忆学说的动机，我们很难知道如何直接地回应它。此动机是一个柏拉图认为有缺陷的论证（MPI），而他却不屑于揭示这个缺陷，即便通过揭示它而引出的回应不需要具有回忆说所具有的任何形而上的奢侈承诺。更糟糕的是，尽管接受了整个回忆学说，我们也很难清楚地理解它究竟是如何回应（MPI）的。它并没有向我们表明论辩者的诡辩技巧；没有直接回应它的结论；甚至于似乎也没有直接涉及这个论证所使用的概念。在某种意义上，回忆说似乎承认了（MPI）的结论。因为它指出，人们所称为学习的事情实际上是另一件事情，即：回忆。而这并不是新知识的获取，只是旧知识的重获。如果这是正确的，那么研究——被理解为发现我们所不知道的事物的尝试——确实就是无意义的。

　　对于上述一点，柏拉图或许是敏感的，因为研究本身究竟是什么，其实是一个开放性的问题。柏拉图认为，在某个意义上，某些被认为是学习的情形实际上只是获取我们已经拥有的知识的案例。这一点作为回忆说的一个构成部分或许并没有那么耸人听闻。事实上，我们可以合理地假设，柏拉图似乎看到了美诺悖论后面所隐藏的一个难以克服的困难。这种假设能够帮助我们理解他为什么以回忆说来回应（MPI），而非只是简单地暴露美诺论证所具有的歧义性。无论如何，柏拉图这么做或许是正确的，因为美诺悖论确实可以被重新表述而使得柏拉图的回忆学说对其构成一个恰当回应。遵循（MPI）的精神，我们或许会问：在哲学分析中，什么形式的进步是可能的？如果哲学分析仅仅在于指出某个被分析性质的深层结构，那么，如果这个分析是正确的，它也只是展现了那个属性。也就是说，如果这个分析是正确的，我们或许会认为，它只是告诉了我们已经在某个层面知道了的东西，因而很难是具有信息性的。然而，即便是苏格拉底式的分析似乎也是具有信息性的。至少在最低的程度上，它向某些人揭示了他们其实并不知道自以为知道的东西。同样的道理，如果他们事实上已经知道了自己声称所知道的东西，那么在分析的过程中，他们就不能得到任何进步。他们将学不到任何东西。用柏拉图的比喻来说，他们所能做的最多只是回忆起已经知道的东西。因此或许美诺的主张还是有一些道理的，即苏格拉底和柏拉图所实践的那种哲学分析是完全无意义的浪费时间。每一次分析要么是不必要的，要么就是错误的。

　　鉴于对分析所抱有的这些担忧，相对于最初对诗人和宗教权威的引用，柏拉图对回忆学说的论证就是值得一听的。这个论证以一种漫谈的形式呈现出来。具体来说，它的展开形式是苏格拉底与某个无名奴隶的对话。此奴隶从来没有接受过任何几何学的训练，但我们却似乎能够以某种方式说，他自身拥有着先前困扰他的那些几何问题的答案。当被问到，给定一个正方形 ABCD，如何能得到一个面积是此正方形两倍的正方形时，奴隶先给出了两个错误的答案，但最终给出了正确的答案。拥有 ABCD 面积的两倍的正方形并不是边长是 ABCD 边长两倍的正方形，也不是边长为其一半的正方形，而是基于 ABCD 对角线的正方形。[12] 因此，奴隶取得了某些成功，然而柏拉图强调，这个成功并不归因于他此生所学到的东西。因为尽管他学习了古希腊语，却从来没有学习过几何。[13]

基于这个对话，柏拉图做出了两个推断："关于实在的真理"总是存在于我们的灵魂中；我们的灵魂是不朽的。而这正是回忆学说的两个重要的组成部分。至于第三个部分，柏拉图指出，将我们在这个过程中的作为称为学习或者回忆是无关紧要的，因为我们想要做的，是在哲学分析中获得清晰明白的知识，那种可以被传授的知识。[14] 然而，作为回忆说的一个组成部分，"灵魂不朽并存在于此生肉体化之前"这个学说很难被柏拉图在关于奴隶的篇章中提出的论证所确立。简单地来说，这个论证是这样的：由于此奴隶的灵魂从未在此生学到过几何真理，他就必须是在出生之前的某个时间获得的这些真理，进而就蕴含了他的灵魂享有某

---

[12] 比如，如果 ABCD 两边长 2 英尺，那么它的面积将是 4 平方英尺。因此，边长为 4 的正方形的面积将是 16 平方英尺，为 3 的正方形面积是 9 平方。事实上，面积是 8 平方的正方形，将基于 ABCD 的对角线。

[13] 关于奴隶的段落：《美诺篇》82a–86c。奴隶说希腊语（82b），但并不会几何学（85e）。

[14] 把这个过程是否称为"发现"是不重要的，重要的是它是否是可教的：《美诺篇》87b–c。值得注意的是，柏拉图后来将回忆与提供理性辩护的过程等同起来：《美诺篇》98a。

种生前的存在形式。然而很显然，为了获得他所获得的那种成功，此奴隶并不必然需要那种存在形式。比如，他能够拥有关于几何真理的先天知识，或者这种知识也许是天赋的。在这两种情况下，就某些范围的真理而言，对于那些愿意从事系统反思的理性存在者来说，辩护就是可得的。而这所导致的后果就是：如柏拉图所描述的奴隶一样，我们便能够从真信念出发，通过研究，而最终达到知识。[15]

无论这个后果的重要性在抛开整个回忆说的情况下会打多少折扣，它自身是非常值得我们的特别关注的。因为，正如莱布尼兹和其他一些后世哲学家所说，与奴隶的这段对话包含着一个有趣的、重要的对先天知识存在的论证。在这段对话中，柏拉图以多种方式暗示了这个论证，最初则是以他用来举例的那类知识来进行暗示的。这类知识是对必然真理的知识，比如几何学知识。柏拉图将这类知识隐然地与属于另一类的、偶然的知识区分开来。奴隶关于希腊语所具有的知识就体现了这种偶然知识。如果以这种方式来理解这段与奴隶的对话，那么它所暗示的论题相对于回忆说而言，就会显得比较谦逊。尽管如此，这个被暗示的论题仍然是很重要的，即：如果我们拥有关于必然真理的知识，这种知识是不可能得到后天辩护的。也就是说，柏拉图似乎是在论证：对于任意命题 p，如果 p 是必然的，那么 p 只能够先天地被知道。这个观点实际上具有两重含义。首先，如果 p 是必然的，那么它可以被先天地知道；其次，如果 p 是必然的，它不可能通过先天

---

[15] 从真信念到知识：《美诺篇》85c–d。

之外的其他方式被知道。因此，在这个意义上，如果奴隶知道"面积为原先正方形两倍的正方形是基于原先正方形对角线的正方形"这个几何学命题的话，那么他肯定是先天地知道这个命题的。

尽管此后变得非常富有争议，柏拉图对于相信这个主张所提出的理由并非特别难以理解。这里的要点在于：奴隶不仅在此生未曾学习过几何学，而且他不可能通过诉诸感官知觉来把握几何学真理的必然性。无论他见过多少苏格拉底或他人在沙土上所画的图形，只有当他理解了正方形的本质以后，他才可能理解他所知道的命题必然为真。这里存在着两类命题，一个是：p 对于每一个他目前所看到的正方形的表象来说都是真的；另一个是，p 对于他或许会碰见的任何一个正方形来说都将是真的，因为 p 必然对于任何一个正方形来说都是真的。前一个事实自身并没有、也不可能辩护后一个命题。而且对这后一个命题，奴隶也是能够知道的。由于他事实上确实知道，而且不可能后天地知道，他肯定是先天地知道他所知道的几何命题。似乎没有任何理由否认他确实知道这个几何命题；因此，柏拉图认为，也就没有任何理由否认他是先天地知道的。如果是这样的话，就没有理由否认存在着先天知识。正如柏拉图在《美诺篇》的后半部分所言，知识就是真信念加上一个理性的说明。这里的"理性的说明"提供了辩护的必要形式。[16] 这一点回应了之前克塞诺芬尼的分析。然而，如果与奴隶对话的段落所表达的思想是正确的，克塞诺芬尼最终的怀疑论结论就是错误的：对于某些范围的命题，即必然命题，辩护是先天地可能的。

---

[16] 知识等于真信念加理性说明：《美诺篇》98a。

第三节　柏拉图形式理论的两个功能

柏拉图认为，必然命题的范围远远超出了几何学的范畴，而进入道德和形而上学领域。正如他之前的苏格拉底所认为的，这些领域的问题对于我们如何引导自己的生活具有直接的影响。许多人愿意追随柏拉图，认为几何学既是必然的也是先天可知的。[17]然而，当柏拉图在道德领域也诉诸先天辩护的时候，他们中的许多人对于是否继续追随柏拉图就会表达出犹豫。这种犹豫有两方面的动机。首先，它来自于相对主义的直觉。柏拉图是一个关于价值的实在主义者，他拒绝普罗泰戈拉主义，并试图证明存在着独立于心灵、语言的先验的价值，这些价值可以被敏锐的心灵所理解，但永远不可能被它们所创造。[18]第二个犹豫的动机并非相对主义的，而是怀疑论的。这种怀疑涉及两个方面，既指向这类价值的存在；也指向我们是否对其拥有认知可及性（假设它们存在的话）。同样也是出于其实在论，柏拉图努力提供了各种好的理由以求让我们相信：如果他为某个价值提供了论证，那么，任何一个能够正确理解其论证的人都应该接受他所设定的价值。

柏拉图通过形式理论来处理怀疑论和相对主义。他认为，对

---

[17] 先天知识是辩护最终不需要诉诸感官知觉的知识。这并不是关于知识起源的学说。关于先天后天的区分，见第一章注释4。

[18] 关于普罗泰戈拉式相对主义，见1.6。

于那些相信我们在数学或几何领域拥有可靠的知识,却否认在道德领域也有同样知识的人,其立场是不可靠的。因为在这两类案例中,知识的对象其实是一样的:它们都是精确的、确定的、必然的、不变的抽象对象,这些对象本质性地拥有它们所有的内在性质。一个真正的、抽象的不等边三角形之所以是完美的不等边三角形,是因为任何一个不等边三角形的物理体现都将不可能如此完美;同理,从正义本身来看,或者按照柏拉图的惯用表达,正义单独在其自身中,也是理想的、完美的存在对象,因为任何正义的制度和个体都只是接近于它而不可能等同于它。如果在价值领域,柏拉图正确地设定了一类知识的对象,而这类对象正好对应于为大多数人所接受的几何学领域的知识对象,那么,他就有很好的理由相信关于价值的相对主义是不可捍卫的。然而,他仍然欠怀疑论者一个论证。这个论证需要表明这些性质是存在的,并进而说明我们对它们所应该拥有的认知可及是如何可能的。显然,柏拉图将论证说,我们对它们的知识是先天的。

第四节　柏拉图对相对主义的拒绝

如果柏拉图是对的,那么普罗泰戈拉就是错的。[19] 我们已经知道,对于价值怀疑论,普罗泰戈拉给出了一个干净利落的回应:我们知道什么事物是好的或坏的,正义的或非正义的,美的或丑的,因为这每一个性质都是由我们自己的态度所决定或构成的。如果我认为马勒第四交响曲的第四乐章是美的,那么它对于我来说就是美的;知道这一点对我来说没有任何困难,我只需要参考自己的态度。类似的,如果我认为,在全面的考量下,奴隶制是正义的制度,那么它对我来说就是正义的。至于我是否有可能犯错,这个问题是不存在的。这里容不下任何怀疑论。我知道事物是如何向我显现的,而且能意识到奴隶制向我显现为是正义的,从而也就没有任何理由怀疑它对我是否是正义的。因此,如果柏拉图有很好的理由拒绝相对主义,那么他也将同时失去相对主义在回应价值怀疑论方面所拥有的任何优势。

柏拉图愿意付出这个代价。在他看来,无论相对主义拥有何种程度的认识论优越性,它依旧是不可捍卫的。他对相对主义最成熟的批评出现于《泰阿泰德篇》中。这篇对话旨在研究知识的本性。以一种非常典型的苏格拉底方式,柏拉图提出了什么是 F

---

[19] 关于普罗泰戈拉式相对主义,见 1.6。

的问题。然而这一次并不是关于某种道德属性，他想要知道的问题是"什么是知识"。在这篇对话中，柏拉图分别考虑并拒绝了三种对知识的说明。这三种定义分别是：

1. x 是知识的一个个例 = df x 是知觉的一个个例。[20]

2. x 是知识的一个个例 = df x 是（a）一个信念且（b）x 为真。[21]

3. x 是知识的一个个例 = df x 是（a）一个信念,（b）为真,（c）伴随着一个说明。[22]

柏拉图认为上述三种分析都是有缺陷的，从而导致这篇对话最终又一次以典型的苏格拉底的方式结束于困惑之中。

第一个定义将知识等同于知觉。柏拉图对普罗泰戈拉的回应就出现在对此定义的反驳中。这个定义看起来毫无希望。事实上柏拉图很容易就反驳了它。然而，在此过程中，柏拉图却颇为令人惊讶地将这个定义的主张（知识即知觉）描述为在某种程度上带有普罗泰戈拉主义的性质,[23] 同时又认为后者与赫拉克利特主义是相一致的。[24] 这看来似乎有点牵强，但是在《泰阿泰德篇》的语境中，柏拉图的这种转化似乎是非常合理的。如果知识即知觉，

---

[20]《泰阿泰德篇》151e2-3。从此，"=df"符号旨在被理解为指出被定义项的本质或定义性特征。因此，这个模板的意思是"一个本质给出了某个对象是知识的一个例证的定义，当且仅当这个对象是知觉的一个例证"。这个表达的意义在于，它揭示了柏拉图关心的不仅仅是给出恰当的外延，而是某个对象的本质。

[21]《泰阿泰德篇》187b5-6, 187c5。

[22]《泰阿泰德篇》201c9-d1。

[23]《泰阿泰德篇》152a 将这个定义与普罗泰戈拉主义等同起来。

[24] 关于赫拉克利特，见 1.3。普罗泰戈拉主义和赫拉克利特主义的结合出现在《泰阿泰德篇》152a；参见 179d—e。

那么由于知觉的对象总是处于流动中，知识的对象也将如此。如果真是这样的话，赫拉克利特的观点就将不无道理。进而，如果知识即知觉，那么事物就将是它们看起来所是的样子。事物在我看起来所是的样子对我来说就将是事物实在的样子。我们已经看到，在古希腊语中，就如在英语中一样，我们很容易从"看起来"这个概念所具有的狭义的知觉含义过渡到这个概念所具有的丰富的认知含义（比如，从"在微弱的灯光下，栗色看起来是紫色"到"看来，君主制处于危险之中"）。因此，对于"事物是它们看起来所是的样子"这个主张，我们很自然地就会既从狭义的层面来理解，又从广义的层面来理解。

广义的层面相当于是普罗泰戈拉的尺度学说，这是他对相对主义最为主要的阐述形式。柏拉图在《泰阿泰德篇》中将尺度学说（MD）表述为"人类是万物的尺度：是事物之所是的尺度，是事物之所不是的尺度"。这实际上是在谓述的意义上理解尺度学说，而柏拉图对此所给出的论述似乎也为这种理解提供了依据。于是，我们能够得出以下论题：

（MDp）：如果某人 S 相信某个 x 是 F，那么，对于 S，x 就是 F；如果 S 认为某个 x 不是 F，那么，对于 S，x 就不是 F。

因此，举例来说，如果罗德里格认为他的雷司令葡萄酒是甜的，那么对罗德里格来说，它就是甜的。类似的，如果他认为杀婴是可以得到辩护的，那么对他来说，它就是可以得到辩护的。进而，根据我们对（MD）的表述，它的使用范围是不受限制的。那么，如果罗德里格认为 2+2 等于 5，那么对他来说，就确实等于 5。正如我们已经指出的，[25] 上面这种主张面临着琐碎化的风险。它很可能被理解为只是断定了"如果罗德里格认为2+2等于5，那么他认为2+2等于5"。要想将此主张理解为不仅仅是这样是一个琐碎断定，并非一件特别容易的事。

柏拉图对（MD）的另一个表述形式也面临着类似的问题。他同样恰当地，尽管非等价地，将（MD）理解为一个关于真的学说：

（MDT）：如果某人S认为某个命题p是真的，那么，对于S，p就是真的；如果某人S认为某个命题p是假的，那么，对于S，p就是假的。

因此，举例来说，如果汉丽埃塔认为，埃皮道鲁斯是希腊的一个竞技场，那么对她来说，埃皮道鲁斯是希腊的一个竞技场就是真的。类似的，如果汉丽埃塔认为白种人优越于所有其他种族，那么对她来说这也是真的。最后，由于（MDT）的适用范围也是不受限的，那么只要她相信正方形的内角和等于180度，这对她来说就也是真的。这里也存在着同样的问题，这个学说的意义并不是很清楚，尤其是其中"对S为真"这个表达式，因此同样有陷入琐碎的危险。

然而，尽管如此，对于（MD）的任何表述形式，我们至今还未看到有任何正面的回应。[26] 而这正是柏拉图在《泰阿泰德篇》中所做出的贡献。他主要关注（MDT）。这个论证采取对普罗泰戈拉尺度学说进行两难归谬的形式（RMD），也就是说，它假设（MDT），然后基于一个穷尽所有可能性的困境，将其还原为荒谬。

---

〔25〕关于普罗泰戈拉相对主义正面和负面的表述，见1.6。

〔26〕《泰阿泰德篇》169d—171d 以及 177c—179b。

1.（MDT）。

2.某人 S 认为（MDT）是假的。

3.如果 S 认为（MDT）是假的，那么 S 所认为的内容要么为真，要么为假。

4.如果 S 所认为的内容为真，那么（MDT）对于 S 来说是假的。

5.如果（MDT）对于任意一个人来说是假的，那么（MDT）就不是真的。

6.另一方面，如果 S 所认为的是假的，那么（MDT）就不是真的。

7.因此，如果（MDT），那么（MDT）就不是真的。

如果这个论证是可靠的，那么，柏拉图就不需要担心形式理论所面临的一般性的相对主义挑战。

这个论证基于（MDT）这个假设。因此，第一个前提就完全是不可反驳的。（RMD-2）是一个简单的规定。任何一个人，包括柏拉图，都能自由地断言他们对尺度学说的拒绝。柏拉图确实断言了这一点。（事实上，他认为几乎每一个人都隐然地拒绝尺度学说，因为每个人都经常寻求专家的建议，他们咨询医生、承包工程师或者请教税务律师。）因此，很难理解相对主义者如何去反驳（RMD-2）。然而，需要注意的是，这个论证的很大部分工作就此已经完成了：柏拉图所做的，就是简单地将（MD）放在自己的使用范围中，然后审查当这个学说在某人看来是错误的时候，将蕴含什么结果。

余下的前提就将为我们揭示出这个结果。（RMD-3）似乎在某些人看来是可反驳的，因为它明显地诉诸一个相对论者认为有问题的真理观，即某种独立于认知者的真理观。柏拉图的回应则是，普罗泰戈拉以及其他相对主义者都没有给我们任何理由以质疑这种真理观。毕竟，我们仍然相信，正方形有四条边是真的，玛格丽特·撒切尔是英国的第一位女首相也是真的。（只有那些别有用心的人会说，这只是一个观念问题，而不是一个事实问题。）柏拉图的假定似乎只是：我们能够先评估（MD），然后再决定接受或者拒绝它；（MD）和其他学说一样，都应该经受理性的审视和考量。如果普罗泰戈拉想要拒绝这一点，那么，柏拉图认为，他就不应该把这个学说提出来以供我们思考和接受。

如果此学说应该经受真或假的评估，那么在余下的论证中，（MD）的处境就显得非常糟糕。（RMD-4）和（RMD-5）共同发挥着作用。前者指出，如果某人认为（MDT）是假的，且此人的信念是真的，那么，正如（MDT）自己所要求的，（MDT）对于这个人来说就是假的。然而，如果当（MDT）用于此人时是假的，那么"每个人都是他自己真假的标准"这个判断就不是真的。因此，在这种情况下，（MDT）所断言的每个人都是真假的尺度就是假的。也就是说，只要某个人相信（MDT）是假的，这就要求（MDT）自身为假。

最后，（RMD-6）体现了这样一种可能性，即：看起来为假并不能保证（MDT）对于相信它为假的人来说就是假的。这意味着此人不再是他自身真假的尺度。因此，柏拉图指出，在这种情况下，（MDT）就是假的，因为它认为每个人都是他自己真假的尺度。如果我们要否认（MDT）对于相信它为假的那个人来说是假的，那么我们其实就是直接在否认（MDT）本身。

因此，柏拉图总结到，一旦（MDT）被用于自身，那么，只要某人认为它是假的，它那明显的、自我摧毁的弱点就会马上凸显出来。对于（MDT）这个特殊版本所适用的，同样也适用于（MD）这个更一般的论题。这个学说是自我否定的。在此意义上，问题并不仅仅在于：如果柏拉图关于形式存在的主张是正确的，那么普罗泰戈拉对于价值相对性的学说就是错误的。更重要之处在于：如果普罗泰戈拉是正确的，那么普罗泰戈拉就是错误的。

当然，对于柏拉图的论证存在着多种相对主义的回应。其中一些只是在打退堂鼓，事实上已经完全剔除了（MD）所具有的任何优点。其他一些则旨在将（MD）移除理性审查的范围。然而，更一般的策略在于限制（MD）的使用范围：它并不适用于逻辑、数学或历史命题，而只适用于道德命题。它的支持者进而认为，它并不适用于各种规范性原则，而其自身恰恰就是某种规范性原则。这个策略从而将（MD）移除它自己的使用范围，使它不用遭受柏拉图所提出的那种诉诸自我否定的论证。然而，似乎并不存在任何理由这样限制（MD）。如果人类是什么为真的尺度，那么，我们也应该能够评估（MD）自身的真假，就像我们能够评估其他我们所相信的命题一样。

第五节　对于形式的三个论证

　　如果这类反对普罗泰戈拉的论证是有力的，柏拉图接下来需要做的就是至少尝试着提出一个证明客观价值存在的论证，这些价值并非由我们的态度或实践所创造或构成。他的尝试构成了一个证明他称为"形式"（*eidê*）的对象的存在论证，这些形式在他看来显然是独立于心灵和语言的抽象实体，它们本质性地拥有它们所有的内在属性，[27] 而且在某种意义上，它们是它们所是的性质的完美范型。因此，柏拉图更愿意用一类新的术语来称呼它们，比如，"美自身，就其自身而言""正义自身""智慧自身，在其自身中"或者"善就其自身而言"[28]——所有这些都用来翻译柏拉图的术语"*auto kath' hauto*"，柏拉图将其附着于各类词项上以表达以下的意思：这些词项所指称的事物应该在其自身中或者就其自身或者根据其自己的本性得到考量，而不应该就它在可感世界中

---

[27] 一个事物在不参照其他事物的情况下拥有的属性，叫作内在属性。内在属性区别于关系属性，后者是一个事物相对于其他事物所拥有的属性。如果哈罗德比茂得高，那么前者与后者就处于"比……高"这种关系中。因此"比……高"就是一个关系属性。相反，如果茂得感到心满意足，那么心满意足就是一个内在属性。一个属性是本质的，仅当某个拥有该属性的对象在失去这个属性后不能继续存在。因此，"心满意足"并不是一个本质属性。也许某天茂得就会对生活不满。但"是人类"对于她来说就是个本质属性。她不能在失去这个属性的情况下继续存在。如果存在着形式，那么形式将本质性地拥有它的所有内在属性。显然，每个物质性实体都将非本质地拥有一些内在属性。

[28]《斐多篇》100a，《欧绪德莫篇》281e3-4。

的各种呈现来考量。因此，举例来说，柏拉图会区分我们在特洛伊的海伦（一个美女）身上所看到的美和"美自身，就其自身而言"的美。后者是一个抽象对象，海伦通过与它处于某种关系中而成为美的。这些我们已经从《欧绪弗洛篇》中得到了相当程度的了解：虔敬的形式使得所有虔敬的行为成为虔敬的。[29]

由于将这些性质看作自主存在的对象，并在解释上优先于它们的个例，柏拉图实际上具有实体化这些性质的显著倾向。因此，他就应该对于形式给出一个存在论证。柏拉图意识到并接受了这个任务。事实上，在各种对话中，他多次履行了这个任务，在一些情况下他更是直接地指出，某些类型的人更容易怀疑形式的存在。[30] 他的这些论证中，有的主要带有认识论动机，其他的则直接是形而上学论证。然而，对形式理论最好的说明路径事实上并不是柏拉图提供的，而是亚里士多德为柏拉图提供的，这个路径从认识论的考虑出发。在评论完这个论证后，我们将考察柏拉图自己的两个论证。所有这些讨论都并不旨在结论性地表明形式的存在。然而，每一个都表明了柏拉图是如何设想形式的，以及他为什么认为一个理性的人应该接受它们的存在。当然，无论它们最终是否成功，柏拉图对形式存在的论证都值得仔细的研究。[31]

---

[29] 亚里士多德认为柏拉图和苏格拉底都认为存在着形式，但柏拉图更进一步将形式与个体分离开来：《形而上学》1040b26-30，1078b31，1086a32-b13。关于分离，见 3.5。我通过将柏拉图式形式进行大写处理，来将它们与苏格拉底式形式区分开来。

[30] 比如，在《理想国》第五卷中，柏拉图认为存在着许多这样的人，并试图说服他们。参见：475d-480a 尤其是 479a。

[31] 除了本书提及的那些关于形式讨论的段落，一些重要的段落还包括：《斐德罗篇》247c，《理想国》477a-480e，《会饮篇》210e-211e，《蒂迈欧篇》27d-28a，38a，52a-b，《菲力布篇》59c。

亚里士多德对柏拉图式形式的引入

亚里士多德提供了一个存在论证，可以算是对形式理论的一个非常有用的导论。这个论证不仅结构鲜明，而且确定地指出了柏拉图提出形式的一个核心认识论动机。这个动机来源于柏拉图持久关心的哲学语境中。[32] 正如亚里士多德所强调的，柏拉图受赫拉克利特哲学的影响，[33] 尤其明显地受其中一个相当极端的版本的影响，此版本由其追随者克拉底鲁提出。根据亚里士多德，柏拉图在熟悉了赫拉克利特学说之后便开始追随它们，甚至在他已经成为一个成熟的哲学家之后，还多多少少继续坚持着这些观点。这并不是说柏拉图自己是一个彻底的赫拉克利特主义者，而是说他认为赫拉克利特关于物理世界的学说具有一定的道理。这个学说认为，在物理世界中得到实现的所有属性都不是稳定的，永远在时间和环境中发生着变化。可感对象用赫拉克利特的话来说总是处于流动中。柏拉图认为这个关于流动的事实与我们拥有可感世界的知识是不相容的。因此，如果我们拥有知识，它的对象肯定不是可感事物，知识的对象必须是抽象的，既不处于时间中，也不处于空间中。

作为考察亚里士多德所展现的柏拉图论证的一个准备，我们有必要反思这样一个事实：柏拉图至少是有辩护地认为我们拥有某些形式的知识。典型地说，我们知道 2+2 等于 4。更重要的是，我们

---

[32]《形而上学》987a29-b13，亚里士多德的论证也许部分地沿用了柏拉图《蒂迈欧篇》51b-52b 的论证。

[33] 关于赫拉克利特，见 1.3。

知道这个命题是必然的，而且它的必然性并不是语言的产物，也不是约定的产物，也不仅仅是某种形式的社会实践的结果。柏拉图希望我们仔细思考这样一个事实：在完全理解了这个命题以及其他类似命题的成分之后，我们就能够把握它们的必然性。在理解了加法函数以及数字间的相等关系后，我们不仅直接地就能知道某些命题是真的，而且能知道它们是必然为真的。进而，在某种意义上，面对这些必然性，我们是被动的。我们并不能够创造 2+2 必然等于 4 这个事实，只能理解它。对于其他典型的必然命题来说也是这样，比如三角形内角和等于 180 度。在这里，柏拉图认为，我们拥有必然性知识，也应该承认这种知识绝对不是约定的。

在接受上述观点的同时，我们并没有暗示说这些断言是完全免于怀疑论挑战的。相反，我们应该认为这些命题在表面上看来是牢靠的，尤其是相对于其他类型的命题来说，它们拥有一些特权。这些其他的命题包括"当某人相信他的父亲犯了不虔敬之罪时，检举自己的父亲永远是正当的"。

柏拉图认为，一旦我们将某些必然命题视为牢靠知识的典范案例，我们就应该能够理解一些关于它们的对象的事实，而这对于其他领域的类似对象拥有深远的影响。当我们思考一个直角三角形时，我们会使用各种形式的表象来帮助自己的理解，比如在沙上或者黑板上画出这个三角形。然而，这些素描画本身都不是实际上的三角形。比如说，一个直角三角形拥有一个精确的、完美的 90 度内角。但任何一个对三角形的描画都不能够精确地拥有这个性质。首先，每个素描画中的三角形都拥有具有宽度和深度的边，然而，实际上真正的三角形的边却不具有任何宽度和深度。关于三角形表象的这个事实意味着，它们只是对于真正三角形的接近，而并不就是真正的三角形。进而，三角形的所有物理表象正因为是物理性的，从而都将拥有不精确的属性，这就意味着真正的三角形是非物理的对象。因此，作为知识典范案例的知识对象是非物理实体。因此，它们是抽象的、独立于语言的（无论我们用英语叫它"triangles"，还是用德语叫它"Dreiecke"，甚至完全没什么理由地叫它"箭猪"，都是无所谓的）；它们完美地、必然地是它们之所是（内角和等于360度的对象将会是一个正方形而不是三角形）。

由于在这些典范案例下我们拥有知识，我们就能够以此外推以确定在非典范情形下拥有知识将会是怎样的。要想拥有知识，就需要与抽象的、独立于心灵和语言的对象进行心灵接触，这些对象完美地、必然地是其所是。这就是柏拉图如何设想形式的。如果存在正义的形式，它就将是一个抽象实体，本质上就是正义自身之所是，它的本质能够被一个敏锐的心灵所理解，并且完美地是其所是，而不能是别的样子。如果我并不能通过自己的意志使得一个三角形成为别的对象，我也不能通过自己的意志使得正义自身成为非其所是的对象。

也就是说，如果存在着正义的形式，我并不能够通过意愿就让它成为它所不是的东西。亚里士多德对柏拉图存在论证的展示依赖于这些想法，同时又将它们置于赫拉克利特主义的背景下。亚里士多德对形式的论证具有赫拉克利特主义导向（HAF），我们可以将其表述如下：

1. 可感事物处于流动中。
2. 凡是处于流动中的事物都是不可知的。

3. 因此，可感事物是不可知的。

4. 存在着某些知识。

5. 因此，存在着知识的非可感对象，即形式。

更恰当地说，(HAF-5) 所得出的结论只能是：存在着对于人类可及的知识的非可感对象。这样来看，就存在着一个进一步的问题，即这类知识对象的范围究竟是怎样的。

无论如何，第一个前提需要阐明。我们很自然地认为，它做出了以下断定：物理对象在时间中发生着变化，经历着"历时性对立演替"。也就是说，在时间 t1 是男孩的对象，在 t2 就不再是男孩了；在 t1 是冷的对象，在 t2 就不再冷了；在 t1 是美的对象，在 t2 就不再美了。这些都与那个著名的赫拉克利特思想紧密相连，即：我们不能两次踏入同一条河流，因为在第一次踏入这条河流以后，它就已经从一个时刻变化到了另一个时刻，使得被更新的河流成为一条新的、不同的河流。

然而，值得注意的是，由于柏拉图运用了赫拉克利特关于流动的观念，我们就需要更精细地评估这个学说，比上文专门论述赫拉克利特时还要精细。这是因为，从这个学说中，赫拉克利特本人并没有引申出柏拉图所引申出的那些结论。对于评估（HAF）来说，我们应该区分"历时性对立演替"这个观念的两种版本，分别对应于极端的以及温和的两种表述。根据温和的历时性流动观，所有的物理对象都至少在某些方面、在所有的时间中发生着变化。假设这里所讨论的变化不仅局限于内在变化，也包括关系性变化，这个主张就是可以得到辩护的。我们可以将这个温和的版本与某个极端的历时性流动观区分开来。根据后者，所有的物理对象在所有的方面、所有的时间中都发生着变化。根据亚里士多德的记载，克拉底鲁非常中意于这个学说，而他也是最为极端的赫拉克利特主义者。此人"在一天结束的时候，只是动了下指头，认为没必要再说什么了"。他甚至批评赫拉克利特所提出的一个人不能两次踏入同一条河流的观点，因为，在他看来，"一个人甚至一次也不能踏入同一条河流"〔34〕。显然，克拉底鲁所持有的观点是非常极端的。他认为，对象最多只是瞬时性的。因此，任何需要一段时间才能完成的事件，比如踏入同一条河流这样一个行为，都将是不可能的，因为在这个事件完成之前，事物就已经发生变化了。这或许就是他陷于沉默的原因。他认为，在我们能够成功地指称某个对象之前，这个对象就已经发生变化而成为其他对象了。

对于极端的历时性流动，如果克拉底鲁是正确的，（HAF-2）（可感事物是不可知的）就是正确的。显然，知识要求至少某种程度的确定性。我们不可能知道在所有方面总是发生着变化的事物。对此，柏拉图无疑是正确的。然而不幸的是，极端的历时流动学说明显是错误的。在时间的流动中，至少存在着某些东西，至少在某些方面，将保持不变。比如，尽管本书的读者在阅读过程中发生了无数的变化，然而仍然存在着许多形式的稳定性。读者仍然是一个人类、仍然活着、仍然是一个读者。这些类型的稳定性是非常重要的，因为它们表明，包括柏拉图在内的赫拉克利特主义者所能持有的只能是温和的历时性流动观，即：所有事物，在

---

〔34〕《形而上学》101a10–15。

某些方面，总是在时间中发生着变化。进而，表明了这一点也是非常重要的。因为，如果（HAF-1）所涉及的只能是温和的历时流动观，那么，（HAF-2）就是假的：如果某个 x 在一段时间中保持 F 这个属性，那么，我们就应该能够知道这个事实。比如，如果雅斯佩尔在 t1 和 t2 都是一条狗，那么，某人就应该能够知道这个事实。无论如何，流动并不是阻碍人们拥有这种知识的原因。

综上所述，这些评论表明，（HAF-1）可以被解释为一个温和的或一个极端的学说。极端的解释导致一个显然错误的前提，而温和的解释则给我们提供了似乎为真的命题。不幸的是，使（HAF-1）为真的解读会导致（HAF-2）为假。后者要为真，仅当（HAF-1）被赋予极端的解读。因此，要么（HAF-1）为假，要么（HAF-2）为假。因而，HAF 目前看来似乎是不可靠的。

然而，我们现在并不能就此拒斥 HAF。因为，导致它不可靠的这种分析仅仅遵循了对于赫拉克利特式流动的某一种解读，即诉诸历时性变化。我们并不否认，对这个学说而言，此种解读是最自然、最简单的理解方式。但正如我们所看到的，赫拉克利特同时也宣扬另一种形式的"流动"，尽管没那么自然，依然需要被给予一些概念上的关注。[35] 这就是共时性流动的观念，即相对于给定语境下的同一时间点上的变化。在这个意义上，赫拉克利特不仅想让人们关注对立面相继出现的现象，同时也想让人们关注对立面的共存。显然，柏拉图意识到了赫拉克利特思想的这个特征，并亲自将其用于证明形式的存在。[36]

---

[35] 关于赫拉克利特对共时流动和历时流动的论述，见 1.3。
[36] 这个部分的下面两个存在论证都以对立共存作为前提。

我们有必要考虑一下赫拉克利特的观点。比如，他指出，我们倾向于认为海伦是美的。然而，当我们这么认为的时候，其实隐然地将她与其他不怎么美的人做出了对比。如果我们稍作反思，就会发现，在做出这个判断的时候，我们其实限定了对比集，将某些其他的对象排除在考虑之外。其中包括女神，我们认为他们更美。（赫拉克利特认为，正是在这个意义上，人类相对于猿是智慧的，而相对于神则并非如此。）因此，在某个意义上说，相对于不同的语境，海伦既美又不美。同样的，帝国大厦既大又不大。相对于一般的郊区平房，它大；而相对于珠穆朗玛峰，它小。同理，相对于特拉法加广场上的纳尔逊上将的雕塑来说，珠穆朗玛峰很大；而相对于银河系来说，它显然很小。在所有这些案例中，某个 x 在同一个时间点上既是 F，又是非 F。这就是赫拉克利特共时流动的学说，被柏拉图重新引入，以表达对立共存的道理。

在配备了这个起初看似奇特的关于流动的观念后，我们再次回到 HAF，事情将变得更加有趣，也更加复杂。如今的前提（HAF-1）（可感事物处于流动中），似乎只对某个范围的性质来说是正确的。对于大、美、善而言，事物确实承受着对立面的共存。只要被指定给不同的语境、相对于不同的参照集，某些事物既大又不大，既美又不美，既善又不善。然而，某些事物却显然不承受对立共存。正如柏拉图所指出的，我的手指并不既是手指又不是手指。它就只是手指而已。[37] 也没有任何数既是奇数又不是奇数。任何数要么为奇，要么非奇。对立共存仅适用于评价性或规范性属性，我

---

[37]《理想国》523d。

们可以称其为语境敏感性性质。尽管并不是所有的性质都是语境敏感的，但只要加以反思，就能发现，它们的数量或许比我们最初所认为的要多得多。无论如何，不管存在着多少语境敏感性质，（HAF-1）所能覆盖的使用范围就只在于它们。因此，如果这个论证是可靠的，它将只对语境敏感性质建立起形式的存在。[38]

这个论证的可靠性问题非常复杂，尤其是因为（HAF-2）现在变得非常难以评断。根据这个前提，我们不能知道处于流动中的事物。在现在的阐述下，这意味着我们不能知道任何语境敏感的性质，只要它们是语境敏感的。柏拉图的意思或许并不是说，当这些性质被感官个体所呈现时，我们甚至不能对其有一定的亲知。毕竟，我们做出了"海伦是美丽的""珠穆朗玛峰很大"这类的判断。相反，他的意思是：我们可以通过感官知觉经验到处于流动中的事物，但当我们要对事物的大或美寻求解释的时候，却不能仅仅依赖于感官知觉。当事物以上述方式处于流动中的时候，它们不能被一个直接经验可感世界的官能所认知。也就是说，如果我们要知道什么是大，必须借助于某个非感觉性的官能。

这正是柏拉图在《斐多篇》中所提出的观点。他强调，要想解释一个巨人的大，我们不可能通过在他身上所看到的任何性质来完成这个任务。[39]如果巨人安德烈有 8 英尺高，而我们就以这 8 英尺

---

[38] 在一些段落中，柏拉图表面上是接受这个结果的（比如，《理想国》523a-e）。但在另一些段落中，却暗示着拒绝这个结果（例如，《理想国》597d）。这本身并不是自相矛盾的，我们可以假设（HAF）为某些性质确立了相应的形式，而其他的论证为其他性质确立相应的形式。然而，如果柏拉图认为形式的范围只限于（HAF）所产生的那些形式，那么这对他来说就是不融贯的。与此相关的段落还包括：《理想国》523a-b 以及《巴门尼德篇》130b-d。
[39] 参见《斐多篇》76b-77d。

来解释他的大，这种解释在柏拉图看来并不是对大本身的恰当说明。因为在其他情况下，比如对于长颈鹿来说，8英尺解释的是矮而不是高。然而，我们确实知道什么是大，即便当下我们并不能对其给出一个完全令人满意的分析。这正是（HAF-4）的主旨所在，它断言我们确实拥有某些知识，即便它们并不是我们当下有意识地持有的。（也许正如柏拉图在《美诺篇》中所说的，这种知识只有通过回忆或者先天反思才能够为我们所得到。）如果为了拒绝（HAF-4），我们必须否认自己知道什么是大的，那么，这本身就已经意味着，至少在某个意义上，柏拉图将会获得某种程度的胜利。因为，为了拒绝（HAF-4），我们需要持有一个非常奇怪的主张，即：我们甚至对大是什么，都不具有知识。如果进而考虑到，我们事实上能够成功地在大量具体情形下使用这种性质，那么，任何为了拒绝（HAF-4）而对上述奇怪主张的接受都将是无法成立的。相反，如果我们肯定了（HAF-4），承认自己确实拥有某些知识；并进一步按照我们对（HAF-1）和（HAF-2）所描述的那样接受它们，那么，在证明形式存在这条路上，柏拉图至少就往前迈进了一步。

柏拉图对于形式的赫拉克利特式论证引出了许多宏大而困难的问题。上文对它的论述并不能证明它是明显可靠或不可靠的。我们的兴趣在于表明，正如亚里士多德所指出的，某个醉心于赫拉克利特式论题的人，如早期的柏拉图，也有可能基于某个合法的认识论动机以相信某些抽象理念的存在，甚至包括形式。

相等自身：《斐多篇》的论证

对于柏拉图相信形式存在的动机，亚里士多德的解释为我们呈现了一种类型的存在论证。这个解释在某种程度上是有用的，因为它清晰地说明了柏拉图是如何回应赫拉克利特主义的，并据此而强调了引入形式的认识论动机。柏拉图自己则直接给出了另一个存在论证，一种更具形而上学意味的存在论证。这个论证很简短，主要诉诸对立共存。它之所以是形而上学论证，原因在于涉及某种形而上的还原，即：将所有的语境敏感性质还原为呈现它们的可感个体的集合。而理解这个论证的最佳方式，就是将其视为对所有这种还原尝试的挫败。如果它是可靠的，它将表明所有这种还原都是失败的。如果所有这种还原确实都是失败的，性质自身必定是不可感知的，因而是抽象的。进而，这个论证认为，作为抽象实体，形式具有免于对立共存的特征。它们纯粹地、本质性地为其所是，不具有语境敏感性，因此相对于个体来说，它们在解释上更为基本。按柏拉图的话来说，个体只是分有了这些形式。

这个论证出现于《斐多篇》。柏拉图将回忆说和形式理论结合起来，强调两者都是必需的。并且认为，如果没有形式，整个回忆理论都是无效的。[40] 对于两者关系的这种理解或许存在着多重含义，然而在此，柏拉图至少表达了这样一个想法：如果没有抽象实体作为对象，设定先天知识就没有任何意义。无论如何，他认为断定这类对象的存在都是非常可靠的，更何况他已经为此提供了下面这个论证，[41] 而"形式从不会遭受对立的共存（NCO）"这个断言正是此论证所依赖的基石：

    1. 相等的木棍和石头，在保持不变的情况下，相对于某些

---

[40]《斐多篇》76d-e，柏拉图提到善自身、美自身，以及"所有这类的实在"。
[41]《斐多篇》74b-d。

事物来说相等，而相对于另一些事物则不相等。(它们遭受着对立的共存。)

2. 相等自身[42]则从来不是不相等的。(从来不遭受对立的共存。)

3. 因此，相等自身和相等的事物是不一样的。

这个论证是对莱布尼茨律的简单运用。[43]相等自身从不遭受对立共存。这意味着在相等性这个方面，它缺乏遭受对立共存这个性质。由于所有的可感个体，在相等性方面，都遭受对立共存，相等自身便不可能同一于任何可感个体或者可感个体集。因此，相等自身只能是某种抽象实体。

这个论证显然是有效的。进而，如果对莱布尼茨律的运用是合法的，那么，只要这个论证的前提是真的，柏拉图就为我们提供了一个很好的理由以接受相等自身就是抽象实体。由于他可以轻松地随机选择任意一个语境敏感性质，如果这个关于相等自身的论证是可靠的，那么，对于任意一个这样的性质，它就可以确立它们都是抽象实体。这个结论还未能证明存在着形式，那种本质性地拥有着自己所有的内在属性的、抽象的、独立于心灵和语言的实体。但它却把我们进一步推向了那个结论。事实上，对于广泛的语境敏感性质，这个论证向我们提供了额外的证据以接受形式的存在。

重申一遍，(NCO)最好被理解为反还原论论证。也就是说，

---

[42]事实上，柏拉图在此令人费解地说"相等们自身"而不仅仅是"相等自身"。我在这里为了讨论的方面简化了这个论证，但并没有丧失柏拉图想要实现的哲学目的。

[43]在最简单的表述下，莱布尼茨律是这样的：任何两个对象 x 和 y，x=y 当且仅当 x 和 y 共享所有相等的性质。

柏拉图在此设想了一个对话者，后者承认存在着相等这样一个对象，但却否认它是形式或者任何抽象实体。相反，这个对话者简单地将相等等同于所有相等的可感事物。柏拉图认为，关于对立共存的各种事实排除了任何这种等同的可能性。由于对话双方都承认存在着相等这样一个对象，如果（NCO）表明它不能被等同于任何可感对象集，那么它就只能是某种抽象实体。

（NCO-1）指出：相等的木棍和石头，以及任何随机挑选的相等事物集，都同时既是相等的又是不相等的。尽管这个前提可以接受许多不同的解释，但一个简单直接的解释认为，这个前提仅仅旨在向我们表明：一个木棍和石头可以在重量上相等，而在长度上不相等。在某些方面它们是相等的，而在另一些方面则不相等。现在，柏拉图建议我们将这种情况与相等自身进行比较。根据（NCO-2），相等自身从来不是不相等的，它从不遭受对立的共存。理由或许有两个：（1）相等自身是相等的，绝非不相等；（2）相等自身既不是相等的，也不是不相等的。第二个理由认为，相等自身并非那种可以相等或者不相等的事物。因此，说相等自身是相等的，就意味着犯了范畴错误，就像说加法函数打鼾或者不打鼾一样。似乎可以非常合理地认为，加法函数本来就不是可以被说成打鼾或者不打鼾的那类事物。类似的，相等自身并不是可以相等或不相等的那类事物，这似乎也是合理的。至于上述第一个理由，柏拉图的许多用语暗示了它所表达的观点，[44]而它也是亚里士多德所接受的理由，[45]即：相等自身是相等的，绝不会不相

---

[44] 暗示自我谓述的段落：《斐多篇》74e-75a，《普罗泰戈拉篇》330c-d，《会饮》211a-b。
[45]《形而上学》1038b35-1039a3，《论题篇》178b36-179a10。

等。如果这是柏拉图的观点的话，他就接受了某种形式的自我谓述，而这种承诺将给他带来很多困难。[46]在此，柏拉图至少认为，"相等自身是相等的"这个观点可以比较强地意味着，相等自身拥有它所是的那种性质；也可以比较弱地意味着，相等自身是相等的本质。无论是哪种情况，相等自身都不可能是不相等的。因此，它不会遭受对立的共存。由于任何可感个体集总是遭受着对立的共存，相等自身便不能等同于它们。它必须是某种抽象对象，比如形式。

在目前这个论证环节上，我们很容易会倾向于对柏拉图提出下面的质疑：在（NCO）中，为了证明存在着形式，他实际上进行了循环论证。毕竟，在（NCO-2）中，"相等"是被当作一个单称词、一个指称性表达来使用的，而这类表达式的功能就是挑选出某个单一的确定对象。而是否存在这种单一的确定对象恰恰就是目前需要被证明的问题。

作为回应，柏拉图可以公平且正当地诉诸论证的辩证语境。毕竟，对话各方都一致认为，存在着相等这个对象。然而，承认它的存在或许是可疑的。事实上，这种承认却是柏拉图惯用的一种可捍卫的策略。他经常提出这样的问题：F是某个东西抑或什么也不是呢？[47]比如，正义是某个东西抑或什么也不是呢？相等是某个东西抑或什么也不是呢？任何时候，柏拉图的对话者都对此持肯定答复。尽管他们后来会猛然觉得这种答复过于草率，但实际上这种妥协并没什么大不了的。他们并没有承认正义或者相等

---

〔46〕见下文 3.10 关于自我谓述以及形式理论的困难。

〔47〕典型的例子：《理想国》476e。

是具有某种特征、属于某个范畴的对象。他们甚至都没有承认正义是某种性质或属性。他们所做的，只是承认正义并非什么也不是，它存在着。因此，当他们后来对这个妥协后悔时，他们并不能抱怨说自己错误地，即便是隐然地，接受了某种关于正义的实在论。认识到这一点是非常重要的。柏拉图最终的策略是要让他们明白，如果正义确实存在，那么它将具有一些特征，而这些特征要求它成为形式。仅仅否认这个条件句的前件，并不意味着肯定了唯名论或者相对论。这种否认其实是在宣称某种虚无主义，认为并不存在正义这种东西。无论这种立场是否融贯，它都不是柏拉图的对话者愿意持有的。同时，对于柏拉图试图探究其本质的那些性质来说，虚无主义也不具有各种唯名论所具有的吸引力。因此，柏拉图的策略最好被视为：通过表明某种中间立场是不可捍卫的，来迫使人们要么接受实在论，要么接受虚无主义。

通过再一次关注（NCO）的策略，我们可以更进一步理解这一点。这个论证仅仅想要阻止对相等的一种还原分析，而不是要从无懈可击的第一原则出发，来证明必须存在着就其自身而言的相等本身。在辩证的语境中，这就像一个探长，在被问及杀人犯的身份时，先是猜测为男管家。后来，根据确凿的法医证据，她知道凶手体重超过 200 磅，而男管家的体重不到 145 磅。这时，她将根据莱布尼茨律断定先前猜测的等同是错误的，无论凶手是谁，都不应该被等同于男管家。类似的，柏拉图强调，无论相等最终是什么，它都不能被等同为任何可感个体集。然而，排除了还原的可能性同时也能为相等提供一些正面信息。这就是，相等必须是某种抽象实体。当然，这时某人可以决定否认接受相等自身的存在。在当下类比的语境中，这相当于否认存在着需要追捕的凶手，因为眼前的死亡必须要么是一场事故，要么是自杀。当然，或许有理由支持这种主张，但仅仅通过男管家没有作案可能这个事实并不能得出这个结论。类似的，柏拉图认为，我们并不能仅仅因为唯名论还原的失败，就去持有虚无主义的立场。

如果基于这些理由，我们赞同了柏拉图的主张，认为大自身不能够被还原为任何可感个体集，那么，形式是否可以被还原为另一类更加为我们所熟悉的实体呢？对此，我们也将乐于看看他是如何通过扩展对立共存学说来给出否定答案的。在前一种还原之外，柏拉图同样认为，形式也不能够被还原为一类更常见的抽象实体：可感性质。这类性质的个例能够直接为我们的感官经验所及。（因此，"是绿色的"是可感性质，而"是正义的"则不是。）为了如此扩展他的论证，柏拉图借助于他所理解的形式的解释功能。根据柏拉图，形式的存在解释了为什么某个行为算得上是对某个性质的展现。[48] 如果欧绪弗洛控诉他父亲的行为真的是虔敬的某个例证，那么，这正是因为它分有了虔敬本身。如果分有某个形式 F-ness 解释了某个可感个体为什么是 F，那么，我们就能够得出更多的结论。诚然，将形式还原为可感个体是不可能的。进而，柏拉图认为，将其还原为可感性质也是不合理的。比如，假设某根棍子和某块石头都很大，或许都重 10 千克，我们也许会倾向于将大本身分析为"重 10 千克"这个性质。柏拉图反驳道，"重 10 千克"这个性质，在不同语境下，同样可以用来解释某个东西为

---

[48]《欧绪弗洛篇》7d，《斐多篇》100b。

什么是小的。比如,"重 10 千克"会使某个成年雌性山猫成为小的。类似的,在对巴赫的糟糕演奏中,不和谐音会使得某个协奏曲很难听;而在对巴尔托克的精彩演奏中,不和谐音却使得另一个协奏曲很悦耳。因此,在不同的语境下,可感性质可以使得同类或不同类的不同事物拥有完全相反的性质。因而,无论大自身和美自身究竟是什么,它们都不能被等同于可感性质。在这些案例中,柏拉图关于语境敏感性的主张与他关于对立共存的观点交织在一起,共同表明了将形式还原为可感性质这种更常见的抽象实体的各种尝试也是失败的。

在这些论证方式中,柏拉图利用对立共存的事实(假定的)阻止将形式还原为更为我们所熟悉的那些实体,无论是将其还原为可感个体还是可感性质。这两个反还原论论证都指向同样的方向。只要我们接受存在着大或美这样的对象,同时认为柏拉图的反相对主义论证是具有效力的,那么,我们就将同意,形式并不能等同于可感个体,而必须是抽象的;它甚至也不是可感性质,也就是说甚至不是感官可以间接把握的对象。正如柏拉图所指出的,它们是思想的对象,而非感官的对象。在《斐多篇》的论证中,柏拉图尤其明显地依赖于关于对立共存的事实。后者最终植根于赫拉克利特主义关于流动的观念。正是在回应赫拉克利特学说的过程中,柏拉图认为形式是永恒不变的抽象实体,只能由敏锐的心灵所把握,而为感官知觉所不及。进而,取决于我们如何理解"正义自身是正义的"这样的主张,柏拉图或许有额外的理由表明,形式不仅是抽象的,而且还是完美的典范。可感个体只能接近它们而不能完全实现它们。[49]

知识和信念：《理想国》第五卷的存在论证

在亚里士多德的展示下，柏拉图对形式的论证主要是认识论导向的。柏拉图自己在《斐多篇》中的论证则更具有形而上学性质。当然，相对于那些建立在其解释恰当性观念上的论证来说，此论证也是一脉相承的。一个更大、也更为重要的论证来自于《理想国》。这个论证依赖于所有这些不同层面的考量。通过将这些思路系统地汇总在一起，柏拉图试图将那些对于是否存在形式而抱有怀疑态度的人，彻底转化成完全的柏拉图主义实在论者。

通过将不同的心灵状态或官能与不同的对象集关联起来，这个论证融合了柏拉图对于形式所持有的形而上学和认识论兴趣。他认为：（1）知识关于是；（2）无知关于不是；（3）如果存在着某个既是又不是的东西，而且处于是和不是之间的，那么就必须存在着某个处于知识和无知之间的东西，这就是意见。[50] 在此，柏拉图所做出的区分有点难以理解，尤其是因为，我们倾向于认为，他或许和我们一样，自始至终在同一个意义上使用"是"这个概念。实际上，对于理解这里所涉及的相互关系，存在着三种方式以供选择：存在的、谓述的、真值的。以存在的方式来理解，（1）认为：知识是关于存在对象的；（2）认为：无知是关于不存在对象的；（3）认为：意见是关于既存在又不存在对象的。以谓述的方式来

---

[49] 柏拉图经常将形式理解为完美典范：《巴门尼德篇》132d，《欧绪弗洛篇》6e，《蒂迈欧篇》28a-b，《理想国》452d-e，500c，596b，《会饮篇》211d，《智者篇》240a。

[50]《理想国》477a-b，478d。

理解，（1）认为：知识是关于什么是 F 的；（2）无知是关于什么不是 F 的；（3）意见是关于什么既是 F 又不是 F 的。以真值的方式来理解，（1）认为：知识是关于什么是真的；（2）无知是关于什么是假的；（3）意见是关于什么是既真又假的。

对于这些选择的简短的反思表明，没有哪一种关于"是"的理解能够在所有的情形下都给出完美的解释。因此，尽管比较容易理解，为什么知识是关于什么为真的，但对我们来说，为什么无知就应该涉及假，这一点却不是那么直接明显（存在着许多真的东西是我所不知道的）。类似的，尽管说知识处理的是存在对象，这一点是没问题的；但很难理解为什么意见是关于既存在又不存在的对象。我们甚至很难明白，说某个东西既存在又不存在是什么意思。存在似乎是一个 0 和 1 的观念，某个对象要么存在，要么不存在。最后，如果意识到柏拉图对对立共存的关注，这里所面临的解释问题似乎比较有希望得到解决。我们能够合理地认为，意见处理既是 F 又不是 F 的对象，而知识处理纯粹是 F 的对象。然而，这里仍然存在着这样的困难：为什么无知处理的是什么是非 -F。尽管由于无知，我确实会将某个是非 -F 的东西判断为是 F，比如，猫鼬是卵生动物。但仍然很难理解的是，在这种情况以及其他情况下，我的无知完全涉及的就是什么是非 -F 的对象。

然而，在对形式的论证中，柏拉图显然至少在一些时候依赖于"是"的谓述意义，尽管并没有完全只依赖于这个意义。这是因为，柏拉图再次诉诸了关于对立共存的相关事实，而这必定就得借助于"是"动词的谓述意义。[51] 然而，重要之处在于，我们应该意识到，柏拉图的论证或许使用了"是"的好几种意义，而只要他对这些多重意义的使用并没有导致歧义，从而使其论证成为不可靠的，那么这个论证就不会沦为一个谬误。即便如此，通过运用"是"的多重含义，从而以不同的方式表述柏拉图《理想国》第五卷中的存在论证是非常有价值的。这也正是柏拉图学者们事实上所做的。下面的表述可以被视作一个模板，它既忠实于柏拉图自己对其论证的展现，又能够为进一步的仔细分析提供一个框架。

《理想国》第五卷的存在论证在一定程度上是为了支持柏拉图的一个令人惊讶的主张：在哲学家成为国王之前，城邦都将永远被所有类型的邪恶所笼罩，而缺乏幸福，无论是公共的还是私人的。柏拉图预料到这个主张会招到无知的嘲讽，但他认为，对于那些同情自己观点的人们来说，他能够解释、捍卫自己。[52] 毕竟，哲学家作为爱智慧的人（在古希腊语中，*philos* 是爱的意思，而 *sophia* 则是智慧的意思），本性上更适合于知道什么是善，因而也更适合于领导着城邦走向善。至少他们知道什么是最好的。在这方面，哲学家与其他人分明地区分开来，包括那些心存善念的人。这些人可以被称为"景象爱好者"，他们热爱着美好的景象和声音，但却没有能力企及美自身并且按照美自身之所是来欣赏它。事实上，只有很少数的人才能做到这一点。[53] 那些能够把握美自身（或者善自身、正义自身）的人，能够理解什么是美，并且知道所有

---

[51]《理想国》479a。
[52]《理想国》473c–474c。
[53]《理想国》476b。

其他美的事物都是对美自身的分有。因此，他们不会将美自身和对美自身的分有者相互混淆。[54]（也许《斐多篇》中那些试图将相等自身还原为相等事物集的人，正是在这个意义上陷入了混淆。）

如果某个没有知识的人，由于将意见错误地等同于知识，而对这个观点表示不满，那么，柏拉图会首先试图说服他接受某个应该毫无争议的观点，即：知识并不能等同于意见；进而，再试图说服他接受某个富有争议的观点，即：知识需要形式作为它的对象。《理想国》中关于形式的存在论证的第一阶段是如此展开的：[55]

1. 知识涉及F属性本身的，F自身永远不是非-F。
2. 意见涉及既是F又是非-F的对象。
3. 作用于不同对象的能力是不同的。
4. 因此，意见不是知识。

如果我们以谓述的方式来理解这部分论证，那么它所表达的主题就将是我们非常熟悉的。（EAR-1）指出，知识的对象是某种稳定的东西，是某种免于对立共存的对象；（EAR-2）指出，意见的对象正是那些遭受对立共存的东西。（EAR-3）是一个新的前提，它指出，人们所具有的任何能力都有不同的对象集，并通过这些对象集而实现其个体化以区别于其他能力。因此，由于视觉将颜色作为对象，而嗅觉将气味作为对象，它们就是不同的感觉能力。同理，知识和意见也是不同的心灵能力，因为它们各自的对象必然是不同的。我们需要注意的是，柏拉图在此似乎并不是在讨论"拥

---

[54]《理想国》475d-476d。

[55]《理想国》476e-478e。

有一个意见"和"知道一个命题 p"这两种状态，而是两种心灵官能，通过这两种官能我们将进入相应的状态。

(EAR)第二阶段的初始部分仍然是我们所熟悉的，柏拉图只是在其中新添加了模态成分。他明确表明，这个阶段是针对那些否认形式存在的人的：[56]

5. 许多 F 中的每一个都既是 F 又是非 –F。

6. 景象爱好者只对这许多 F 拥有意向性态度。

7. 因此，景象爱好者只对既是 F 又是非 –F 的东西抱有意向性态度。

8. 因此，景象爱好者只拥有意见而非知识。

9. 知识是可能的。

10. 因此，必须存在着知识的潜在对象。

11. 因此，必须存在着 F 属性自身这种对象，它绝不可能是非 –F。

12. 因此，存在着形式，也就是知识的对象。

为了将真正的哲学家与景象爱好者和其他只拥有意见的人们区分开来，柏拉图又一次依赖于对立共存学说，将意见的对象和真知的对象区分开来。因此，从（EAR-5）到（EAR-8），柏拉图试图表明，那些与形式没有任何意向性接触的人不可能拥有真正的知识。如果我们接受（EAR）第一阶段的结论，那么，我们就将认为景象爱好者并不具有知识，而只具有意见。

然而，柏拉图认为，确实存在着一些拥有知识的人。这些人

---

[56]《理想国》479a–480a。

就是哲学家。根据第一阶段的结论，这些人所接触的，就不可能是遭受着对立共存的对象，他们能够超越它们。如果某些人确实拥有知识，而知识要求的对象是免于对立共存的，那么对于这些知识来说，就必须存在着其他恰当的对象。它们是永恒的，是性质的纯粹表达，感官对象只是不完美地展现了它们。

（EAR）产生了许多非常的问题。首先，有人干脆直接否认任何人拥有任何知识。这似乎也是很合理的。然而，柏拉图显然只须依赖于（EAR-9）所表达的观点，即："知识是可能的。"而这个假设是一个相对比较弱的主张。况且，这些其实在（EAR-1）中就已经被预设了。在那个前提中，柏拉图只是借助于"知识和意见是不同的"这样一个非常合理的想法。如果它们是不同的，就必须存在着某个将它们区分开来的东西。进而，如果我们已经拒斥了普罗泰戈拉式相对主义，就没有理由认为知识和意见是相同的。这个主张在表面上看来也是很不可靠的。如果连这些都被接受了，再根据论证第一阶段的结论，柏拉图就能合理地认为：如果知识的可能性本身就已经要求存在着稳定的对象，并且知识确实是可能的，那么就必须存在着这些对象。柏拉图正确地认为，否认存在知识比否认知识的可能性要更容易。

第六节　柏拉图对形式的一般性刻画

和其他存在论证一样，（EAR）引起了许多需要更加仔细研究的问题。这些问题既包括发掘和理解存在论证背后的各种预设，也包括确定什么才是对它们的恰当表述。至此，我们的讨论主要试图通过考察柏拉图对形式所给出的存在论证，以发掘和阐述他对形式的承诺背后所持有的哲学动机。如果柏拉图错误地认为形式是存在的，那么他的存在论证当然就是不成立的。然而，即便如此，考察和研究这些论证的困难也是具有很大的启发意义的。无论如何，在没有进行考察之前，我们不能预先假设，这些考察就一定会引致摧毁性的反驳。这种可能当然是有的，但是柏拉图作为一个柏拉图主义者也有可能是正确的。进而，如果我们想要确认，自己是否应该成为一个柏拉图主义者，那么，对于构成形式理论核心的那些论题，我们就更有必要去考察它们的论证基础。

然而，作为一个关于形式的柏拉图主义者，除了存在论证所产生的那些承诺之外，他显然还表现出许多其他的承诺。无论如何，柏拉图关于形式所抱有的全部信念，并非都在存在论证中得到了直接体现。有的时候，柏拉图对形式的描述方式尽管与存在论证的结论一脉相承，但后者并非可以严格地蕴含或推导出前者。在某些案例中，我们比较容易看出，柏拉图是如何从存在论证的结论中合理地推断出形式所具有的这些进一步特征的；但在其他一些案例中，其中的关联就不是那么明显。无论如何，如果反思柏拉图对形式的主要描述，我们将发现，形式具有这些特征：

1. 它们是知识的对象，是我们试图在哲学研究中探索其本性的那些性质的本质。

2. 永不遭受对立共存。这要么是因为（a）它们是自我谓述的，要么则是因为（b）它们从范畴上来说并不适用于被这些性质或这些性质的反面所谓述。

3. 它们是稳定、不变的抽象对象。

4. 它们是完美的典范，或模型，可感实体能复制却永远不能等同于它们。

5. 它们是可感实体"分有"的那类存在，这种分有关系或许是原始性的，然而类似于例证或者谓述关系。

6. 它们是分离的。

前三个特征在存在论证中扮演着重要的地位。后三个特征需要一些澄清，尤其是因为它们似乎在柏拉图形式理论框架下产生了一些困难。

柏拉图经常将形式描述为范式或者模型，物理对象复制它们，因它们而得名。[57] 因此，正义自身就是正义的模型，那些所谓正义的组织或个人，正是因为它们与正义的形式之间所存在的相似性而被称为正义的。在这类语境下，完全理解柏拉图的主张存在着一些困难。首先，我们期待着复制品能够类似于它们的模型，至少类似到一定程度，以使它们能够展现出许多同样的性质。这

---

[57] 见本章注释49。

样的话，正义自身就显然是能够自我谓述的，[58] 因为，正义的事物是通过类似于正义自身并展现正义这个性质而成为正义的，而正义自身则是对这个性质的完美展现。然而，我们很难从字面上理解正义自身怎么能是正义的。它是一个抽象对象，并不能从事正义的个体或组织能够从事的那些活动。也许，范型论不应该被理解为要求自我谓述。然而，这将使得形式如何能够成为模型而被复制这一点成为问题，因为在最为自然的解释下，相似性要求某种性质的共享。（当然，这一点是可以被挑战的。）

无论如何，柏拉图认为，感觉个体不仅类似于形式，而且分有形式。对于"分有"这个术语，柏拉图承认，很难对它做出字面的解释。[59] 在最低层面上，他似乎意指某种类似于例证的关系。在这种理解下，个体与形式间的关系并不是相似关系，而更像是个体与共相之间的关系（当前者是后者的一个个例时）。如果柏拉图如此设想形式，那么，他是将形式设想为拥有个例的共相，而非拥有复制品的范型。当然，认为形式既是共相又是范型，并不产生矛盾；既拥有个例又拥有复制品，也并非不融贯。然而，在某些重要方面，这些关系似乎也是非常不同的。我们至少希望柏拉图能够从它们的优先性关系上，对如何理解它们给出一个说明。另外，不同的关系似乎意味着不同的形式本体论。范型论意味着形式也是个体，而分有论则意味着形式是共相。[60] 也许这就是亚

---

[58] 关于自我谓述以及它给柏拉图带来的困难，见下文 3.10。
[59] 见《斐多篇》100c-e，《巴门尼德篇》130e-131e。亚里士多德对柏拉图的指责正在于此：《形而上学》991a20-23。
[60] 对柏拉图形式理论中包含的困难的讨论见下文 3.10。

里士多德抱怨柏拉图将形式既理解为个体又理解为共相的原因，而这在他看来是不能容忍的。[61]

最后一个观念，即"形式是分离的"，也招致了亚里士多德的特别谴责。[62] 当亚里士多德说，是柏拉图而非苏格拉底将形式分离开来时，他意指，根据柏拉图的理论，形式可以在从来未被实现的情况下独立存在。也就是说，正义的形式可以自身独立存在着，即便世界上并不存在任何正义。在这个意义上，如果形式是共相，那么，对于柏拉图来说，分离就将意味着某种"个体前"的实在论。[63] 既然亚里士多德认为，分离说将给柏拉图带来严重的问题，那么，我们有必要反思一下，柏拉图究竟是否承诺分离说。从字面上来说，柏拉图并没有。他从来没有明确表示，形式是分离的，可以独立于个体而存在。[64] 然而，柏拉图确实明确表达了以下三个观点，而它们将导致分离说。首先，形式是完美、永恒的典范，永远不处于流动中。这意味着，形式必然地、本质性地是其所是，完全不受偶然的感觉个体的生灭运动的影响。其次，它们是知识的对象，是必然的、稳定的。柏拉图的赫拉克利特主义要求他认为，凡是存在变化的地方都不可能存在知识；因此，这里同样意

---

[61]《形而上学》1086a35-b14。

[62]《形而上学》991b1。

[63] 关于共相的实在论可以采取以下形式：（1）个体前的，认为共相先于它的例证而存在，并能够在不被例证的情况下存在。（2）个体中的，认为共相只有在被例证的情况下才能存在。尽管都是实在论，这两者对共相的本体论依赖条件的主张是不同的。

[64] 然而在《蒂迈欧篇》52d，他已经接近于认为，存在（这里指的就是形式）先于可感世界的产生而存在。也可参看《巴门尼德篇》130b，这是一段难以解释的文本。以及《理想国》484c-d，501b-c，柏拉图明确表示形式在不被例证的情况下就存在着，因而是分离的。

味着，形式是独立于个体的必然存在。最后，如果按照《斐多篇》中存在论证的要求，形式不能被还原为任何感觉个体集，那么，形式就是某种抽象对象。我们通常认为，这类对象如果存在的话，就必然地存在着，不遭受生灭变化。如此，形式确实就是分离的，正如亚里士多德所说的那样。

亚里士多德相信，分离说为柏拉图带来了特殊的困难。[65]然而，他的论证并不总是令人信服的。总的来说，如果亚里士多德正确地将分离性赋予柏拉图式形式，那么，他并不因此就正确地表明了柏拉图将因此而遭遇难以克服的哲学困难。相反，相较于亚里士多德，柏拉图似乎对模态情景更加敏感和重视。如果正义在这个世界上是可能的，而且我们有很好的、独立的理由认为存在着正义自身这种对象，它是正义的个体在行为上努力要达到的典范，那么，我们也将有充足的理由以假设，存在着某个东西，它能够作为正义的这种可能性的基础。即便没有任何事物成功地实现了正义这种属性，它仍然存在着。在这个意义上，如果柏拉图选择成为一个关于形式的实在论者的话，那么，"个体前"实在论对于他来说将优越于后来亚里士多德所持有的"个体中"实在论。[66]

---

[65]《形而上学》1079b35-1080b1。

[66] 关于亚里士多德个体中实在论，见 4.2。

第七节　柏拉图式分析：一个案例研究

　　柏拉图的存在论证旨在表明存在着形式。形式如果存在，那么这种存在的一个好处就是能够为某些领域中稳定的、非相对主义的知识提供一个基础。而在这些相关领域，怀疑论者，甚至是轻微的怀疑论者，曾质疑知识存在的可能性。和欧绪弗洛一样，柏拉图也是价值的实在论者。不一样的是，柏拉图并不认为价值的存在是神的立法活动的结果。相反，它们是必然的抽象存在，独立于心灵和语言。如果我们和柏拉图一样，假设存在着形式，那么，我们也应该像柏拉图所断言的那样，将形式作为可得的模型或范本来对待。也就是说，我们应该能够参看这些形式，以其作为模型来判定某些个别行为或制度是否展现了我们所关注的价值，而这也正是苏格拉底希望欧绪弗洛去做的。

　　因此，如果我们是柏拉图笔下的哲学家，想要知道共产主义、自由资本主义或者君主制是否是正义的，那么，我们就应该参看正义的形式，把握其本质，并以参看正义形式的经验为基础，来判断这些社会安排是否真的体现了正义这种价值。这就意味着，即便我们同意，至少柏拉图所提出的某一个存在论证是可靠的，这并不会立即给我们带来好处，除非我们能够真正熟悉某个已经完成了的柏拉图分析的具体内容。由于柏拉图从不回避提出这样的分析，我们也就有机会来评估它们的成功与否。在这方面，他最突出的成果就是在《理想国》中对正义所提出的分析，而这也将为我们的研究提供一个案例。

和其他伟大的文学和哲学著作一样，柏拉图的《理想国》值得我们仔细反复的研究。在此，我们对它的兴趣是单一维度的，我们只关注它对正义提供的分析，而暂时抛开柏拉图所关注的其他许多问题。然而，正义问题无疑也是这部著作所关注的核心问题，它在古代的标题就是"论正义"。

柏拉图提出这个分析的目的，是为了回应格劳孔和阿德曼图斯提出的挑战。他们认为，存在着三类好的事物：（1）因其自身而被人们追求的事物，如简单的快乐和无害的欢愉；（2）既因其自身又因其所能带来的结果而被追求的事物，如健康；（3）只因其所能带来的后果而被追求的事物，它们通常被视为麻烦和负担，从来没人因其自身而选择它们，如身体训练和医疗。他们认为，绝大多数人都将正义归为第三类的好事物，并不因其自身而选择它。因为，人们并不心甘情愿地实践正义，追求它只是为了能够进入社会，免于置身原始状态，而在力量上被强者压制，在智商上被智者欺骗。大多数人都明智地认为，他们在一个法治社会中能够活得更好。他们实践正义，只是为了能够让自己显得是个正义的人，这是进入文明社会的必要条件。事实上，他们选择成为正义的，只是为了向另一部分人表现正义的外表，从而与这部分人达成共识，一起实践正义而组成社会。因此，他们实践正义的动机表明，他们将正义视为第三类型的善，不是为其自身而追求它，而是将正义视为类似于药物一样的东西，服用它并非愉快的事，但却在理智考量上是必需的。[67]

他们向柏拉图提出了带有两个部分的挑战。首先,他必须对正义提供一个分析。其次,他必须表明正义是最佳类型的善,即第二类型的善,对它的追求既出于其自身,又出于其所能带来的后果。为了使这个挑战更加困难,格劳孔提出了一个思想实验来捍卫大多数人的正义观,即:追求正义只是为了它能够带来的后果,而非为了其自身。这或许是西方哲学史上的第一个思想实验。在这个思想实验中,格劳孔分离出了行为所具有的两个特征,它们通常互相伴随着出现,即"它们是正义的"以及"它们显得是正义的"。这个思想实验要求人们设想自己处于吕底亚人祖先、牧羊人[68]古格斯所处的情形中:他获得了一枚能令其隐身的神秘戒指,从而不需要为了显得正义而遵循正义的一般要求。很快,他就运用这种能力去引诱王后,谋杀国王,夺走整个王国。格劳孔指出,所有其他人都和这个牧羊人一样,如果有机会行不义而不需要害怕被报复,他们就会选择成为不正义的人,因为这符合他们的利益。[69]

我们可以将古格斯魔戒这个故事中所蕴含的论证表述如下(GR):

> 1. 只有当人们拥有行不义而不受惩罚的机会,却仍然克制自己不去行不义的时候,人们才是自愿选择正义的。

---

[67]《理想国》357b—359c。
[68] 尽管柏拉图没有这么说,但习惯上还是把古格斯的祖先叫作古格斯,因为从古代以来,人们就认为他们有着同样的名字。无论如何,我将遵循这种传统。
[69]《理想国》359c—360d。

2. 如果有这样的机会，没人会克制不做不正义的行为。

3. 因此，没人是自愿正义的。

4. 因此，如果人们正义地行为，只是因为他们处于某种强迫之下。

5. 因此，正义是第三类型的善，对它的追求并非出于其自身，而只是为了它能够带来的后果。

在这个论证中，没有任何一个前提是愚蠢或显然错误的。至少对于柏拉图的某些当代读者来说，（GR-1）和（GR-2）都能够引起他们的内心共鸣。（GR-1）合理地指出，如果人们在能够不用担心报复的情况下，就不正义地行事，那么，这将成为他们并非自愿正义的一个恰当指标。（GR-2）只是一个简单的断言，格劳孔并没有去捍卫它。柏拉图的一些读者认为，它是显然正确的，因为它刻画了关于人性的深刻事实，即便承认它是非常令人不悦的。而那些不愿意将自己视为本性上倾向于不正义的人，则会拒绝这个前提。重要的是，柏拉图感受到了这个前提所具有的力量。至少，他认为，尽管正义对于它的所有者来说是有益的，然而，那些没有能够恰当理解正义本质的人将会像格劳孔所预言的那样行为。也就是说，柏拉图接受了格劳孔利己主义的预设，他最终将表明利己主义并不能成为不正义的理由。

理想国的建立就是柏拉图对这具有两部分的挑战的回应。柏拉图认为，他建立一个理想城邦的目的在于发掘大写的正义的本质：如果我们能够在宏观的理想城邦中确定正义的本质，同时表明个体与城邦是同构的，那么我们就能够将在理想国中的正义说明推广到个体身上。这个策略将理想城邦当作是一个启发性的工具,终极的目的是为了发掘个体正义的本质。如果柏拉图想要回应挑战、分析正义的本质并表明正义是值得拥有的,那么这个终极目的的实现就是必需的。[70]

在柏拉图所设想的,实现了最大正义的城邦中,统治者阶级、士兵阶级和生产者阶级各自从事自己的工作,绝不干涉其他阶级自然而恰当的功能,并且在恰当的时候服从指挥。这个观念部分地来自于一个更加基本的理论承诺,即自然适当性原则。也就是说,不同的个体生来具有不同的禀赋。一些人脑子机敏,而另一些人则在身体上强壮敏捷。一些人拥有音乐天分,而另一些人则擅长于各种技艺。柏拉图认为"我们并非生来相同"[71]。当自然禀赋得到恰当形式的教育后,一个充满了健康繁荣公民的社会就将诞生,每个公民都将其自然禀赋发挥到了极致。(在那个时代,柏拉图令人惊讶地认为,女人和男人一样,也应该接受作为统治者和士兵的教育,因为自然禀赋在性别之间是平等分布的。因此,在大多数情况下,他公平地使用着自然适当性原则。[72])这样一个正义城邦的图景,无论看上去多么不自由,却是一个顺利运转的城邦,有利于所有公民的利益。统治者的统治着眼于整个城邦的善,而非自己狭隘的利益。士兵服从统治者管理,并且勇敢地、有尊严地执行他们的任务。生产阶级履行着他们的功能,清楚地理解自己对城邦所做的贡献,通过完美地完成工作来获得这份满足。每个阶级都有他们恰当的领域和自主权。尽管统治阶级统治着,但他们绝不会去干涉那些只有匠

---

[70]《理想国》368c—369a,434d—435e。
[71]《理想国》370a。
[72]《理想国》455d—e,456a,563b。

人才能完美完成的工艺活动。他们不会去指导面包师如何烤面包,也不会去指导铁匠如何进行冶炼。[73]

因此,对理想城邦中的正义的说明是非常直接的:

> 城邦中的正义 = df 城邦中的三个部分(统治者、士兵、生产者)各司其职,必要的时候互相服从,但绝不互相干涉。

因此,对于任何一个城邦,如果其中有某个阶级干涉其他阶级的事务,或者未能良好的完成自己阶级的任务,这个城邦都将是不正义的。举例来说,对于前一种情况,假如某城邦的士兵阶级通过政变夺得了统治权,尽管它现有的统治者实际上是正义的。那么,这个城邦就将是非正义的。同样的,如果某城邦的统治者并不关心整体的善,而只是着眼于自己的私利,它也将是不正义的。在这两个例子中,作为一个整体的城邦,背离了对它及其公民的最佳善,因而也就不是正义的。

柏拉图对公民正义的说明,是他对理想国宏观世界中的正义本质的最终裁定。由于这个说明的目的是为了阐明个体正义,因此,除非我们有理由相信,它能够被转化到个体身上,否则它就是完全多余的。柏拉图清楚地认识到了这点,并因而提出了一个转化原则:每个个体灵魂与城邦都是同构的。也就是说,和城邦拥有三个部分一样,每一个灵魂也都拥有三个部分,各自对应于城邦的那几个部分。正如城邦拥有统治者、士兵和生产者,灵魂则拥有统治官能、意气官能和欲望官能。城邦的统治阶级如何类似于人类的统治官能,这是非常明显的。士兵阶级如何类似于灵魂中

---

[73]《理想国》434b-c。

的意气部分，也是相当清楚的。士兵的德性是荣誉和勇气，个体的意气部分，尽管功能众多，其核心则涉及相对于他人态度中的自我观念。最后，对于生产阶级和人类灵魂的欲望部分，我们只知道，两者在履行其功能时，都应听从于更富远见的统治者。然而，除此之外，它们间的类比关系并不是那么清楚。也许柏拉图认为，正如生产阶级为城邦提供经济和商业利益，欲望部分的恰当功能则在于维持着身体的物理机能。

无论上述的类比关系是否显而易见，柏拉图并不满足于只是断言同构理论。而是试图通过一个巧妙的论证，以确立每个人的灵魂确实具有那三个部分。柏拉图非常正确地意识到，理论发展至此，提出这样一个正面的论证是很有必要的。否则，他的同构学说就显得空洞无物，并且似乎是为了当下目的而特设的理论。他提供的论证依赖于一个简单的原则，即部分生成原则（PGP）。根据这个原则，同一个事物，相对于自身的同一个方面，不能做或承受相反的事情。关于（PGP）的性质，是存在争论的：它究竟是一个实质性的心理学准则，抑或仅仅被视为矛盾律的一个简单运用呢？我们很难认为，柏拉图如何能够将（PGP）视为一个逻辑准则，因为他用来阐述其运用的例子并不是关于矛盾的例子。然而，如果此原则不是逻辑原则的话，他就需要对其自身提供一个论证。

无论是哪种情况，通过使用此原则，柏拉图对灵魂的划分（PD）提供了下面这个论证。如果此论证是可靠的话，他就将表明，灵魂至少拥有两个部分：理性和欲望。

  1.（PGP）。
  2.接受和追求与拒绝和躲避是相反的。

3.因此，如果我们能发现这样一个例子：某人既欲望x，又拒绝x，那么，我们也就因此而得到了下面这个例子：对于x，此人正遭受着相反的东西。

4.事实上，我们的灵魂有时候既有喝水的欲望，又拒绝喝水。

5.因此，事实上我们拥有这样的例子：相对于x，我们的灵魂遭受着相反的东西。

6.根据1，没有任何事物能够相对于自身的同一个方面而遭受相反，因此，每当任何一个灵魂处于（PD-5）所描述的状态中时，必须是相对于灵魂的不同部分而言。

7.因此，灵魂拥有不同的部分。

每当我们的灵魂拥有（PD-4）所描述的那种内部冲突时，往往其中的一个部分关注于我们的长远利益，而另一部分则只是关注于当下的满足；如果注意到了这一点，（PD-7）将得到更具实质性的内容。第一个部分可以合理地被视为理性部分，它计算我们的长远利益。通过运用此能力，我们从事一系列在概念上非常复杂的、长远的策略谋划。第二个部分很容易被视为欲望，尤其当我们强调那些原始、迫切的身体冲动时。柏拉图提到了渴，而类似的欲望还包括饥饿和性欲。这些欲望本身是无所谓好坏的。它们寻求自己的满足，而并不考虑这种满足是否符合主体长远的利益。事实上，它们有时候符合，有时候不符合。当这些欲望由于对我们有害而被压制或扼杀时，正是因为理性的活动发挥了作用，后者的工作就是确定什么时候满足这些肉体冲动才是合理的。这样的话，理性所履行的功能当然也就是统治者所履行的功能。

关于这个论证，尽管存在着许多困难，但接下来所要表达的一些想法，至少能够为其提供一定程度的辩护。在（PD-4）中，柏拉图所诉诸的心理学现象是一个实实在在的现象。任何减过肥的人立刻就能明白柏拉图的意思。当我们很饿，却认为最好不要吃东西时，通常就经历着内心冲突。进而，这种冲突很容易被我们描述为类似于某种交战中的双方所处的状态。想要吃东西的欲望反抗着理性的决策，而理性又抵抗着欲望。类似的，即便不那么具有戏剧张力，但在某个训练计划的开端，常常也会包含着内在冲突，尤其当这个计划本身非常困难、令人痛苦的时候。在这种情况下，如果我们坚持了下来，那一定是为了长远的好处而做了对自己最有利的事。然而，无论是否坚持了下来，最初那种内在冲突的经验却是显而易见的。

在这个意义上，柏拉图在（PD-4）中诉诸灵魂的内部冲突，显然就是正确的。然而，他究竟如何理解这种经验，则是进一步的问题。正如我们已经知道的，苏格拉底也承认这种经验事实，但他拒绝通过意志软弱或 *akrasia* 来解释我们的失败。[74] 他的认知主义排除了这种软弱的可能性。可以理解的是，人们倾向于认为，通过引入灵魂的部分，柏拉图的意图至少部分在于为意志软弱的可能性留出空间；然而，他眼下的目标并不是要挽救 *akrasia* 这种现象。[75] 相反，他直接的论证目的就是灵魂的划分本身，也正是出于此目的，才利用了灵魂冲突这种现象。因为，如果冲突包含

---

[74] 关于苏格拉底对意志软弱的否定，见 2.3。
[75] 事实上，很多人认为《理想国》338a 暗含的主张与苏格拉底对意志软弱的否定是有冲突的。

着对立方的紧张关系，那么，如果（PGP）是可捍卫的，我们就将确实拥有柏拉图所提及的两个灵魂部分。当然，如何理解这些部分是进一步的问题：它们是真部分吗？类似于说桌腿是桌子的一个部分；还是某种弱化意义上的概念部分？类似于说原告证词只是整个故事的一个部分。然而，无论是哪种情况，个体灵魂都将拥有理性和欲望这样两个不同的成分。

这将足够用来在城邦和个体灵魂之间建立起一种部分的同构关系。然而，城邦拥有三个部分，不仅仅是两个。柏拉图通过引入两类案例来解决这个担忧，两者都诉诸莱布尼茨律。他首先讨论了勒翁提俄斯的例子。此人拥有一种可怕的欲望，喜欢观看刚被行刑的尸体。（有时候，人们在穿行于高速公路上时，也会不经意地表现出某种类似的欲望。如果哪儿出现了可怕的交通事故，他们很可能会减速下来，好好观摩一番。）他很清楚自己的欲望，而且非常厌恶自己。柏拉图认为，当他在谴责自己的时候，这种自责的强烈程度已经接近于自我憎恨，但它的发起者并不是理性。不如这么来说，勒翁提俄斯拥有某种反抗欲望的官能，因此它不能被等同于欲望，但同时也不能轻易地将它等同于理性。[76] 柏拉图将这第三种官能称为"意气"。除此之外，他也注意到了另一类例子，能够表明存在着意气：即便小孩和非人类动物也拥有意气部分，但他们却不具有能够计算长远利益的理性部分。[77] 这类例

---

[76] 对勒翁提俄斯的描写，见《理想国》339e-440b。根据一个不确定作者的古代喜剧残篇，勒翁提俄斯的欲望本质上是一种性欲或者类似于性欲。柏拉图的描述并没有明显地假设这一点。这一点对于理解柏拉图的主张也不是必要的。同时，这个假设如果是可靠的，它也将为柏拉图的观点带来另一个维度。

[77]《理想国》441a-b。

子再一次表明，意气不能被还原为理性。然而，意气也不能被等同于欲望，因为意气部分关乎的是主体相对于他者态度下的自我观念。（如果我在乎勇气这种美德，而原因部分地在于想拥有"是非常勇敢的"这种声誉，那么，我的这种关切就部分地依赖于别人对我的看法。）因此，柏拉图认为灵魂也存在着三个部分。随着此论证阶段的完成，柏拉图最终确立了，拥有三部分的个体灵魂与拥有三个阶级的理想国具有同构性。

更重要的是，在穿越了这一"论证的海洋"之后，[78] 柏拉图终于能够回应格劳孔挑战的第一个部分了：他现在能给出正义的定义了。根据整个论证过程所依赖的策略，柏拉图认为自己可以合法地将对理想国中大写正义的说明转移到个体灵魂的微观层面上。[79] 由于城邦的正义在于三个主导部分间的和谐互动：各自履行自己的任务，绝不干涉他人的事情；我们能够对个体的正义做出以下定义：

> 个人的正义 = df 个体灵魂的三个部分（理性、意气和欲望）各自完成自己的工作，在恰当的时候表示服从，但绝不干涉其他任何一个部分的事务。

通过将城邦正义和灵魂正义所具有的共同部分抽象出来，柏拉图在《理想国》中对正义的分析可以被表述如下：

> 正义 = df 一种德性。通过这种德性，一个复合整体中的各个核心部分能够完成属于它的恰当功能，同时绝不干涉这个统一体中其他部分的功能。

---

[78]《理想国》441c。
[79] 对于他策略的这个部分，柏拉图的态度是非常明确的：《理想国》441c-4，442d。

简言之，正义就是某种内在和谐。在个体身上是灵魂的和谐，而在城邦中则是各阶级的公民的和谐。

对这个分析很快就出现了各种各样的反驳，有的很幼稚，有的则很深刻。首先，某人会认为，根据这个分析，当汽车的引擎被调制好后，它就是正义的。因为，它的各个部分都履行着自己的功能而互不干涉。这个反驳未能意识到，柏拉图的分析首先将正义归属于某种德性，这样就隐然地限制了它的潜在所有者的范围。因此，柏拉图并不担心错误地给出了正义的外延，至少并不在这个反驳所指出的意义上。

重要的是，强调正义是一种德性并不仅仅只是某种定义上的权宜之计。因为柏拉图的某些对话者，比如出现于《理想国》对话开篇部分的色拉绪马霍斯，就极端地认为正义并不是某种德性。[80] 他为此观点给出的理由是：由于不正义总是有利于它的所有者，正义总是有损于正义者，又由于德性永远是符合其所有者利益的，因而，不正义而非正义，才是真正的德性。在此，柏拉图并非仅仅在反驳色拉绪马霍斯。因为，他认为自己对正义给出的分析最终将表明，正义是符合正义者利益的。正义的人体现出某种重要类型的心灵健康，而这是我们所有人应该追求的。因此，按照柏拉图的设想，对于正义，这个分析所揭示出的一些要素是色拉绪马霍斯未能捕捉到的。如果他希望保持自己观点的融贯性，坚持认为德性有利于其所有者，那么，他就必须同意，不正义绝

---

[80]《理想国》343a-c。通过拒斥大多数人接受的观点，即正义无论是什么，都是一种德性，色拉绪马霍斯其实解释了苏格拉底问答法的一个缺陷。他表明，为了避免内在不融贯，可以不去放弃苏格拉底希望他放弃的命题。关于苏格拉底问答法，见 2.1。

不可能是一种德性。

如果柏拉图的分析是正确的，并且这个分析表明，正义属于第二类的善，即：既因其自身是有价值的，也因其带来的后果是有价值的，那么，色拉绪马霍斯就将必须做出这种妥协。如果我们还记得的话，柏拉图身上的任务有两个：既要定义什么是正义，又要表明，与常识观念不同，正义对正义者是有好处的。对于第二方面，现在已经有了一些讨论。柏拉图所分析城邦真的是因其自身就值得追求的吗？根据正义的本质，我真的有理由选择成为正义的吗？

面对这些问题，意识到下面这一点是非常重要的：对柏拉图的正义分析所施加的这两方面限制是相互联系的，并不是彼此完全独立的。如果对正义最终给出了正确的分析，而它表明，正义事实上并不是第二类型的善，那么，对柏拉图发展正义理论的第二个约束，即证明正义属于第二类型的善，这一点就将没法得到满足，也不可能得到满足。然而，这并不意味着反驳了这个分析自身。它只是表明了对这个分析所施加的条件是不合理的、不可接受的。[81] 相反，如果第二个约束是合理的，这只能是因为，对正义的正确分析揭示出它是第二类的善，因其自身就是值得追求的。

事实上，当人们在评估柏拉图的成功和失败时，对于他在提

---

[81] 似乎为了满足格劳孔和阿德曼图斯设立的第三个要求，柏拉图通过表明正义的人总是在所有情况下都比不正义的人幸福，来证明正义是第二类型的善。见《理想国》361b-362d。这个要求是不合理的，因为我们可以表明F（比如格劳孔自己的例子："是健康的"）是第二种类型的善，但并不用表明拥有F属性的人总是比没有F属性的人幸福。

出正义理论过程中所受制的两个约束条件，人们的反应总是处于一定程度的相互影响之下。他们倾向于认为，如果柏拉图所描绘的灵魂和谐状态因其自身就是有价值的，那么，这并不是真正的正义（分析本身并没有成功），而如果他确实把握了什么是正义的本质，那么，他并没有能够证明正义就是有价值的（第二个要求未能得到满足）。因此，由于柏拉图将个体正义刻画为灵魂的和谐，而这最终是某种心灵的健康，那么，他所刻画的对象或许确实是某种第二类型的善。然而，在这种情况下，正如某些人所推断的，我们并没有理由就此认为，这种状态就是正义。毕竟，正义本质性地、不可消除地包含着某种他人指向的态度和行为。格劳孔和阿德曼图斯提到的不正义行为所包含的内容正是那些为我们所熟悉的、常见的对公共道德的破坏，比如抢劫和谋杀。如果柏拉图分析的那种状态与对这些可憎行为的实施是相容的，那么，它就不是正义。另一方面，如果柏拉图对正义的说明应该将对这类罪行的实施排除在外，我们也不是很清楚，它实际上如何能够实现这一点。进而，即便这个说明确实实现了这一点，产生了这些后果，我们还是不清楚，这种说明下所描述的状态为什么因其自身就是值得追求的。如果柏拉图没有阐明这些问题，那么，他就没有给我们充分的理由以成为正义的，而不仅仅是成为看起来正义的。总之，我们有充分合理的理由想要知道，当有机会拥有一枚古格斯戒指时，为什么根据柏拉图的正义分析，是否佩戴它这一点对于正义问题来说应该是完全不相关的。

柏拉图充分地意识到了这些担忧。他的回答包含两个部分，一个简短直接，另一个长而复杂。首先，他坦率地承认，根据他的分析，正义是自我指向的，而不主要是他人指向的。[82] 即便如此，他强调，不正义的行为最终会导致灵魂不和谐，而正义的行为会促进灵魂的和谐。因此，任何一个正义的人，如果关注于灵魂的和谐，就会去选择从事那些正义的行为，而避免不正义的行为。重要的是，柏拉图对正义行为的描述其实是二阶的：一个行为 x 是正义的，当且仅当它促进了灵魂和谐。因此，同一类的行为在不同的情形下就有可能有时是正义的，而有时是不正义的。也就是说，撒谎有时候是不正义的，而有时候是正义的，这完全取决于在不同情形下，它是否促进了灵魂的和谐。这并没有违反柏拉图的单一性假设，因为尽管这个说明是二阶的，但完全是单义的。

通过思考对这第一部分回应的一个反驳，我们可以获得理解柏拉图第二阶段回应的最佳方式。设想一个冷静沉稳的钻石大盗。从所有外在表现来看，她的灵魂似乎都是和谐的。她并没有让自己的欲望统治理性，但也没有压制自己的欲望。而且她还很勇敢，至少敢于偷窃。同时，她也是一个偷盗大师。她会告诉你偷窃能够给她带来内心的平静。因此，根据对正义的二阶分析，偷盗行为就能够算是正义的。然而，即便某些偷盗行为在原则上确实与对正义行为的二阶分析是融贯的，但我们很难设想，大规模如此描述下的偷盗行为如何能够被算是正义的。假设被偷的珠宝属于某个穷人，他通过给别人当佣人，节省了一辈子，才买到了它们。它们的被盗将极大地伤害这个穷人，无疑是对他所犯下的一件令人悲痛的坏事。如果柏拉图对正义的说明（将正义视为某种灵魂

---

[82]《理想国》443c-d。

的和谐）最终将这样的偷盗行为视为是正义的案例，那么，他显然错误地给出了正义的外延。从苏格拉底开始提出"什么是 F"这样的问题开始，外延恰当性就成为成功分析的必要条件，柏拉图对正义的说明因而就将是失败的。至少他的反驳者们就是如此得出他们的结论的。

第二个复杂完整的回应完成了第一部分没有完成的任务。柏拉图并不认为，任何种类的灵魂和谐对于正义来说都是充分的。相反，他一再强调，只有那种源于各部分履行其恰当功能的灵魂和谐才是正义。仅仅是各部分互不干涉是不够的。因此，这个分析并不仅仅止于形式。相反，对于灵魂和谐的要求，它蕴含了非常实质性的内容。尤其重要的是，只有当一个灵魂的理性部分恰当地履行其功能时，它才是和谐的。这对柏拉图来说，拥有深远的意义。首先，理性的功能就是谋划主体长远的善。因此，一个恰当地履行着功能的理性部分就得把握这个善；这进而意味着它必须具备知识而不仅仅是真意见。于是，在最低的层面上，和谐的灵魂首先是一个有知识的灵魂，而且能够认识到知识的首要对象是形式。在这样的灵魂中，理性的角色就是城邦统治者的角色。它知道什么是真正的善，而且在所有情形下总是追求这种善，而不是表面的善。因此，灵魂是正义的，仅当它总是被引导着追求真正的善。

总之，我们可以得出以下结论：（1）灵魂是和谐的，仅当它拥有知识。（2）只有知道形式，才能拥有一个有知识的灵魂。（3）任何知道形式的人都将知道善，并在所有情形下追求真正的善，而非虚假的善的表象。（4）追求真正善而非仅仅表面善的人将是充分的他人指向的,他们绝不会做出伤害别人的事或者对他人犯罪。因此,任何实现了柏拉图正义观念的人都将会避免明显不正义的行为。因此,柏拉图的正义分析在外延上是恰当的。上面提到的完美大盗并不是一个反例,因为她并不处于恰当的灵魂和谐状态。她缺乏关于善的知识,因为她过着追金逐利的生活,而金钱只是表面的利益。她错误地把只是具有工具价值的东西视为具有自身价值;而事实上,她这么做是错误的。

当然,这个推理链中的每一环节都显然面临着挑战。它们一起产生了对柏拉图式正义的一个富有雄心却又非常脆弱的捍卫。柏拉图的道德形而上学应该能够帮助确保其中的一些推理,但也必须指出,他的一些理论承诺注定显得非常难以置信。其中最难以置信的,要算是他关于善的形式的概念,甚至于柏拉图自己也承认这一点。

第八节 善的形式的特殊功能

至此,柏拉图已经论证了这样的观点:一个人,如果他的灵魂是有知识的、和谐的,那他就将是正义的。正如柏拉图所强调的,由于我们前理论的正义观将正义设想为本质上是他人指向的,他所提出的正义观念在一定程度上就与这种未经理论反思的正义观是有出入的。然而,我们也没有直接的理由认为,对于正义,柏拉图提出了一种过度的、不恰当的修正主义观念。因为,在他看来,如今提出的正义分析对于人们的行为是会产生一系列的后果。它们将导致一个正义的人并不会去做通常人们正确地认为是不正义的那些行为,包括偷盗以及其他形式的伤害。进而,他也论证到,一旦理解了正义的本质,我们就会清楚地知道,它是第二类的善,既因其自身就是善的,也因为它能对自身之外的其他善的形式做出贡献。最终,它是某种健康,灵魂的健康。正如身体的健康自身就是值得追求的,而且,最值得追求的生命形式将包括这种健康,视其为某种必不可少的、构成性的善;正义自身也是值得追求的,实践正义也将有助于我们获得人类可及的最佳生命形式。当然,柏拉图在此预设了,所有的人都在努力寻求自己能为自己构造的最佳生活形式。但这个预设显然是非常合理的。

鉴于理性在灵魂中扮演的统治地位,柏拉图整个计划的一个核心成分带有明显而坚定的理性主义色彩。最好的生命形式包含着关于形式的知识，这不仅是因为知识总是能够实现信念所不能实现的东西，更重要的是，人类本质上是理性生物，他们最高的善就是实践理性。在期待着由发展最充分的个体来统治城邦的时候，柏拉图同时希望他是哲学家，热爱普遍、广泛的知识，尤其热爱关于善的形式的知识。这是因为，在柏拉图看来，在所有的形式中，善的形式是最为卓越的。事实上，他指出，善的形式甚至比正义自身更为重要，[83] 如果不知道善的形式，其他知识对我们也是没有任何助益的。[84] 因此，没有任何统治者能够完全把握正义和好的事物，如果他不能够知道它们为何是善的。也就是说，如果不知道善的形式，任何人都不可能成为恰当的统治者。相反，拥有这种知识的统治者就能够完美地统治着城邦。[85] 因此，对于形式的知识，包括对于善的知识，就是统治理想的正义城邦的充分必要条件。更进一步，由于柏拉图所持有的同构理论，一个最大化实现了正义的个体也就是那个拥有知识的个体，包括对善的形式的知识。这意味着，那个理想的正义个体同时也将是一个哲学家，一个热爱智慧的人。

当被要求直截了当地描述什么是善的形式时，柏拉图拒绝了。他认为，当大多数人将快乐等同于善时，他们显然是错误的。因为，既存在着善的快乐，也存在着坏的快乐。快乐当然有时候是善的。但也有很多时候，快乐只是看上去善，而我们并不会追求某个只是看上去善的东西。通过反思，任何人都会告诉你，他们

─────────

[83]《理想国》504d。

[84]《理想国》505a。

[85]《理想国》506a。

为自己追求的是真正善的东西，而不是在某个时刻仅仅看起来善的东西。[86] 柏拉图认为"每个灵魂都追求善，并竭尽全力追求善本身"[87]。因此，没有任何人应以快乐作为终极追求。那么，柏拉图有什么别的建议吗？他指出，他并不能直接描述什么是善的形式，既因为这个话题在当下的语境中过于庞大，也出于某种恐惧，因为，即便是尝试着回答这样的问题，也会很容易让自己难堪和蒙羞。[88]

作为替代方式，柏拉图诉诸了一个惊人的类比。在进行这个类比的时候，形式理论的一些要素已经被引入，并得到了捍卫，因此，柏拉图可以自由地使用它们：形式是可知的而不可见的，感觉对象是可见的而不可知的。[89] 在他所展开的类比中，善在可知领域，也就是形式领域中的地位，被类比为太阳在可感领域，也就是日常感官知觉的世界中的地位。他特别强调了这个类比的两个方面。首先，正如太阳为世界提供了光亮，从而使各种对象可见一样，善照亮了其他形式，使它们成为可知的。其次，没有太阳就没有感觉世界，因此，太阳将存在赋予感觉对象。同理，善的形式也将存在赋予其他的形式。这个类比的第二方面是非常令人吃惊的。对于古代晚期的一些柏拉图主义者来说，这意味着，柏拉图试图将善的形式理解为生成或因果的原则，从而切实地创造了其他的形式。如果我们希望继续将形式视为必然存在的抽象

---

[86]《理想国》505c-e。
[87]《理想国》505e。
[88]《理想国》506d-3。
[89]《理想国》507b。

对象的话，这个后果或许就是我们应该拒绝的。[90]况且，柏拉图也警告我们不能将善的形式理解为这样的存在。在他对善的形式所给出的最终、也是最特别的评论中，柏拉图强调，善的形式并不是存在，而是"在尊严和力量上超越了存在"。毫无疑问，这样的主张传到其对话者耳中后，引来的只是一阵惊讶的傻笑。[91]

柏拉图的描述并非可笑的，但也非常难以理解。也许柏拉图的意思是，没有任何形式能够作为形式而存在，除非它们完美地是其所是。也是这个同样的完美性使得每个形式是可知的：由于完美地是其所是，形式免于遭受对立共存，从而不能被还原为任何可感对象或者可感性质。柏拉图的观点中包含着这样的思想：善的形式与存在自身不同，因为，尽管每个形式都存在，也就是说必须分有存在这个形式，但这并不能解释为什么它们是完美的反例。在这里，我们碰到了一个在《欧绪弗洛篇》中就为我们所熟悉的观点[92]：必然同外延并不是相等的充分条件。必然地，每个形式都存在；必然地，每个形式都是完美的，即最高的善。然而，柏拉图提醒我们，它们之为善与它们之存在并不是同一个东西。要成为善，形式必须分有善的形式。在这个意义上，他将在更高的抽象层面上使用一个我们熟悉的概念，即解释优先性概念，并认为：善的形式对于其他形式来说是解释上优先的，因为它的存在使得形式成为完美的范本。出于这样的理由，善的形式不同于

---

[90] 尽管在《理想国》597c-d中，柏拉图认为形式是可以被创造的。这个观点与他通常的观点是有显著差别的。
[91]《理想国》509b。
[92] 关于《欧绪弗洛篇》中对于成功分析的要求，见2.2。柏拉图对善的形式的评论表明他依旧坚持这种要求。

存在，并先于存在。因为尽管形式必然存在，但使得它们成为形式的原因并不是存在，而是它们所具有的至高无上的善。

这个关于形式间优先性关系的观点会导致一个认识论后果。任何知识本身都要求对于善的形式的知识，因为如果没有这种知识，对于其他形式之为形式的完全把握就是不可能的。对于任何给定的形式，F属性，如果不知道F属性是完美的F，那么，一个潜在的认知者对于F属性的认知关系就是不完整的。如果这是正确的，对于任何形式的知识都意味着认知者必须拥有关于善的形式的知识，这也就是为什么柏拉图认为如果不具备善的知识，其他任何知识都是无益的。

如果我们愿意一直追随着柏拉图的论证，那么，我们就能够理解他的这些主张：正义是灵魂的和谐，这种和谐要求理性能够完全履行其功能，因此正义的人需要拥有知识。然而，如果不知道形式为什么是善，对于这些形式的完整知识就是不可能的，因此正义的人还必须拥有善的形式的知识。也就是说，柏拉图意义上的正义者必须拥有相当一部分实质性的知识才能称得上是正义的。由于这种知识包含善的形式的知识，而每个灵魂都追寻善，因此，柏拉图式正义者，作为一个实现了最大程度灵魂和谐的人，将永远不会去做坏的事情。至此，柏拉图经过漫长的论证终于回应了他所面临的两个挑战：分析什么是正义以及表明正义对其所有者是有益的。对于正义所持有的某些常识性观念因而就是错误的，但也并不全是被误导的。正义确实拥有他人指向的性质，但其本质并不完全是他人指向的。相反，柏拉图认为，正义有关个体内在的某种心灵状态，并且关于善的知识在指导人类行为上的和谐实现。

第九节　柏拉图的线段和洞穴：我们的认知前景

我们已经知道，在《理想国》中，关于善的形式的知识是柏拉图整个方案的核心要素。然而，在处理我们对善的形式的认知问题时，他感觉到并不能那么随意自如，而是谨慎地使用了类比的方法。关于善的形式的知识是"能被学到的最伟大的知识"[93]，但若不假以多年的训练和艰苦工作，并不容易被理解。事实上，他认为，在哲学家能够着手处理这个知识问题前，需要经过50年的训练。他们还是小孩时，就开始接受音乐和体育的早期教育；接下来是10年的高等教育，包括研究抽象数学；再下来是5年的辩证法训练；最后15年，通过任职于城邦的低级职位而学习治国之术。[94] 只有通过这一系列基础性工作，这些哲学家们才能接受恰当的教育、养成良好的习性；因而也才做好了充分的准备去理解善的本质。然而，即便如此，柏拉图仍然非常奇怪地认为，这些即将认识善的人必须被强迫这么去做：

> 到50岁上，在实际工作和知识学习的一切方面全以优异成绩通过了考试的那些人必须接受最后的考验。我们将强迫他们将灵魂的目光转向上方，注视着照亮一切事物的光源。在这样地看见了善本身的时候，他们还得用它作为原型，管

---

[93]《理想国》第6卷，504e4–5，505a2。
[94]《理想国》第7卷，540a2–c2。

理好国家、公民个人和他们自己。[95]

强制在这里似乎与整个图景不是很协调。我们很难理解，那些一直勤奋地武装自己以接近善的哲学家们，为什么不会主动地去实现这个他们长期追求的目标。柏拉图将善的形象描绘成了伟大到令人可怕的东西。

无论如何，柏拉图在描述哲学家对善的形式的把握时，使用了类似于知觉性的术语。那些将要理解善的哲学家们，必须"打开他们灵魂的闪亮眼睛"，"专注于"善的形式，之后必须以此为模本来指导她的各种事务，无论是公共的还是私人的。至少从表面上看，这些术语暗示着：将要获得善的知识的哲学家们，必须通过某种形式的亲知来实现——也就是说，他们的心灵是直接地、不通过任何中介地把握善的形式的。也许柏拉图是在暗示说：没有这样的亲知，关于善的形式的知识就是不可得的，正如某人想要知道柠檬的味道，必须通过亲自品尝才能实现一样。无论通过多么可靠的权威来源而得知柠檬是酸的，如果没有亲自尝过柠檬，此人关于柠檬的知识就总是有欠缺的。这样的人能够对于柠檬拥有许多真信念（它们是酸的，是酸性的，是柠檬水的主要成分），然而他们仍然需要通过实际品尝柠檬，才能在认知上更进一步。他们拥有的二手知识所欠缺的东西就是亲身经验。同理，对于善来说，我们也需要对善的形式自身拥有直接的经验。

如果我们以这种方式来理解柏拉图的知觉类比，那么，在道德认识论中，他似乎将陷入一个富有争议的惊人主张，即：我们

---

[95]《理想国》第7卷，540a4—b1。

的心灵能够直接把握善，我们拥有确定地知道善的官能，就像我们有官能品尝柠檬和看见红色一样。

这里，我们一定要清楚地区分柏拉图主义"个体前"实在论形而上学和它所伴随的认识论。至此，我们一直在考察柏拉图对形式存在的论证，但并没有过多地思考如果这些形式真的如柏拉图所设想的那样存在的话（即抽象的、独立于心灵和语言的实体，永恒地、本质性地是其所是，而不可能是其他实体），我们对它们的可及性方式是什么。柏拉图是这样描述美的："美自身，就其自身而言，在其自身中，作为一个形式，是永远存在的"[96]，这或许也是他描述其他形式的方式。因此，正义自身以及善自身也是如此。这就是说，道德属性和其他属性一样，都是独立于我们的信念、欲望、希望、灵感而存在的。这是柏拉图关于形式的形而上学实在论。

问题在于，我们与这些形式是如何建立起理智上的接触的。它们是抽象的，因而显然是非知觉性的。因此，如果我们与它们有任何接触的话，便不可能通过任何通常的感官知觉的形式。在这个意义上，当柏拉图通过类似于知觉的术语来描述我们与形式的可及关系时，他一方面给我们提供了一些指引，另一方面，对于这个可及关系所涉及的一个根本问题，他至少是将其推后了。柏拉图给我们提供的指引在于：通过将这种接触描述为类知觉性的，他暗示：我们对于形式拥有直接的经验，类似于我们对于视域中的对象拥有的直接经验。然而，他所推后的问题在于：无论

---

[96]《会饮》211b1。

我们对于形式的经验多么类似于知觉，形式终究不可能是知觉的对象。事实上，形式不可能被知觉到。那么，我们究竟是如何与它们相互作用的？如果说在我们把握形式时所处的状态，类似于知觉却不同于知觉，那么，这种状态究竟是什么？

柏拉图通过引人注目的线段喻来处理这些问题。和接下来将要登场的洞穴喻一样，这个比喻对其道德认识论产生了复杂的影响。正如他的线段喻所表明的，柏拉图的道德认识论只是他关于所有形式的认识论的一个特例，这些形式包括那些与我们的道德行为无关的形式。他认为，对于形式的知识是某种直接的、非推理的、非知觉的、无中介的理智把握。进而，柏拉图主张，我们的心灵就是获得这种知识的官能。正如我们的感觉官能使我们与可知觉对象发生接触，我们的心灵使我们与可知对象发生接触。

尽管线段喻和洞穴喻在许多不同的方向上都产生了复杂的后果，在当前的语境下，我们将主要关注它们对关于形式的认识论所产生的影响，尤其是道德认识论。

那么，让我们首先对柏拉图的线段给出一个视觉化的呈现。这是一条被不平均分割的线段（图3.1）。线段再现的是认知层级，从对模糊图像的最低级的使用，上升到对纯粹形式的清晰把握。一个哲学家越是沿着线段上升，越是不需要在其认知中借助任何图像。因此，这个线段本身有效地说明了认知的上升过程，开始于对混乱、易变表象的无思考能力的依赖，上升到对确定实在，即形式的牢靠把握。

重要的是，根据柏拉图的设想，这种认知的上升固定于相应的对象的上升。因此，在线段的每一部分，柏拉图既提供了认知状态，也给出了相应的形而上对象。左手边所再现的，是我们已经引入了的柏拉图形而上学的主要特征，即可感对象和可知对象。右手边再现的是他的认识论，刻画了我们在知觉或知道这些对象时所呈现的各种心理状态。处于线段底端的人过着动物般的生活，而处于顶端的哲学家则接触到了神圣的事物。

柏拉图的线段
《理想国》509d-513e

	形而上学	认识论	
可知领域	形式	理智（*noēsis*）	知识领域
	数学对象	推理（*dianoia*）	
可感领域	可感对象	意见（*pistis*）	信念领域
	图像	想象（*eikasia*）	

图 3.1

在形而上学一侧的底端，是诸如画和水中倒影之类的图像，只有狗或者那些被深度蒙骗的人才会错将它们当作真实的事物。（有则伊索寓言告诉了我们这样一个故事：有一只嘴里叼着骨头的狗，当看见水中自己的倒影后，决定从这"另一只"狗嘴里抢走它的骨头。而在它这么去做之后，只能眼睁睁地看着自己的骨头沉入水里。）往上升一级，是信念的一般对象，但仍然处于知觉的领域，对这些对象并不能形成知识。正如《斐多篇》的存在论证所表明的，[97] 至少对于某些范围的谓词，这些对象承受着对立共存，并不纯粹是其所是。因此，这些对象并不是知识的对象。

进入可知领域后，我们遇见了数学的对象，它们是可知的，但柏拉图仍然认为，尽管已经是在一个非常抽象的层面上，它们还是包含着图像的使用。最终，当哲学家把握形式的时候，她的意识是直接的、无中介的，不包括任何图像的使用。当哲学家知道正义的形式或者善的形式的时候，在哲学家和被知道的形式之间，似乎不存在任何事物。因此，理解一个形式意味着直接把握形式自身，就其自身而言，在其本质中无中介地实现这种理解。

当我们进入理智领域后，柏拉图对把握形式所做的类知觉描述就显得越来越牵强。我们通过灵魂的慧眼所看到的，并不是任何可见的东西，而只是可知的对象。我们"看见"善的形式，就如我们看见一个数学难题的解一样，是通过直观的、直接的把握，通过运用心灵而非任何感官。

线段喻中所体现的数学思考和哲学思考间的联系，对于我们理解柏拉图的道德认识论是非常重要的。首先，对于那些仍处于训练准备中的哲学家来说，数学的思维推理方式能够帮助他们顺利地通过整个抽象推理形式：

> 既然提到了学习算术的问题，我觉得，人们假如学习它不是为了做买卖而是为了知识的话，那么它是一种精巧的对达到我们目的有很多用处的工具……它用力将灵魂向上拉，

---

[97] 见 3.5 对这个论证的讨论。

并迫使灵魂讨论纯数本身。有人如果要它讨论属于可见物体或可触物体的数，它是永远不会苟同的。(《理想国》第 7 卷，525c9-d8）

研究数学能够将灵魂转向抽象领域。然而更重要的是，线段的分割向我们表明：除了我们在数学中仍然会使用图像外，哲学推理拥有一些直接与数学推理相似的特征。这意味着：知道"正义是某种内在和谐"与知道"2+2=4"是非常类似的：当某人一旦理解了加法函数之后，他就会很明白地意识到，这个命题不仅是真的而且是必然的。当获得了这种理解之后，我们就不可能随意地假设 2+2 也可能等于 5 或者等于黄色。对于了解加法函数的人来说，这种建议就是不可能且荒谬的。

同理，柏拉图认为，当我们把握了正义自身或者美自身后，关于这两者本质的进一步辩护就是不必要的，或者甚至是不可能的。[98] 两者的本质对于恰当把握了它们的人来说，是非常清楚的。这种知识也带有某种强迫性，正如在数学推理中所感到的强迫感一样：

在可知世界中最后看见的，并且是要花很大的努力才能最后看见的东西乃是善的理念。一旦我们看见了它，就必定能得出下述结论：它的确就是一切事物中一切正确者和美者的原因。(《理想国》第 7 卷，517b8-c2）

也许，这里所涉及的必然性看起来并不如数学中的必然性那

---

[98] 在这里有必要强调，柏拉图并不主张对形式的经验能够产生不可错的知识。这里他所用的类知觉的隐喻是恰当的。如果某人在正常的情况下品尝柠檬，那么他将拥有很好的依据以知道柠檬的味道。这并不意味着，这个人对于柠檬和它的味道的判断是不可错的。

么强。然而，柏拉图的主张却是相反的：善的形式一旦被理解，就会将自己印在意识主体的心灵上，并且要求此主体得出各种各样的结论。这些结论首先是关于善自身的，其次也涉及善自身与其他事物关系。[99] 柏拉图谈论关于形式的知识的方式，与伟大的20世纪数学家哥德尔谈论数学知识的方式非常相似："尽管与感官经验相去甚远，对于集合论的对象，我们确实拥有某种类似于知觉的体验。我们可以感受到，事实上，集合论的公理似乎强迫着我们将它们接受为真。"[100] 因此，柏拉图的线段喻也包含着类似的、关于形式的想法：尽管与感官经验相去甚远，我们对于形式也具有某种类似于知觉的体验。当我们撞见形式的时候，它们强迫我们以其所是的方式接受它们的本性；并迫使我们基于这种亲知而得出某些确定的结论。

哲学家把握形式时所带有的强迫感并不止于此。除了太阳喻和线段喻，《理想国》还有最后一个类比：洞穴喻。柏拉图认为，这个类比必须与前两个整合在一起。[101] 洞穴喻也是所有柏拉图为

---

[99] 对类似于柏拉图立场的伦理直觉主义，Huemer 提供了一个可靠和可及的捍卫，见 Ethical Intuitionism (Palgrave Macmillan, 2006)。Huemer 这样描述伦理直觉这个概念："一个初始的、理智的表象就是一个直觉。也就是说，一个直觉 p 是这样一种状态，它对某人而言并不依赖于从其他信念而来的推论，似乎是思考 p 的结果，而不是知觉、回忆或反思的结果。"（2006, p.112）。通过这个概念，他发展了知觉类比，主张一个伦理直觉主义者"应该是关于伦理的直接实在论者。他不应该认为直觉的功能是提供了某种证据，我们是从这种证据中得出伦理结论的。他应该说，对于某些道德真理，我们不需要证据，因为我们直接意识到了它们，这种意识就是直觉。也就是说，直觉直接部分地构成了我们对道德事实的意识。当我们做道德哲学的时候，直觉并不是我们意识的对象，它是我们意识的载体，我们通过它看穿了道德实在。"（2006, p.121-122）

[100] 哥德尔（1964, p.271）。

[101]《理想国》517a。

我们提供的意向中最令人吃惊,且持续被人们讨论的一个比喻。

柏拉图的洞穴与人类境况是非常相似的。洞穴中,囚犯被锁着,只能看见底部的墙壁。他们所看见的,并信以为真的东西,只是摇晃在墙上的阴影。他们看见的阴影实际上来自于被操控的木偶,这些木偶处于囚犯和一堆火焰之间,都是囚犯所看不见的。他们显然认为所看见的阴影穷尽了世上的一切存在:他们对身后的木偶没有任何概念,更不知道木偶外还有别的事物、洞穴外还有被阳光普照的世界。事实上,如果给他们自由,让他们转过身来,他们将会头晕目眩而感到愤怒。大多数囚犯宁愿接受之前那种舒适的、熟悉的无知状态,而不愿接受表象世界背后的实在给他们带来的不安的、困难的认知要求。只有少部分优秀的人勇于承认阴影只是阴影。承认这一点就意味着认识到他们所处的世界是不真实的、短暂的、虚幻的。

然而,这些天生拥有强健心灵的人,需要开启一段艰难的洞外旅程才能实现理智和个体的解放。这些勇敢的少数,艰难地前行着,由于太阳的强大光亮而眩晕、抬不起头。当他们刚走出洞穴的时候,甚至不能直接去看那些真实的东西。但通过努力,假以时日,他们学会了在阳光下生活,甚至能够直接注视太阳本身。

柏拉图令人痛心地认为,这些囚犯就"和我们一样"[102]。这似乎是关于人类境况的一个冷酷而压抑的观点。他间接地表明,我们中的绝大多数人都没有能够意识到自己的生活其实是虚幻的。甚至当有人向我们指出这种虚幻,指出表象的世界不是真实的时

---

[102]《理想国》515a。

候，我们会感到不安而猛烈地攻击他们。如果柏拉图笔下那些愚昧的穴居者真的"和我们一样"，那么，我们中就很少有人能够意识到表象之外的真理：囚犯只会"绝对地相信木偶的阴影就是唯一的真理"[103]。如果有人胆敢指出他们的无知，他们就会被惹怒而具有攻击性。柏拉图指出，事实上，如果某个见识了太阳的人再次回到洞穴中，并试图将外面真实世界的故事告诉剩下的囚犯，他立即就会遭到嘲讽和贬损。因为，当他一下子离开光明，重返黑暗中后，视力一开始是很微弱的。如果此人坚持要解放囚犯，将他们从认知的束缚下解救出来，徒劳地想要将他们拖到外面的光明世界中，这些囚犯最终就会群起而攻之，就像雅典人对待苏格拉底一样，将他杀害。[104]

即便如此，知道了善的形式的哲学家还是会被这种知识驱使着回到洞穴中。这个哲学家原本或许会趋向于继续活在光亮中，沉思形式、从事哲学。但柏拉图坚决认为，哲学家必须要被迫回到洞穴中以从事实现世间正义的必要事业。这对哲学家来说并不是不公正的。因为哲学家一直以来的任务就是要在城邦中实现正义，就像理性的任务就是要在灵魂中领导其他部分以促进和谐，最终实现个体灵魂的正义。[105]

因此，从另一面说，柏拉图的洞穴又是一个拥有认知乐观精神的充满希望的图景。尽管一开始我们处于幻象之中，认为表象的世界就是真实的世界。但我们还是能够通过持续的努力来认识

---

[103]《理想国》515c。
[104] 关于苏格拉底审判和死刑，见 2.5。
[105] 关于灵魂正义，见 3.7。

世界本身，包括道德世界本身，而不仅仅是它向那些从不反思表象是否就是实在问题的人所呈现的那样。在训练良好的心灵的注视下，道德世界的真实面目最终就会展现出来。柏拉图的所有类比从不同的方面汇聚在一起向我们表明，心灵要获得这种能力，只有通过持续的教育和正确的培养。被理解的善又将其教化带给那些不能直接理解它的人，而给他们带来好处。

第十节　关于形式存在的问题

上面的论述应该已经清楚地表明：柏拉图对形式的说明给他的读者施加了很强的认识论和形而上学要求。他的理论完全是"个体前"的：形式必然地存在着，先于人们的认知，也先于任何个体对它的例证。然而，柏拉图认为，它们是可以通过直观的方式得到把握的，类似于数学的对象能够被一种类似于知觉的理智意识所把握一样。因此，当我们发现，在讨论相等、正义，甚至善的形式时，柏拉图依赖于那些他声称自己所拥有的先天知识，那么，我们就不应该对此感到任何惊讶。尽管在整个论证过程中，他始终保持着恰当的谦逊，尤其是当涉及善的形式的时候；但柏拉图并不害怕在《理想国》和其他著作中使用他所具有的知识。[106]他当然预见到会遭遇一些反对者，而且可以相当合理地认为，他欢迎各种类型的思想挑战。然而，他认为自己已经表明了，那种一知半解的相对主义并不是批判的合法来源。[107]一类拥有合理动机的批判形式带有认识论特征。人们想要知道，关于形式的知识是如何可能的？柏拉图当然认为这是可能的，这种知识是先天的，受过正确教育的人便可以被合理地期待着实现这种知识。事实上，正如我们已经看见的，柏拉图甚至为我们规划了能够获得形式知

---

[106] 柏拉图对形式的存在论证，见 3.5。
[107] 柏拉图对相对主义的批判，见 3.4。

识的那种教育途径。[108]当然，他对教育的规划是否成功，一方面依赖于这种先天知识本身的可捍卫性；另一方面也依赖于他尝试在哲学领域按照他的方式运用这种知识的恰当性。

第二类批判形式更具形而上学特征。这类形式非常重要，因为柏拉图特别关心它对于形式理论可靠性所产生的后果。这种态度是柏拉图在哲学上保持诚实的最佳体现。他认为对其理论提出严厉的挑战是非常恰当的。他首先会努力判定这种批判最终是否可以被接受。如果是，他就会对其理论提出一种新的表述，试图规避这种批判。如果这些批判最终证明是令人信服的，《理想国》所构建的整个大厦，包括其中对正义的分析，就不得不被抛在一边。

在对话《巴门尼德篇》的开篇部分，杰出的前苏格拉底哲学家巴门尼德，在其爱徒、"芝诺悖论"[109]的提出者芝诺的陪伴下，对苏格拉底进行了一番盘问。苏格拉底则被刻画为一个正在成长中的青年，关于实在的本质，抱有许多深刻而不合规范的想法。在这个富有戏剧性的场景下，巴门尼德向苏格拉底追问形式的本质，及其与分有它的个体间的关系。巴门尼德以典型的柏拉图语言向苏格拉底提问："是否存在着正义、美和善的形式本身？"[110]苏格拉底回答道：存在着这些形式。其他个体都是因为它们而得到命名的。大的事物正是因为分有了大的形式才被称为大，正义的事物也正是因为分有了正义的形式才被称为正义。[111]事实上，

---

[108]《理想国》492a, 540a–b。
[109] 关于芝诺悖论以及它与巴门尼德对后天知识批判的关系，见 1.4。
[110] 关于这种语言，见 3.3。
[111]《巴门尼德篇》130a–131a。

每当存在着一类 F 事物，在它们之上就存在着一个 F 性。在得到这些答复后，巴门尼德提出了 6 个不同的论证，旨在对柏拉图理论提出挑战。其中一些试图表明，对于认识这些形式，存在着不可克服的认识论障碍。因此，即便我们接受柏拉图的存在论证，形式也是不可知的，因而是无用的。[112] 另一些则直接攻击形式理论，指出这个理论会产生荒谬的后果，因而必须被放弃。

无论是在古代还是当代的柏拉图形而上学研究界中，最著名的一个巴门尼德论证，就是所谓的第三人论证（TMA）。这个论证旨在利用柏拉图自己对形式的刻画，对每一类具有 F 属性的事物，生成无限数量的形式。因此，如果这个论证是可靠的，它将产生无限数量的美的形式、大的形式，进而包括所有柏拉图认为存在形式的案例。除了在直觉上显得荒谬和夸张之外，任何这样的结果都将削弱柏拉图赋予形式的解释功能。如果我们想要通过诉诸美的形式来解释所有美的事物所共同拥有的美，然而又不得不进而诉诸一个更加再先的美（称其为美 1）来解释那个美的形式本身，并以此类推以致无穷，那么，我们将永远没有办法实现最初引入美的形式所希望实现的解释性功能。当柏拉图将某个 F 属性的形式描述为"依据自身而是自身"的时候，他至少认为，这种形式是自我解释的，并不需要它之外的任何东西来解释它的 F 属性，它自身本质地就是 F 的。

上面这个关于形式的想法带有一个重要预设，我们之前就遇见过，如今却给柏拉图带来了困难。在《斐多篇》所给出的对于

---

[112]《巴门尼德篇》133b—d, 135a—b。

形式的存在论证中，[113]柏拉图主要通过诉诸莱布尼茨律来表明形式不能被还原为可感个体的集合。F属性自身永远不会遭受对立共存，而可感个体总是遭受着对立共存，这样，两者就不能被等同起来。我们已经知道，存在着两种方式可以使得形式避免对立共存：它可以是F而不是非-F，它也可以既不是F也不是非-F。[114]第一种可能性意味着，形式自身也具有F这种属性，比如，美的形式也是美的。柏拉图清楚地表明自己持有这种立场，在很多段落中，他都指出形式是自我谓述的。[115]另外，他将形式理解为完美的典范，个体复制它们，相似于它们。这个学说尽管不是严格地蕴含了自我谓述理论，至少也是暗含了这个理论。

自我谓述带来了双重困难。首先，按照字面来理解这个理论会给柏拉图带来不可容忍的后果。更重要的是，这个理论是《巴门尼德篇》中第三人论证的一个前提。因而，即便第一组困难能够解决，第三人论证的问题也还是存在着。

首先来讨论第一个问题。如果我们认为形式是某种普遍性质，那么自我谓述学说（SP）意味着，每一个F属性的形式都拥有它自己所是的这个性质。对于任何一个F属性，这种属性也是F。为了阐明这个问题，需要选取一个比较大的样本量来进行考察。我们会发现，上述结果对于某些形式来说是完全正确的，对于其他一些形式来说并不构成特殊的困难，而对于另一些形式而言则是

〔113〕关于这个存在论证，见3.5。
〔114〕关于对立共存在柏拉图存在论证中的功能，见3.5，尤其是（NCO），其中莱布尼茨律对共存的相关性体现得最清楚。
〔115〕自我谓述：《普罗泰戈拉篇》330c, 330d;《斐多篇》102d-e;《大希比亚篇》292e;《会饮》210e-211a;《欧绪德莫篇》301b;《巴门尼德篇》132a-133a；以及《智者篇》258b-c。

彻底的灾难。在某些情况下，（SP）不仅是真的，而且必然为真。抽象性这个性质的形式，是抽象的，而且必然是抽象的。美的形式有可能是美的。尽管这是一个有待确定的问题，但并不会直接带来什么困难。然而，当我们考虑"是具体的"这种属性的形式、"是某个量度"这种属性的形式或者"是人类"这种属性的形式时，困难就立马产生了。如果形式是抽象对象，那么没有任何形式能够是具体的或者有一定的量度。类似的，"是人类"这个性质的形式本身不能"是人类"：人类存在并穿梭于时空中，知觉着周围的一切，并能够导致各种事态的发生。没有任何抽象对象能够干这些事情。这就像我们期待数字 7 能够将两块铁焊接在一起一样。因此，如果将（SP）应用于所有这些形式的话，就会产生非常荒谬的后果。

根据这种理解，我们或许会认为，上面这些对（SP）的批评预设了某些并不是真正柏拉图主义的命题。然而，这些批评仍然是有用的，它们给柏拉图施加了压力。现在，他必须要解释，说"F 属性是 F"，究竟意味着什么。因为，这种表述显然让我们觉得他在表达这样的观点：任何形式都具有它自己所是的那种性质。对于这个困难，我们可以试着给出一些可能的柏拉图式回答。我们可以接受严格的、字面意义上的"自我例证"。首先承认形式是共相，并拥有自己所是的那种性质。进而，以某种原则性的方式限定（SP）适用的范围，以避免出现那些不受欢迎的结果。另一种方式是否定自我谓述。在这种解释下，柏拉图并不认为正义的形式拥有正义这种性质，而只是表明正义的形式本质上是其所是。这种策略执行起来比较迂回，要求我们对柏拉图的字面表述进行某种方式的重新解释。这种迂回本身当然并不是它应该被拒斥的理由。（当我说，平均每个德国家庭拥有 1.4 个孩子的时候，我表达的命题是真的，但需要得到释义。）然而，释义策略的主张者有责任提供理由以辩护为什么偏向于某一种释义而非另一种，以及更一般地辩护为什么释义的策略就比非迂回的策略好。一种非迂回的策略可以采取这样的形式：它并不质疑谓述这个概念本身，而是质疑形式是可以自我谓述的这个主张，否认形式是那种可以被用来去谓述的对象。也许形式是某种完美的殊相，并不能被用来去谓述。这样的话，当柏拉图说，正义的形式是正义的，他只是说，正义的形式作为完美的典范拥有是正义的这种性质。这个策略是否有希望成功，部分依赖于形式作为完美典范这种本体论的可靠性，而后面这个观念本身也是具有很多困难的。

所有这些回应都试图设想各种方式以扭转对字面意义上的（SP）的批评。无论我们如何展开这些策略，有一点是很清楚的，那就是，在《巴门尼德篇》中，柏拉图是通过诉诸非常普通的观念来提出第三人论证（TMA）以反驳形式理论的。明确地来说，这个论证接受以下这些预设，它们都明确地由柏拉图表述过，或者在对形式的描述中暗示过：

（SP）F 属性的形式自身是 F。

（OM）对于任何一个集合的 F 事物，都有一个 F 形式存在于这个集合之上。

（NI）任何集合之上的形式都不是该集合的成员。

（U）对于 F 类事物，存在一个唯一的 F 形式。

以这些前提为依据，第三人论证可以下面这种方式得到展开

（出于解释上的便利，下面的表述相对于文本来说有所扩充）：

　　1.存在一些大的可感个体{L1，L2，L3…}。

　　2.（OM）。

　　3.因此，在这个大的个体集合之上存在着一个大的形式（L-ness）。

　　4.（SP）。

　　5.因此，大的形式本身也是大的。

　　6.（NI）。

　　7.因此，大的形式并不属于{L1，L2，L3…}。

　　8.然而，现在存在着这样一个集合{L1,L2,L3,L-ness…}。

　　9.因此，相对于这一个新的L事物集合，存在着另一个形式L-ness1（对[OM]的又一次运用）。

　　10.因此，非(U)：并不是对于F类事物,只存在唯一的形式。

　　11.事实上，通过重复使用（OM）（NI），相对于每一个L事物的集合，可以生成无限数量的形式。

　　12.因此，对应于每一集L事物，存在着无限数量的形式。

正如巴门尼德所说："每一个形式都不再是一，而是在数量上是无限的。"[116]

我们需要记住的是，并不是巴门尼德写了《巴门尼德篇》，而是柏拉图本人在其中提出了反柏拉图主义的第三人论证的结论，因而，学者们对此提出了很多回应。一方面，有些学者认为，第三人论证对于形式理论来说具有彻底的摧毁性，因此柏拉图实际

---

[116]《巴门尼德篇》132b。

上放弃了形式理论，至少放弃了承诺所有那些第三人论证前提的任何一个形式理论的版本。有些学者认为，这个论证是有力的，但柏拉图从未接受那些导致这个论证结论的前提，至少是没有接受当下这个论证中所具体应用的那些前提的版本。然而，也有学者认为这个论证是失败的（无论哪个版本）。他们倾向于认为，它只是柏拉图用来教导我们的工具，告诉我们如何避免错误地理解他的形式理论。

如何看待这些回应，取决于一系列相互交织的文本解释和哲学问题，其中一些是非常复杂的。其中一些突出的问题包括：我们如何评估此论证的可靠性；它的前提是否真是符合柏拉图主义的；以及如何理解导致这个论证表述的那些前提。当然，对这些问题的态度最终将决定我们如何评价柏拉图的形式理论。然而，这里我们只关心一个小问题，即如此表述的这个论证究竟是否成功。

如果柏拉图接受所有那些预设，这个论证确实会给他带来困难。因为它迫使他放弃（U），即相对于每一组个体事物，存在着唯一的形式。这将带着我们直达（TMA-10）。然而，这个困难并不是巴门尼德所表述的那个困难，后者不仅断言存在着多个形式，而且是不可数无穷多。要达到这个结论，我们需要重复地使用（OM）和（NI），而这有可能是成问题的。因为，我们可以使用它们，而并不必然需要生成新的形式。我们可以将某个已生成的形式移开，将其置于那个新的 F 事物的集合之上，这样通过使用一个已生成的形式以凌驾于新生成的集合上，便可以实现目的而不违反（NI）。然而，（NI）可以被重新表述，从而阻止上述策略的实现，进而真正产生巴门尼德所要的极端结论。对于柏拉图的形式理论来说，那个结论似乎将产生真正的、不可接受的后果，也将构成对其的可怕反驳。任何这样的反驳都将严重地破坏柏拉图所建构的形而上学大厦，自然也包括他的道德形而上学。

结　论

所有这些都表明，我们应该更加仔细地考察柏拉图关于形式的本体论。他究竟持有一个单一的形式理论还是多个形式理论？如果是后者的话，那么，每一个后来提出的理论是否都是对前面理论的修正和完善？如何理解柏拉图有时对于形式所提出的各种隐喻性表达？有多种相互竞争的方式可以被用来精确地理解它们，如何在其中做出选择？在不同的语境中，柏拉图有时将形式设想为完美典范，个体只是对它不完美复制的；有时又将形式理解为抽象对象，显然是作为个体分有的共相。如何理解这些不同表述下所体现的不同的形式观念？以上都是我们需要进一步仔细考察的问题。在当下阶段，将柏拉图自己在《巴门尼德篇》中所提出的那些批判视为决定性的，是不现实的。同理，在此阶段，将柏拉图的任何一个存在论证的版本推崇为决定性的，也是不恰当的。这个导论的目的只是希望能够刺激读者对柏拉图学说进行哲学上更深刻和仔细的研究。柏拉图哲学要求相当程度的理智努力，对于任何愿意严肃地付出这种努力的人，它一定会给他带来巨大的收获。

推荐阅读

一手文献

有许多质量参差不齐的柏拉图对话翻译。有些强调忠实于原文,而忽视英语表达的自然性。有的则重视风格而忽略了精确性。最好和最完备的翻译集是 [22](方括号中的数字指示书最后完整的"进一步阅读推荐"中的条目)。这里面的翻译在大多数情况下都能够兼顾精确性和可读性。这本集子里的一些对话,也以单独的形式由Hackett出版社发行过。本书中所涉及的文本,除了[23]外,还包括:

Republic, trans. G. Grube and C. Reeve (Cambridge, MA: Hackett, 1992).

Phaedo, trans. G. Grube (Cambridge, MA: Hackett, 1980).

Meno, trans. G. Grube (Cambridge, MA: Hackett, 1980).

Parmenides, trans. M. Gill and P. Ryan (Cambridge, MA: Hackett, 1996).

Protagoras, trans. S. Lombardo and K. Bell (Cambridge, MA: Hackett, 1992).

对于那些想要进一步深入研究对话的学生,我特别推荐牛津大学出版社的Clarendon柏拉图系列。本书所涉及的这个系列的文本包括以下这些著作,都是带着注释的准确翻译:

Phaedo, trans. D. Gallop with introduction and notes (Oxford: Oxford University Press,1975).

Protagoras, trans. C. Taylor with introduction and notes (Oxford: Oxford University Press,1991).

Gorgias, trans. T. Irwin with introduction and notes (Oxford: Oxford University Press, 1979).

Theaetetus, trans. J. McDowell with introduction and notes (Oxford: Oxford University Press,1973).

二手文献

和苏格拉底研究的情况一样,关于柏拉图的二手文献也是非常之多。对于基本的背景,参看 [4][5]。一个非常实用的导论性文集是 [38],其中也包含按照对话进行编排的进一步研究书目。以下是两本高质量的文集:

Fine, G. (ed.) *Plato I: Metaphysics and Epistemology* (Oxford: Oxford University Press, 2000).

—— (ed.) *Plato II: Ethics, Politics, Religion, and the Soul* (Oxford: Oxford University Press, 2000).

[55][56] 同样也包含供进一步研究的书目。

第四章 亚里士多德

117　　"每个人本性上都渴望知道。"亚里士多德的伟大著作《形而上学》以此评论开篇，醒目且富有理论动机。他的这句话，首先旨在确认人类拥有某种确定的本性，其次将这种本性描述为本质上是求知性的。亚里士多德的这个评论显然没那么简单天真。相反，它源于一个仔细建构的技术框架，这个框架包含着一个本质谓述理论，而该理论又深陷于一个缜密、清晰的分类学系统之中。

　　无论它的技术背景如何，亚里士多德对于人类本性所持有的这个观念似乎也拥有某种私人意味。如果他认为，每个人本性上都渴望知道，那么，他显然也将认为，自己的本性也是渴望知道的。关于这一点，他无疑是正确的：亚里士多德以一种显著和不寻常的方式展现了他赋予每个人的这种本性。事实上，他对人类知识的渴望是如此强烈，以至于我们会倾向于认为，在很大程度上，他是基于自我观念来设想人类本性的。因为亚里士多德几乎狂热于追求所有形式的人类智慧。

　　对学习的热情带他进入了许多不同的领域，这些领域远远超出了我们当下所设想的哲学的范围。古代目录学家狄奥根尼·拉尔修所编辑的亚里士多德著作清单可以表明他研究范围之广。狄奥根尼的目录清单包括150多项文献名，在他的引言中，我们可以看到这样的评论：亚里士多德"由于在所有领域的工作都享有卓越性，从而有必要将其所写的大量著作全部列举出来"。这个目录清楚地表明了亚里士多德的研究范围是如此之广，其中的书名所反映出的领域数量，大得惊人。只需选取其中一个小样本，我们就能直观地感受到这种全面性：《论正义》《论诗》《论灵魂》《论科学》《论种和属》《修辞术》《政治理论演讲》《论动物》《论天体》《解剖学》《论尼罗河》甚至包括《论醉》。此外还有很多研究逻辑、语言、艺术、伦理、心理学、生理学、形而上学和知识论的文章。不幸的是，这个单子上的许多著作都没有能够流传下来，我们所拥有的量或许还不到其中的五分之一。然而，现存的亚里士多德著作又包括很多在古代目录中所未提及的项目。遗失的那些著作主要能够表明亚里士多德拥有不同寻常的优雅文风，这一成就被文体修辞专家西塞罗所称道。他认为，如果柏拉图的文章是银，亚里士多德的文章就是金。[1]

任何第一次接触亚里士多德的人都会立即发现，西塞罗所称赞的那些著作肯定不是我们当下标准的亚里士多德全集中的著作。我们所能读到的著作很难说是"金的"。它们通常都晦涩、简明、难以理解，显然没法和柏拉图对话所具有的流畅清晰相提并论。因此,现存的亚里士多德著作并不是西塞罗所读到的那些著作，甚至也不是亚里士多德准备面向公众的著作。现存著作很可能是由演讲稿或者演讲记录构成的，主要由那些已经熟悉了亚里士多德基本学说和程序的人们所使用。

这对于亚里士多德的初学者来说构成了严重的障碍。为了最好地克服这个障碍，我们必须首先理解，亚里士多德与柏拉图以

---

[1] 西塞罗：《学院派哲学》38.119，《论题篇》1.3，《论演说家》1.2.49。在《政治学》1278b30，以及《欧德谟伦理学》1217b22, 1218b34 中亚里士多德提到"通俗的"著作（为了一般大众读者），或许指他自己的一些著作。

及更早的哲学家们是如何进行思想对话的；其次，必须掌握亚里士多德所广泛使用的那些技术用语中的基本概念。对此，应该从理解四因说开始，这是他用来阐明其所偏爱的解释框架的基本术语。这一章的前三节正是以这种方式引导我们进入亚里士多德的思想世界。后面的章节则具体探讨他是如何将四因说运用到不同的相关领域的。这些运用有的积极、前瞻，有的保守、后顾。因为，根据亚里士多德的哲学方法论准则，他倾向于首先审查前人的学说，然后再正面建构自己的理论。

第一节 从柏拉图到亚里士多德

亚里士多德认为:"对于那些想要解决问题的人来说,很好地陈述问题是非常有帮助的。"[2]就此而言,他无疑是正确的。在哲学中,能够很好地陈述问题意味着已经取得了一半的胜利。所幸的是,亚里士多德通常都遵循着自己的主张。为了最为清晰地呈现所研究的问题,他总是在研究的开头先提出一些困惑和难题。对于亚里士多德的学生来说,这意味着,为了理解他的观点,必须首先理解他是如何设想他所关注的问题的。这又进而要求学生们必须接受亚里士多德方法论的另一个特征,此特征涉及他对待前人的态度。对亚里士多德来说,将问题陈述清楚意味着必须详细地审查对这个问题已有的各种论述。事实上,亚里士多德认为,为了在哲学中取得进步,有必要首先关注哲学传统是如何阐述那些问题的。用他的话来说,首先有必要呈现现象,也就是事物向一般感官所显现的样子。并且有必要考虑各种意见,即那些受人尊敬、根深蒂固的观念,它们为"所有人,或者大多数人,或者智者所接受"[3]。这里,亚里士多德的建议是合理的。我们不应该白手起家,好像我们是第一个开始研究某个哲学问题的人。相反,我们应该从前人那里获取信息和启示。当然,亚里士多德并不是奴隶般地

---

[2]《形而上学》995a27。
[3]《论题篇》100b21-2。

受制于前人的观点或者他们对问题的表述。恰恰相反，他不仅经常批评他们的观点，而且也常常批评他们所偏好的解释方法。

尽管亚里士多德通常总是沿着柏拉图、苏格拉底、智者，一直回溯到前苏格拉底哲学家，然而对他来说，最直接和重要的哲学刺激显然来自柏拉图。亚里士多德大概从17岁开始就跟着柏拉图学习，在其学园待了20年，直到柏拉图去世。然而，学园校长的职位并没有传给亚里士多德，而是给了柏拉图的侄子斯彪西波。同一时间，亚里士多德离开了雅典。一段时间后，他返回雅典创立了自己的学园：吕克昂。在这20年的交往中，亚里士多德和柏拉图有着紧密的接触。后者的观点也经常反复地出现在前者著作中。尽管经常被批评甚至挖苦，但整体来说，亚里士多德对柏拉图的理论还是抱以充分的尊重和深厚的同情。无论如何，把亚里士多德著作读作是对柏拉图观点的回应，对于我们初步接近他晦涩的文章来说，是很有帮助的。因为，在很多情况下，亚里士多德都是谨慎地参考着柏拉图的观点来发展自己的理论的。

第二节　亚里士多德对范畴理论的引入

亚里士多德的反柏拉图主义立场在《范畴篇》这部早期著作中就已经浮现出来了。拉开一段时间距离，回看这部著作，它简直似乎从天而降：在其中，亚里士多德阐发了一个关于存在的一般范畴的理论，从而给出了一个分类框架，显然旨在对存在事物的所有类型给出一个完备的清单——或者甚至也包括可能存在的事物类型。如果亚里士多德引入的分类系统是正确的，他就成功地描绘了实在的最终真实的本质。这是一个非常伟大的成就，而正是这个野心却被之后一些小角色哲学家嗤之以鼻。

亚里士多德分两步来呈现存在的范畴，第一步就立即体现出了反柏拉图主义的冲动。他首先指出，谓述关系比柏拉图所设想的要复杂得多。进而提出并阐释了自己的范畴理论。围绕着亚里士多德《范畴篇》的这两个部分，存在着许多问题。同时也存在着另一个更直接的问题，涉及他是如何设想它们之间的联系的。

关于如何最好地设想个体与形式间的关系，尽管柏拉图表达过一些保留意见，但他基本上满足于认为，个体"分有"或者"分享"了形式（柏拉图用 *metechein* 这个词来表达这种关系）。[4] 无论这个主张最终得到怎样的解释，柏拉图的用语清楚地表明，他

---

〔4〕对于柏拉图关于形式与个体间关系的观念，见：3.5 和 3.6。

所理解的形式与那些因其得名的个体间的关系，主要只有一种。

  1. 苏格拉底是苍白的。

  2. 苏格拉底是人。

  1和2这两句话都表达了某个个体（苏格拉底）与某个形式处于分有的关系中。一个是苍白的形式，一个是人的形式。我们可以做出合理的假定：除非柏拉图认为存在着不止一种分有关系，否则，他的分析就将在1和2中设定同样一种关系。

  亚里士多德认为，柏拉图的做法不恰当地简化了问题。相反，他指出，1和2的表面语法掩盖了二者间的一个深层次的重要区别：2而非1，表达的是一个本质性谓述关系；1而非2，表达的只是一个偶然性谓述关系。也就是说，苏格拉底之为人与他之为苍白的方式是截然不同的，而最直接和最重要的不同之处就在于：他可以不再苍白，却继续存在；然而，如果他不再是人，他就将不再存在。比如说，如果苏格拉底去了海滩，晒黑了，他仍然可以继续作为苏格拉底而存在着。但如果他去了海滩，被鲨鱼肢解着吃了，那么，他将不再是人，也将不再存在。因此，就某些属性而言，他是可以丧失而不影响其存在的，而其他一些属性的丧失则将导致他不再存在。

  在《范畴篇》中，亚里士多德为了区分这两种类型的谓述，讨论了两类关系：一个事物"说"另一个事物，以及一个事物"在"另一个事物中。按照他的术语，人性被用来说某个个体的人，如苏格拉底。而当他关注苏格拉底特有的颜色，或者特有的某种知识，比如他特有的某个语法知识（本体论上区别于普罗泰戈拉的语法知识）的时候，亚里士多德认为，这种颜色或知识在苏格拉底之中。根据这两个区分，亚里士多德向我们呈现了所有的可能性组合（表4.1）：

表 4.1　谓述类型 / 存在类型

说	在	存在类型	例子
是	是	非实体共相	白
是	否	第二实体	人
否	是	非实体殊相	这个语法知识
否	否	第一实体	这个人

因此，有些对象既可以用来说，也在某个对象里；有些对象只能用来说，却不在其他对象里；而有些对象在其他对象里却不能用来说；更重要的是，亚里士多德强调，有些对象，比如这个人或者这匹马，既不能用来说，也不在其他对象里。

尽管亚里士多德很少抽象地刻画这些关系，但他的例子表明，在本质谓述和偶然谓述间存在着相当清楚而重要的区别。如果我们认为，在这方面，亚里士多德是正确的，那么，我们或许也得承认，柏拉图因此也就忽视了一个对于科学解释和分类来说拥有深远影响的重要区分。亚里士多德认为，恰当的解释总是要给出本质的。比如，当我们要解释什么是人时，仅仅指出一些偶然的、即便是普遍被持有的属性（比如，没有人去过冥王星），或者普遍被持有且看起来没那么偶然的属性（人类是多毛的、会笑的），都是不够的。

相反，亚里士多德认为，要把握究竟什么是人，我们必须至少在两个层面上对此提供一个定义。首先，必须给出一个属性，在不具备这个属性的情况下，某个对象就不再成为一个人了。其次，必须给出一个属性，这个属性在解释上优先于人类拥有的其他必然属性。因此，比如说，或许所有人都拥有能够掌握一套有限语法的能力，这个能力又进而使得人们能够处理和理解无限的新句子。然而，这个属性无论多么重要，它似乎是由某个更基本的事实加以解释的，即人类本质上是理性的。而且，在"能够掌握语法"和"是理性的"之间，存在着明显的解释上的不对称性。我们通过理性能力来解释语法能力，而不是相反。因此，亚里士多德认为，在这两个属性中，理性更有可能给出人的本质。

无论如何确定本质，亚里士多德坚信，某些类型的存在，包括人类，确实拥有本质。他进而以一种实在论的方式认为，上述事实是需要解释的，而柏拉图比较弱的形式理论版本并不能提供这种解释。尽管如此，我们并不难发现，柏拉图的形式理论是可以得到相应的发展以把握本质和偶性的区分的。事实上，柏拉图本人在一些晚期对话中，确实在向着这个方向前进。因此，我们很难得出结论认为，亚里士多德的范畴框架本身就能够表明柏拉图的理论是某种不可救药的过度简化。到目前为止，关于柏拉图的形式理论，亚里士多德所能做出的最严厉的批评最多也只能是说，这个理论在此方面没有得到充分的发展，或者说，按照它被表述的方式，模糊了应该做出的重要区分。

亚里士多德另一个反柏拉图冲动体现在《范畴篇》的第二个、也是更重要的阶段。在那里，亚里士多德充分呈现了他自己的范畴框架。我们还记得，在各种语境下，柏拉图都赋予形式某种必然的存在形态，而这是感觉个体所不具有的。[5] 对于这个主张，在

---

[5] 柏拉图关于形式必然存在的观念出现于《理想国》第 5 卷的存在论证中。关于这个论证，见 3.5。

一些情形下，我们比较难以理解他的意图。比如说，柏拉图指出，只有形式才是"真正的实在"，或者形式比感觉个体更加存在着，后者只处于某种模糊的生成状态。对于这些言论，我们只有通过一定的释义才能理解它们的准确含义。然而，在其他一些语境下，他对形式的描述就比较容易得到理解。比如，他认为正义本身是完美的，而人类以及人类的一系列制度最多只是不完美的正义，永远朝着完美的方向努力，却永远不能实现这种完美。人类通过参看正义的形式，并设法逼近它来实现进步。尽管我们都承认，这种完满的正义永远不是我们所能掌控的。在这些情形下，柏拉图的主张是可以得到理解的，尽管我们不确定它们的真假：完美的正义存在着，尽管它从来没有、甚至永不可能在可感世界中得到实现。正义自身必然地存在着。

柏拉图主张，正义以及其他属性的形式在不被例证的情况下也能够存在。亚里士多德则认为，他的范畴框架表明了这种观点是错误的。尤其是在区分了"说"和"在"的关系后，他特别提请我们注意，某些事物，比如苏格拉底或者一代骄马"秘书"，既不能用来说别的事物，也不在别的事物中。因此，苏格拉底就是亚里士多德所说的第一实体。他之所以能成为第一实体，原因正在于别的事物依赖他而存在，他却不依赖任何别的事物而存在。

事实上，亚里士多德确立了10类存在范畴，每一类都是基本的、不可消除的、也不可互相还原的。这10类是：

范畴	例子
实体	人、马
量	两英尺长
性质	白、合语法的
关系	两倍、一半
位置	在吕克昂、在市场
时间	昨天、一年前
姿势	躺着、坐着
状态	穿着鞋、穿着盔甲
作用于	切、烧
被作用	被切、被烧

通常来说，亚里士多德在提到这些范畴时，并没有把这10个全都列举出来。实际上，在他所有的著作中，只有两次将它们完全列举出来，却仍然带着一些小出入。一般而言，他只谈论那几个最重要的范畴：实体、量和性质，而只是用"其余那些被划定的范畴"将其他范畴一语带过。

对于这张范畴表，我们马上就能提出两个问题。首先，也是最一般的问题是：亚里士多德是如何设想这个框架的？他是想要揭示人类思想结构和模式的基础吗？还是想给出存在事物的所有基本类型，从而使得，对于关于这个世界的任何一个可能的理性思想，如果它试图追寻真理，那么，它就必须只承认这些终极类型的存在？

亚里士多德并没有明确地回答这些问题。他显然是一个范畴实在论者，并不认为自己是在描述人类的语言使用或人类所具有的任何受实用性约束的解释倾向。然而，必须要承认的是，亚里士多德在《范畴篇》中并没有公开地为他引入的范畴提供辩护,也没有说明范畴理论的目的和野心。

亚里士多德关注的是范畴间的内部关系。他尤其论述了实体所具有的优先地位,而这个论证带有明显的反柏拉图意图。当亚里士多德区分了实体这个范畴下的两个小类时,《范畴篇》的两个阶段合二为一了。他区分了第一实体和第二实体,提醒我们,个体事物,如个体的人或马,既不能用来说别的事物,也不在别的事物中。这使得这类事物相对于其他实体(如人种和马种)而言具有第一性。这些第二实体可以用来说第一实体。亚里士多德正确地指出,它们能够本质性地谓述第一实体。(苏格拉底如果不再是人了,他也就不再存在了)。

进而,第一实体不仅仅相对于第二实体拥有第一性。总的来说,亚里士多德认为,所有事物都依赖于第一实体而存在,而这个主张是柏拉图所拒绝的。也就是说,在亚里士多德看来,如果没有任何生物体是健康的,那么就不会存在健康这种属性。类似的,如果世界上所有的光源都消失了,也就将没有光。这并不像柏拉图所认为的那样,存在着一个伟大的光的形式,永远完美地发着光,绝不会不发光,我们所能看到的光体只是不完美地在模仿这个形式,永远努力着,但永不可能实现完美的发光。相反,亚里士多德认为,如果没有光体,就不会有光。在他看来,柏拉图的主张不仅是错的,而且完全把事情搞颠倒了。

在《范畴篇》中,[6]亚里士多德提供了一个简要的论证,以

---

[6] 见《范畴篇》5,尤其是 2b5–7。

表明柏拉图是如何失败的。这就是他对第一实体的第一性的论证（PPS）：

1. 所有不是第一实体的事物，要么可以用来说第一实体，要么在第一实体中。

2. 如果1，那么，在没有第一实体的情况下，其他任何事物就不可能存在。

3. 因此，在没有第一实体的情况下，其他任何事物就不可能存在。

（PPS-1）这个前提将《范畴篇》的两个阶段合并起来。根据这个前提，存在着既不能用来说别的事物，也不在别的事物中的事物。这类事物不能谓述其他事物，却拥有一个特殊的地位，即所有其他事物最终都谓述它们。我们能说"老虎是动物"，能够用动物性来谓述老虎；但最终这是因为，存在着一个个体老虎，我们说这个个体是动物。（PPS-2）引入了一个重要的主张，即：根据这种对第一实体的终极依赖性，没有任何其他事物能够在没有第一实体的情况下存在。从此，就自然而然地得出了这个论证的结论。

如果这个论证的结论是真的，那么它将带有直接的、可怕的反柏拉图主义后果。让我们来看正义自身，柏拉图认为，即便从来没有人实现它，它也必然存在着。根据（PPS），如果没有正义的人或制度，正义便不存在。更重要的是，如果没有正义的人或制度，它就不可能存在。正义自身的存在必然依赖于这个世界上存在着正义的例证。如果是这样的话，如果这个论证是可靠的，那么亚里士多德就摧毁了柏拉图形式理论的核心主张。

然而，这个论证的表述是那么直接、赤裸，以至于柏拉图或许不会觉得有什么大不了的。因为，在提出这个论证后，亚里士多德在《范畴篇》的语境中并没有怎么试图去捍卫它的前提。这个论证确实包含一个带有反柏拉图主义倾向的断言。但除非某人已经基于某个独立的理由，接受了此论证的结论，否则，这个断言本身是很难令人就此心悦诚服的。就双方而言，在没有进一步理论发展的情况下，我们最多只能说，柏拉图和亚里士多德在此形成了僵局对峙。实际上，柏拉图可以回应说，如果按照亚里士多德本人的说法，第二实体确实可以用来说第一实体，因而可以本质性地谓述第一实体，那么，正如第二实体依赖第一实体而存在一样，第一实体的存在也将依赖于第二实体。在此，柏拉图可以合法地要求亚里士多德提出额外的理由，以表明第一实体何以真的具有第一性。

不幸的是，这种类型的僵持在《范畴篇》中比比皆是。这并不是因为亚里士多德的论证尤其弱而无效。而是因为，《范畴篇》更多充满了断言而非论证。我们很容易就会困惑于这样的问题：亚里士多德在此是否只是记录他在别处论证所得出的结论，或者这本著作只是想要呈现经过整理的常识。

第三节　四因说的引入

通过上面的讨论，我们可以得到这样一个感觉：在《范畴篇》的各章节中，亚里士多德并没有为全书的主要论点提供基础。当我们发现，亚里士多德其实拥有一个具有强大力量、高度发达的解释框架，而这个框架完全没有被呈现在《范畴篇》中后，上述感觉就变得更加明显了。这就是亚里士多德著名的四因解释框架。它在《范畴篇》中的缺失确实是令人惊讶的。因为我们发现，在亚里士多德其他现存的形而上学著作中，他都非常频繁地援用了这个解释框架。他既用这个框架来揭示其前辈哲学家们的缺陷，也用它来澄清并捍卫自己的正面主张。对此，可以给出一个简单的解释：《范畴篇》是一部早期著作，早于四因说的提出。而其他比较复杂的解释则试图在范畴框架背后，找到四因说的存在。

无论我们如何理解亚里士多德《范畴篇》的最终根基，有一点是清楚的：如果不首先理解四因说，就不可能理解他的大部分哲学思想。我们将分两步来探讨这个学说，首先，和亚里士多德一样，我们将关注一个简单的例子。其次，我们将深入了解亚里士多德设定这四因的各个动机是什么。

某天，我们穿过城市广场，注意到在其中央，立着一块具有某种形状的大型金属。我们或许想问：它为什么会在那儿？（当然，亚里士多德认为，是我们的本性驱使我们，想要去寻求这样的解释。)它是一块陨落的流星吗?还是建筑工地的碎石?或者是一件当代艺术?

当我们问这类问题时,我们正是在寻求解释;而当我们寻求解释时,对于什么算是恰当解释,自然会持有某种标准。也就是说,假如被告知,这块金属横空出世,没有原因,没有起源,我们并不会对这种解释感到满意。相反,我们会认为,这种解释即便不是完全不令人满意的,也是可疑的。在如此想问题时,我们其实依赖于某些关于恰当解释的概念,即便这些概念还未得到澄清。而通过给出一个充分完备的因果解释所应该拥有的成分,亚里士多德的四因说正试图澄清并捍卫我们在这方面所抱有的期待。也就是说,他的四因说表明并捍卫了成功解释的恰当性标准。通过这种方式,作为哲学史上的第一人,亚里士多德自我意识鲜明地提出了一个关于恰当解释的理论。当然,可以肯定的是,他的前辈哲学家们都依赖一些关于解释和论证的原则,尽管其中一些相对于另一些要更可靠一点。但没有任何人像亚里士多德这样系统、明确地去研究这个问题。

为了理解这一点,让我们首先从后面接近这个新事物。从这个角度,我们可以确定这个东西是由某种金属制造而成的,或许是青铜。然而,知道这一点并没有能够告诉我们,这块青铜为什么要占据着广场的核心位置。通过仔细观察,我们确定这并不是碎石,而是一件艺术品,是关于某个人物的抽象雕塑,体现了这个人物所具有的形态。因此,我们推断,这块金属并不是任何自然或施工地的碎石,因为某个雕刻家有意地赋予了它形态。然而,我们还是会问,这个雕塑为什么要立在这儿?当我们至少知道了这个雕塑中的人物是这个城市早期一位重要的领导人，并且这个城市实际上是以此人而被命名之后，我们的疑惑或许才得以解除。从而，我们最终知道了为什么这个雕塑被赋予了这个形状，以及为什么被立在广场的中心：我们看见的原来是一座雕塑，以纪念这个城市的建城之父。

亚里士多德认为，在找寻这些解释的时候，我们其实不自觉地证实了他的四因理论。当试图解释某个新奇经验的时候，我们给出了被解释对象的四个要素：其物质构成、形式、制作者以及功能。我们给出了它的四个原因：

　　1.质料因：x 由什么构成或由什么而来，比如，赫尔墨斯青铜像中的青铜。

　　2.形式因：x 的形状或结构，x 本质上是什么，比如，赫尔墨斯青铜像中赫尔墨斯的形象。

　　3.动力因：什么将形式赋予了质料，比如，雕刻家普拉克希特里斯的雕刻使得青铜拥有了赫尔墨斯形象。

　　4.目的因：x 的目的或用途，赫尔墨斯青铜像为了纪念赫尔墨斯。

亚里士多德对四因提出了两个重要的观点：（1）对于广泛的现象来说，引证这四个原因对于恰当解释而言是必要的；（2）在每一个案例中，引证所有这四者，对于恰当解释而言是充分的。

这两个主张使得亚里士多德既可以用四因说批评前人的观点，也可以用它来提出自己的解释。甚至在赞扬前人贡献的时候，他也仍然不忘用这个工具对他们的观点提出质疑。

在批判的方面，亚里士多德经常指责他的前辈哲学家们在寻求解释的时候，没有能够完备地列举这四个原因。早期的自然哲学家只引证了质料因。柏拉图虽意识到了前苏格拉底哲学所具有的这个缺陷，却走向了另一个极端，只关注形式因。因此，在亚里士多德看来，即便泰勒斯的观点"万物皆水"是正确的，仅仅指出这一点，并不能充分地解释我们在宏观世界中所经验到的各种现象。通过指出广场所立的金属是水的恰当变体，或者是某种其他基本材料的恰当变体，永远也不能解释这块金属实际上是为了纪念城市杰出公民而立的纪念碑。柏拉图意识到了这一点，亚里士多德也肯定了这个洞见。然而，在他看来，前者至少忽略了动力因。事实上，亚里士多德认为，柏拉图的形式，作为必然存在的因果行动者，本应该永不停歇地生成它的例证。但它们显然并非如此。引起雕塑生成的，并不是雕塑的形式或者纪念碑的形式，而是某个雕刻家的作为。在此作用下，某个形式在青铜上得到了逐步实现。因此，尽管亚里士多德赞同柏拉图，反对前苏格拉底哲学家，相信完备的解释必须要引证形式因，但他并不认为这样就充分了，动力因同样也是必要的。他显然也不认为，为了给出形式因，就一定得像柏拉图一样持有某种形而上学的形式理论。

总而言之，亚里士多德对其前辈哲学家的批评表明，从不同的方面来看，他们的解释都是不充分的，因为它们都未能完整地援引必要的四因。在某种程度上，亚里士多德的批评似乎是恰当的。因此，四因说也就得到了一些间接的支持。分散于《物理学》的不同段落中，亚里士多德亲自明确地为我们引入了四因说中的每一个原因，这也构成对四因说的更加直接的捍卫。

第四节　对四因说的捍卫

引证所有的四个原因，对于恰当解释来说是充分的。对于这个观点，亚里士多德并没有提供一个成熟的论证来捍卫它。相反，他采取的方式是给读者提出一个挑战：如果你还能想到这四种之外的某个原因，不妨说出来听听。[7]面对这个挑战，首先需要说明的是，亚里士多德的四因是四种原因的类型。因此，在援引个别原因的时候，我们可以在或高或低的普遍程度上进行操作。比如，当我们确定了广场上雕塑的质料就是青铜的时候，我们显然并没有给出关于此质料的所有信息。因为，我们或许出于某种目的想要探究它的微观结构，比如，我们希望知道什么使得它是抗锈的，或者希望了解它的特殊密度是多少。亚里士多德固然认为，引证质料因是必要的。然而，这并不意味着随便指出某种质料都是可以的。后面这个主张是得不到捍卫的，不应与前者混淆。相反，他关于四因解释充分性的观点作用于一个更高层级：任何对质料因的精确说明最终都只是质料因的一个例证，而不是其他未命名的原因。进而，对质料因来说是如此，对其他三种原因来说也是这样。亚里士多德认为，尽管我们可以对四因做出不同精细程度的表述，但只要引证了所有四个原因，在解释上就不会遗漏任何

---

[7]《物理学》ii4。

相关的要素。这也就再次强调了，引证所有四因是恰当解释的充分条件。

对于四因合在一起所具有的充分性，亚里士多德只是进行了简要的论证；但对于每一个因所具有的必要性，他则提出了具体的、有趣的论证。由于形式和质料是两个相互关联的概念，对于它们的引入，亚里士多德也是同时进行论证的。在他所给出的关于质料和形式的存在论证中，包含着一个前提，即"世界中存在着变化"。要对这个前提进行直接论证，是非常具有挑战性的。因为，这意味着最终需要确立"存在着运动"这个命题。而此命题是如此基本，以至于很难对其进行捍卫。（在此，亚里士多德将巴门尼德视为主要的对手，这无疑是非常正确的。他首先反驳并摧毁了巴门尼德关于运动不可能的论证。）〔8〕另一个具有类似基础地位的主张出现于亚里士多德对动力因的捍卫中，被作为某个前提加以使用，即："当事物运动的时候，某个事物引起了这种运动。"这几乎是在所有寻求动力因的努力中所共同预设了的观点。尽管不具有同等程度的基础性，亚里士多德任务中最困难的部分无疑是对目的因的捍卫。如今我们普遍否定目的因的存在，亚里士多德对它的捍卫也成为人们的诟病之处。

亚里士多德对质料和形式的捍卫

亚里士多德哲学的核心是对质形说的承诺，也就是肯定质料和形式作为对象的真实性征而存在。因此，在对自然现象完整精

---

〔8〕巴门尼德关于运动不可能性的论证，见1.4。

确的解释中，必须要提及质料和形式。（在希腊语中，hule = 质料，morphe = 形式。）亚里士多德对它们存在的论证分两步完成。他首先论述了，由于存在着运动和变化，而运动和变化要求存在着形式和质料，从而存在着形式和质料。对形式和质料存在的论证（EFM）可以表述如下：

  1. 世界中存在着变化。
  2. 存在变化的必要条件是存在形式和质料。
  3. 因此，存在形式和质料。

（EFM-1）很少需要捍卫，但在巴门尼德的挑战下，亚里士多德还是为其提供了一个论证。这个论证的基本策略是非常重要和有趣的。在讨论完亚里士多德对（EFM-2）的处理之后，我们再回到这个论证。（EFM-2）本身是非常需要澄清和捍卫的。

亚里士多德对（EFM-2）的捍卫从一个简单的观察入手。存在着两种类型的变化：性质变更和实体生成。在性质变更中，某个实体在继续存在的情况下，获得或丧失了一些性质。比如，某个人学会了弹钢琴或者被晒黑了。在这种情况下，我们说，某个对象继续存在着，但在偶然属性方面发生了变化。而在实体生成中，某个新的存在诞生了。比如，一张新的桌子或一个新生婴儿。在这种情况下，仍然有某个东西持续存在着，无中生有是不可能的。关于这一点，巴门尼德是正确的。[9] 以桌子为例，木材便是其中持存的东西，尽管它被做成了具有桌子形状的东西。类似的，在新生儿例子中，也包含着持存的东西。婴儿的诞生来源于某些原始

---

〔9〕见《物理学》190b2 关于从无到有生成的不可能性。

物质结合在一起并获得了新的结构和形式。

尽管相互区别，这两类变化也有相同的地方：它们都包含某个复合体，其中一部分持存，另一部分要么是新增的，要么将丧失掉。从最一般的层面来说，这两个要素就是形式和质料。质料就是在变化中持存的东西。而形式则是质料获得或者丧失的东西。当一个实体获得了某个偶然形式时，它发生了偶然变化。而当质料获得了某个新的实体性形式时，一个新的实体便生成了。重要之处在于，两类变化都涉及一个合体，即形式与质料的合体。因此，如果存在着变化，那就存在着形式和质料。[10] 从而，亚里士多德也就能够相信（EFM-3）的确立是可靠的，因为根据前提 1，世界上存在着变化。

对于那些彻底否认存在着变化的人，亚里士多德拒绝严肃对待他们，并对此提供了一些理由。这些理由也将成为对（EFM-1）的捍卫。正如我们已经指出的，认为（EFM-1）需要一个论证，似乎是非常难以置信的。事实上，亚里士多德似乎在某种程度上并不愿为存在着变化这个主张提供论证。他将其视为自然哲学的第一原则，而自然哲学就是研究运动、变化、时间以及所有物理

---

[10] 值得注意的是，亚里士多德同样也使用形式和质料的框架来拒绝巴门尼德关于变化不存在的论证。正如我们已经看见的，亚里士多德认为，巴门尼德对从无到有生成的可能性的质疑是正确的。但当他试图从这个事实推导出所有变化都是不可能时，则是错误的。因为，事物可以通过丧失或获得形式的方式发生变化，这与从无生有的不可能性是相容的。事实上，亚里士多德表明了形式和质料的框架如何能够反驳巴门尼德关于变化、生成不存在的论证，尤其是在 1.4 节所给出的论证的前提（AAC-2）和（AAC-4）。我们可以不通过设想从无而来的生成来设想生成，因为生成包含着质料的持存。并且将性质变化还原为生成也是错误的，因为并不是所有的形式获得都将产生新的实体。

对象所拥有的性质的学科。[11]然而，这个主张确实遭到巴门尼德等人的否定。亚里士多德最终还是对其提出了一些支持性的理由。对于试图证明存在着变化，某些人或许不抱任何耐心，但他们仍然会发现，亚里士多德为此而给出的理由是非常令人受益的。除了这个论证所具有的基础性外，它的策略本身也是值得研究的。这是个非常聪明的策略，在许多其他语境下仍然适用。

在谴责了那些要求证明存在着变化的人后，亚里士多德还是为他们提供了如下证明（AEC）：

1.假设世界不存在变化，那么一切都将处于静止中。

2.如果1，那么感官为我们提供的关于这个世界的信息导致我们产生了错误的信念。

3.如果形成错误信念是可能的，那么存在着变化。

4.因此，如果我们假设不存在变化，那么就存在着变化。

5.因此，存在着变化。

（AEC）构成了某种形式的反驳，它一开始所做出的假设就是对手持有的命题。对手认为，不存在变化，并引导我们相信，通常关于存在着变化的信念是假的。因此，他们想要引导我们改变信念。如果是这样的话，他们就是在引导我们去做他们自己认为不可能的事情：发生某种变化。至此，他们或许会退后一步，认为我们实际上根本不具有关于自然世界的错误信念。只是在我们看来，似乎自己相信它在变化着。亚里士多德对这个反驳的回应

---

〔11〕见《物理学》254a30。亚里士多德在其中指出，要求对某些事物处于运动中提供论证是一种判断的练习。从他对那些拥有坏判断的人的态度中并不能得出不能提出这种论证的结论。事实上，他就提出了一个。

包含两个方面。首先，他指出，感官似乎确实记录了运动和变化。当我翻书的时候，这个变化就在我眼前。因此，如果某人认为，事物甚至没有向我们显现得似乎在变化，我们将很难严肃对待这个观点。其次，亚里士多德指出，我们所具有的整个信念形成机制，无论是形成真信念还是假信念，或者我们从事任何其他形式的心灵活动的机制，都将让我们处于某种变化中：心灵变化和物理变化一样也是变化。如果我们在想象什么，我们就处于变化中。一般来说，每当我们思考某个事物的时候，我们就从先前未思考的状态，变化到了思考的状态。因此，当巴门尼德这样的对手试图说服我们拒斥任何形式的后天辩护时，他们恰恰是在试图让我们形成一个反对感官给我们提供的信念的反信念。也就是说，他们希望我们能够转变思想。〔12〕

亚里士多德论证的关键是（AEC-3），这个前提指出，我们的信念形成本身也是某种变化。如果这个主张是正确的，它就迫使亚里士多德的反对者陷入非常尴尬的境地。因为，这将迫使他们意识到，他们的主张是自我毁灭的：其为真的必要条件恰恰就是其为假。一个立场越是根本，越是难以对其提供直接的论证。在这类问题上，当亚里士多德想要反驳他的对手时，上面这种论证策略往往就成为他的有力工具。（他用同样的策略反对那些不承认非矛盾律的人，即：没有任何事物能够在同一时间、同一方面既是 F 又是非 F。他承认，没有谁能够直接论证这样的原则，因为任何对其为真的论证本身都将预设这个原则，从而没法实现任何进

---

〔12〕亚里士多德在《物理学》254a23–31 中提出了这类反巴门尼德的论证。参见《物理学》253a32–b6。

展。然而，如果某人认为这个原则是假的，那么他就将持有某个确定的主张，而不是这个主张的否定命题。如此而言，否定非矛盾律本身其实就预设了它的真。因此，断言非矛盾律为假的一个条件就是默许它的真。而如果某个不承认非矛盾律的人因此不去做出任何断言的话，亚里士多德认为也就没必要对他再说些什么了。）[13] 无论如何，在涉及捍卫存在着变化这样的主张时，亚里士多德所要做的，只是激励他的对手们去反思一下自己立场的必要预设。只要他们的主张本身预设了他们所质疑的现象的存在，这种主张就是自我摧毁的。

这样，亚里士多德就完成了他对质料因和形式因的捍卫。

动力因

亚里士多德并没有论证动力因的存在。在确立了运动、变化的存在之后，他和我们大多数人一样认为，这些变化都是由什么东西引起的，而不是随意发生、无法解释的。如果某天我们听到地下室传来了爆炸声，但一时还不能确定它的来源；此时，我们并不会就下结论说，这个爆炸完全就是无原因的随机事件，它就那样发生了，却没有任何原因。相反，我们会认为，只是还未能找到原因，而为了自身安全，我们需要更加仔细地去发掘此事件的原因。当事物移动或者变化时，存在着某个事物对这种移动和变化负责。这个事物就是亚里士多德所认为的动力因。

尽管如此，对于如何最好地指出某个具体的动力因，亚里士

---

[13] 关于亚里士多德对非矛盾律辩证式的捍卫，见《形而上学》iv4。

多德还是为我们提供了很多建议。他强调，某些引证动力因的方式比其他方式显得更加清楚明了。事实上，有些方式即便是正确的，却是完全误导人的。比如，假设我将我屋子管道安装的动力因确定为我叔叔，那么，这即便是正确的，解释力却也差强人意。亚里士多德认为，我们应该将此动力因更精准地确定为我叔叔的行为。将屋子管道安装的动力因归结为水管工的管道安装行为，这种做法对于解释来说似乎显得过于平庸。事实上，在我们的例子中，确实是这样的。然而，解释的力量在于结果（我屋里管道设施的存在）与原因的相称。因此，假如由于我触碰了一个被闪电击中的大型物体而触电，这个物体的大并不能解释我的触电。只有当我了解到，这个大型物体是一根旗杆，并由高度导电的材料构成时，我才得到了相应的解释。事实上，如果这个物体是由某种非导电材料构成的，我根本就不会因此而触电。因此，亚里士多德认为，在给定动力因时，有必要给出某种法则似的关联以连接原因和结果。为了从另一个方面澄清这一点，假设我叔叔同时也是一个象棋冠军。如果将管道安装的动力因归结于"今年象棋冠军的行为"，这即便是真的，但却是极为误导人并且在解释上是无力的。因此，动力因解释必须尽可能精确。如果某个 x 同时是 F 和 G，它之是 F 与它作为某个动力因的地位有可能相关，也有可能不相关。重要的是需要确保，它之是 F 确实能够解释我们为之寻求动力因的那个结果。

目的因

尽管对于如何能够最好地描述动力因的精确本质，存在着激烈的争论，几乎所有人都与亚里士多德一样承认，存在着动力因。亚里士多德对存在这类原因的论证不需要进入这些争论中。事实上，他只是说，存在着变化，这是很难否认的事实，而对于每一个具体的变化，都存在着某种原因对其负责，这个主张尽管不像存在着变化这个主张一样享有某种非常基础的地位，但也确实比较容易地能够得到所有人的接受。

当我们转向亚里士多德的目的因时，情况就大不相同了。事实上，亚里士多德对目的因的承诺使其遭受了广泛的指责。批评者认为，这种承诺只是在阻碍科学的进步。在他们看来，目的因是某种在解释上无效的原因，要求未来的事态穿越时间去影响过去的事态。（显然，这些批评者认为，亚里士多德将他观点强加给了他之后好几个世纪追随他的思想家们，因此，对于他们接受他的错误信念负主要责任。）无论如何，目的因都已经声名狼藉了。

由于四因中其他三个的本质都不怎么有问题，我们显然有必要好好思考一下亚里士多德设定目的因的动机。而且，无论目的因最终是否可以捍卫，它都必须得到理解，从而我们才能理解亚里士多德其他的哲学思想，因为他对目的因的承诺渗透进了他哲学的方方面面。

在一些情况下，援引目的因至少看起来是合理的，我们或许最好从这些例子着手。在此，不妨回想一下我们之前关于雕像的例子。直到我们知道了那座雕像是用来干什么的之后，我们才觉得解释完备了，没什么遗漏了。用亚里士多德的话来说，只有当我们描述了雕像的功能后，我们的解释才是完整的。我们可以通过考虑另一种类型的人造物来理解亚里士多德的观点。假设有一天，我们知道了在太阳系的其他地方也存在着生命。我们知道这一点，是因为外出探索的无人宇宙飞船从别的星球带回了一个复杂精致的物体，其复杂程度显然表明，这是某种智能生物的造物，而不是自然随机产生的东西。假设我们的探测器带回来一个复杂程度达到 G4 麦金塔电脑复杂程度的装置。我们因此可以承认，这个东西极小可能是由某种自然过程所形成的。这种可能性既不可信，也没什么意思。相反，当科学家遇见这种物体时，他们想要知道这是什么。他们一开始或许就能确定这个物品的精确形式、构成以及物质成分；他们也会合理地假设，是某个其他的东西赋予这个物质材料以这样的形式。用亚里士多德的话说，科学家们比较容易地就能确定它的质料因和形式因，并且也能够假设它拥有某种类型的动力因——某种智能生物的设计。然而，在这种情况下，我们可以合理地认为，科学家还是并不知道这个对象是什么。尽管关于它，已经知道了很多信息，但还是无法确定它的本质。因为作为某种造物，它的本质是由它的功能决定的。如果最终它是一个能够实现各种程序语言的电子处理器，那么，我们可以合理地认为，这个装置其实就是一台电脑，它的设计者设计它的目的与我们的设计者设计电脑的目的是一样的：为了计算。

这个虚构的案例既说明了一个认识论问题，也说明了一个形而上学问题。首先，亚里士多德认为，由于人们想要知道事物是什么，他们也会想要知道，对于某类特殊事物，它们的功能是什么。也就是说，在解释某些事物时，我们想要知道它的目的因是什么，而且只有当我们发现了这个目的因时，我们才觉得获得了完整的知识。这个认识论主张拥有一个形而上学基础：我们想要知道事物的功能，因为我们想要发掘本质，而功能决定了本质。这就是亚里士多德常说的，决定一个事物是 F 的原因，在于这个事物拥有 F 类事物所具有的功能。所有的、并且只有那些能够履行 F 事物功能的事物才是真正的 F。因此，成为一把刀，就在于它能够切东西。由于刀是用来切东西的，因此，只有某些特定的形状能够满足这种要求。功能为恰当的形状划定了范围。进而，一旦某种形状被确定用来切东西之后，它的实现只依赖于功能上恰当的质料。如果这种形状通过棉花糖的质料来实现，那么，我们所得到的也不是一把刀。或者用亚里士多德的话说，我们得到的只是一把同名异义的刀。或许我们也会称其为刀，但其实并不是真正的刀，就像玩具鸭并不是真正意义上的鸭子一样。[14] 因此，亚里士多德总地认为，功能优先于形式和质料：功能决定了形式和质料的恰当性。用非行话来说，他认为，一个事物是用来干什么的，决定了它应该采取什么样的质料和形式。

这些观点对于人造物来说似乎是没什么问题的。我们知道人造物拥有功能，因为正是我们赋予它们功能。而且，当我们设计一个产品的时候，功能决定了它应该采取什么样的形式，并使用什么样的质料。当我们想要一个工具钉钉子时，这个工具必须拥有恰当的外形，并由某种恰当密度的材料构成。因此，锤子才具有那样的形状，并由铁而不是棉花构成。

目前为止没什么问题。但当亚里士多德认为，不仅仅人造物拥有目的因时，他的学说就显得比较困难了。他认为，尽管自然

---

[14] 关于亚里士多德同名异义的概念及其在哲学分析中的作用，见 4.9。

物并不是被设计的,并不是被像我们这样的设计者赋予功能的,但它们仍然具有某种功能。比如,人类、树木、猫鼬都具有功能。如果各种自然有机体并不是像人造物一样被设计为拥有某些功能的,那么,它们究竟是如何获得这些功能的呢?亚里士多德必须给我们提供一个解释和捍卫。

对此,他确实提供了捍卫。然而,我们首先需要弄清楚,那个需要被捍卫主张的特点究竟是什么。如果我们规定,只有被有意识的设计者所设计的对象才拥有功能,那么显然,亚里士多德就是错误的,因为他相信有些事物的功能并不是被设计的。令人惊奇的是,有许多当代哲学家仅仅就满足于这种肤浅的胜利。这种胜利之所以是肤浅的,是因为它依赖的只是某种语言规定,而将这种规定伪装成了某种实质性原则。事实上,亚里士多德想要提出的观点是这样的:自然有机体及其部分展现了某些行为,而我们最好将这些行为描述为目的导向的;因为这种描述最好地、也是唯一地解释了这些行为。如果我们认为,心脏是用来泵血的,肾脏是用来净化血液的,并且我们否认这两个器官是被某个设计者设计出来的,那么,我们已经初步接受了亚里士多德的目的论解释。这些器官在我们看来,似乎确实是有功能的,尽管不是被设计为拥有这些功能的。相反,它们的这些功能来自于它们在更大的生命系统中(有生命的动物)所发挥的作用。

然而,对于亚里士多德的这个主张,即动物器官拥有某种功能,但并不被某个有意识的行为者所设计,许多人还是感到不太满意。实际上,存在着两种截然不同的方式来否定亚里士多德的立场。在一个极端上,有些人认为,存在着一个伟大的宇宙造物主,是他将万物设定为如今所是的样子（比如，肾脏能够过滤血液）。在另一个极端上，有些人则认为，所有这些关于功能的谈论都可以被还原为某种自然主义的谈论，而不需要诉诸可疑的目的论语言。最终，由于所有这些目的论的谈论方式都只是诉诸日常不准确的语言，它们需要被消除，并以准确的语言代替它们。对亚里士多德所做出的这第二种挑战，主要来自于各种自然主义的哲学框架，它们避免谈论任何目的。这种类型的回应我们也并不陌生。如果某人认为，由于美国家庭平均拥有 2.4 个孩子，那么，在美国就存在着很多家庭拥有 0.4 个孩子。对此人，我们通常就会做出类似于自然主义者对目的论的那种回应。谈论平均家庭无疑是一种便捷方式，对于实现许多目的来说都是极其有用的，能够帮助我们进行资源分配和制定环境政策。但我们并不因此就真的承诺存在着具有这种特征的个体家庭。类似地可以认为，尽管谈论器官的功能也是一种便捷方式，但我们并不真的认为它们拥有功能。在必要的时候，可以通过释义避免这种谈论。

对亚里士多德来说，他拒绝以上两种极端立场。他允许"功能"这个概念在成熟的生物学中扮演一定的角色，但他并不认为应该将它们理解为任何设计者的产物。

关于这些观点，我们首先需要注意的是，如果它们是正确的，那么，人就不仅仅是德谟克利特所设想的那样，不仅仅是在虚空中扰动的原子。因为，只有当这些原子服从人类功能时，它们才能算是人类原子。[15] 亚里士多德目的论为其提供了一种方式以确

---

〔15〕关于德谟克利特原子论，见 1.5。

定在某个时刻哪些原子构成了一个人。

其次，关于亚里士多德的主张，我们需要注意的是：它是非常难以捍卫的。他的主要论证是有问题的，在解释性上和可靠性上都存在着严重的困难。当亚里士多德在《物理学》中明确地捍卫目的因时，他首先指出，人们或许天生地倾向于认为，所有事物都是无目的性的，它们就那样纯粹必然地发生了。确实，有的时候我们就是这样想问题的：地下水受热而蒸发，在上升过程中遇冷而形成云，最终又液化而形成雨。雨水使得谷物生长。然而，我们并不会说雨水的目的就是使谷物生长。雨水的降落是出于必然性。或许我们应该以此为模型来理解所有的自然现象：所有事情的发生都是必然的，都不是为了什么目的而发生的。

因此，对于人类身体的各个部分，如牙齿、心脏，这些通常被认为"目的存在于其中"[16]的器官，为什么不能也被视为无目的的呢？为什么不能认为，它们的存在并不是为了给作为整体的有机体带来好处呢？对此，亚里士多德非常坚定地回答道："事实上，事物不可能应该如此。"遗憾的是，他最初的论证并没有给这个主张强力的支持。对于自然界中目的因的存在，他提出了下面这个论证（AFC）：

　　1.自然现象呈现出规则性，"总是或者绝大多数时候"会发生。

　　2.事件的发生要么是偶然的，要么是为了什么目的而发生。

---

[16]《物理学》ii8。

3. 偶然发生的事件并不呈现规则性。偶然事件并不"总是或者绝大多数时候"都会发生。

4. 因此，自然现象是为了某种目的而发生的。

因此，既然自然现象总是为了某种目的而发生，那么任何对它们的解释如果缺少了诉诸目的因都将是不完整的。用亚里士多德的例子来说，在我们牙齿的生长过程中，总是或者绝大多数时候都会在前面长出门牙，这显然是为了撕裂食物。而在后面总是会长出臼牙，这是为了磨碎食物。这个模式的重复带有很大的规则性，即便不是所有人都这样，也是几乎所有人都这样。这种规则性本身需要被解释。因为这不可能是经常重复的偶然事件，我们牙齿的形状和位置一定是为了某种目的而成为那样的。亚里士多德进而认为，它们的目的，就是带给我们的好处。因此，引证这种好处就能够解释否则无法被解释的神秘现象。

正如上面所说，这个论证是不具有说服力的。首先，也是最明显的问题出现在（AFC-2），即事件的发生要么是偶然的，要么是为了什么目的而发生。为了让这个论证具有效力，这个前提中的析取项必须被理解为互相排斥且穷尽一切可能的，从而不存在其他任何的规则性，它们既不是偶然的，也不是目的性的。然而，事实上存在这样的规则性。即便我们承认，假设偶然事件可以总是或者绝大多数时候都会发生是不合理的，但这并不意味着所有规则性都是有目的性的。如果某个男人每天下班后都会撞见某个女人，无论这女人是去酒馆，还是去商场。那么，要相信这个事件是纯粹偶然的，似乎是很奇怪的。在这种情况下，合理的假设应该是，这种相遇并不是偶然的，这两者中一定有人精心安排了一切。因此，在这个例子中，我们能够合理地去寻求某种目的性。然而，即便存在这样的例子，似乎也存在着大量的规则性是既不包含目的，也不仅仅是偶然的。假设每次我电话响的时候，我的鹦鹉都会叫。这并不是偶然事件，但也不能说电话响的目的是为了让这鸟儿叫。每次汽车被开动的时候，化石燃料都会污染大气。但没有谁开车的目的是为了污染大气。相反，尽管在开车和污染之间存在着完美地可预测的关联，我们并不是为了污染而开车，而是即便存在着污染，还是要开车。同时，这也不是偶然事件。一氧化碳的排放是汽油燃烧的产物，这一点是受法则支配的。

这样的例子还能够被轻易地举出很多，它们都表明，存在着大量的规则性是不具有任何目的的。因此，并不像（AFC-2）所主张的那样，所有非偶然的都是合目的的。然而，需要强调的是，尽管亚里士多德提出了（AFC），但上面所说的这种情况并没有被他所忽视。在其生物学著作中，他指出了许多非目的性的规则性的案例。比如，基于某种常态，我的脾分泌黄色的胆汁。即便胆汁对某些东西是有好处的，但它之为黄色，与此是完全不相关的。这是一个非目的性的规则性，用完全非目的论的语言是可以进行完美地预测和解释的。类似的，哺乳动物的心脏在泵血时会发出声音。即便我们认为，心脏的目的是为了泵血，但它发出声音却是一个非目的性，也非偶然的规则性。无论如何，它们显然不是为了制造噪音而泵血的。亚里士多德对这些例子的察觉表明，他不可能认为（AFC-2）是完全普适的，或被正确表述的。当然，在某些情况下，他也承认，存在着一些规则性，它们是真正地合目的的规则性的附现象。而且，在思考这种模型的时候，他很可能心里想着的，就是心脏和它所发出的噪音的例子。心脏是为了泵血。它的泵血使得这种噪音成为必然的。因此，尽管它的泵血并不是为了发出噪音，但发出噪音却是通过它执行这种功能而得到解释的。心脏的噪音是合规则的附现象，是它执行其特征性功能的副产品。

然而，这种让步毕竟有可能削弱（AFC-2）。因为实际上它暗含了非偶然、非目的性的规则性的存在。因此，（AFC）的捍卫者至少应该重新组织这个论证，以避免循环，但这个任务却是非常困难和复杂的。然而，目前更重要的是动机问题。究竟为什么想要捍卫（AFC）呢？在亚里士多德著作中似乎存在两个原因。首先是诉诸目的因的解释力。第二个原因则带有一定的形而上学特征。我们将分别讨论它们。

亚里士多德对生物现象的解释充满了目的论。他想要知道，为什么人、鸟、四足动物，无论是胎生还是卵生，都长有眼睑？他认为原因在于，我们眼睛的组织主要是液态的，因而需要被保护以免受到外部物体的伤害。他承认，如果眼睛皮肤是硬的而不是软组织，能够更好地实现这种保护效果。然而这样的话，视力的敏锐程度就会大打折扣，因为精妙的能力需要精妙的组织才能实现。因此，我们最终发展出了眼睑，由此得以实现的敏锐视力对我们是有好处的。所有这些，在亚里士多德看来，都表明了一个道理：如果我们想要解释眼睛和眼睑的结构，就需要诉诸这种结构能够给动物带来的好处。[17] 而这恰恰就是目的论。在这种语

---

[17]《论动物的部分》657a25-657b4。

境下，对此种解释的辩护，或许只能在于：相对于其他竞争性的解释来说，它们具有更高的解释效能。

需要注意的是，尽管对这种解释方式，我们表达了许多保留意见，然而，当代生物学家在试图解释某种生物性征的出现时，确实常常诉诸这些特征所能够给生物体提供的好处。只需要去看看任何一本生物学的导论书，就能够发现这个事实。（羽翼是为了吸引伴侣；心脏用来泵血；视杆细胞和视锥细胞是为了探测光和颜色；胰腺是用来调节血糖。）哲学家和生物学家们有时候强调，所有这种语言都是对某种更精确语言（不诉诸目的因的语言）的缩写，它们最终可以被翻译为那种精确语言。这种翻译将采取两种形式：消解主义的和还原主义的。第一种方式已经被证明不恰当。这种方式主张，我们应该避免谈论目的因，因为根本不存在目的因。目的因就像女巫一样，出于方便，我们大可以谈论她们，但我们知道，事实上并不存在女巫。（"塞勒姆的法官们想要通过积极的法律行为使其社区摆脱女巫的影响。"）第二种还原论途径拥有一定的成功。这种方式主张，尽管存在着目的因，但它们与动力因是同外延的。我们并不清楚，为什么亚里士多德要拒绝这种对目的因的还原，尤其是因为，他自己有时候也承认，在一些情况下，目的因、形式因和动力因重合在了一起。然而，他想要坚持的主张是很清楚的，即存在着目的因，任何对自然和有机体的解释都必须诉诸目的因。

如果我们跟随亚里士多德，关注于人类是自然的一部分这个事实，那么就能更加清楚地理解他的思路。我们将人类的意向性行为表述为目的导向的。也就是说，我们是通过诉诸他们自己所拥有的作为原因的理由，来描述他们的行为的。（贝尔去商店买牛奶。买牛奶是她行为的目的。这个目的解释了她所有的肢体动作。）这里，诉诸目的因显得非常自然，而认为所有这种诉诸目的因的行为都应该被抛弃，则显得没什么理由，甚至会破坏整个研究方案，产生明显的错误。如果我们认为，在心理学中我们并不能消解对目的因的谈论，那么在生物学中，为了简单性的考虑而做出这种消解，我们究竟能获得什么其他的理论优势呢？现在的情况在于，如果某种解释的一般形式是可以被接受的，这并不意味着，我们就能够将这种解释运用于所有它可能适用的领域。然而同时，我们也并不因此就有理由质疑目的论解释本身。如果我们想要表明，这种解释在某个领域不适用，那就需要为此提出特别的理由。

亚里士多德非常怀疑，至少在某些生物学解释的领域中，这样的理由能够被成功地提出。不仅仅是因为这种解释被假定所拥有的那种解释效用；此外，他还认为，存在着一般的形而上学理由以表明，至少某些生物学事实最终或者隐含地依赖于目的论原则。这是因为，在亚里士多德看来，某些生物有机体，比如这个女人或这匹马这样的实体，既展现出了共时的统一性，也展现了历时的统一性。而这个事实并不是约定的。也就是说，当我们在某个时间或某段时间个体化某个有机体时，隐含地会诉诸某种统一性原则。尽管德国和波兰间的边界是通过约定而确定的（即便是通过暴力征服的方式），但当我坐在沙发上，我身体和沙发的界限并不是约定的。传统高尔夫球俱乐部成立于19世纪的伦敦，二战中被毁，战后又在纽约得到重建。那么，纽约的会员是否就是伦敦的会员？这是一个约定的或者不确定的事实。然而，我今天所有的这具躯体，只是我10年前所有的那具躯体的一个老化版本。这一点并不是约定的，更不是随意确定的。尽管我的身体在这段时间获得或者丢失了一些质料，但它还是同一个身体，无论之前还是现在都是我的身体。既然如此，亚里士多德认为，这种非约定的事实需要某种解释，而这种解释除了诉诸目的论之外，他不认为还有任何其他形式。如果一对男女在办公室拥抱，在他们拥抱的那个空间中，一部分器官属于这个男人，而另一部分器官属于那个女人。这种归属的原因就在于，各自的器官群唯一地隶属于各自有组织的生命系统。而将某个生命系统组织为一个生命系统的原因，在亚里士多德看来，就是目的因的存在。类似的，无论承受了何种物质变化，一个身体在一段时间后仍然是这同一个身体，正是因为这个身体是围绕着同一个生命指向性得到组织的，而后者则是由目的因来得到说明的。在这两个案例中，通过简单的化学过程并不能给出合理的解释。因为，在任何一个生命系统所处的区域，都存在着无数的化学反应，只有其中一些才能够算得上是这个生命系统的进程。[18]

总之，亚里士多德对目的因的形而上学论证（MTC）是这样的：

1. 个体有机体是历时和共时的统一体，这个事实是非约定的、非任意的。
2. 在这两种情况下（历时和共时）下，唯一可能的统一性要素就是目的因的存在。
3. 因此，目的因存在。

---

[18] 这些考虑综合了《形而上学》vii17和《论生成和腐化》i5中的讨论。

我们可以比较合理地认为，(MTC-1) 是个毋庸置疑的事实。那么，唯一值得讨论的就是 (MTC-2)。这个前提将目的因与解释统一性的唯一可能等同起来。

对于 (MTC-2)，或许可以提供两种类型的论证。首先，类似于当代哲学家在得出类似结论时所用的策略，我们可以通过穷尽法来进行论证。也就是通过列举出所有可能的、合理的其他解释，一一表明它们的失败，最后接受目的论解释，认为生命进程和物质构成中的多样性是通过隶属于一个单一目的来保证其统一性的。尽管亚里士多德确实考察了一些竞争性的解释策略，但并没有把这种方式作为一般的论证手段。第二种捍卫方式则将目光转向于范畴基础，试图将生物有机体放置于某个可辨识的存在范畴中（实体），然后表明，只有那个范畴的所有成员是通过某个非派生的目的因实现其统一性的。亚里士多德的有些论证就倾向于沿着这个路径发展下去。

对于第一种类型的论证，我们有必要反思一下亚里士多德对原子论者施加的挑战。后者认为可以仅仅通过设定原子和虚空就能解释所有现象，并进而只承认原子和虚空的存在。[19] 在某种意义上，原子论是某种消解主义，因为他们认为，在原子和虚空外不存在任何其他东西。这样的话，严格来讲，原子论的主要倡导者德谟克利特也是不存在的。德谟克利特应该是个人而不是原子。（当然我们假设他不是虚空。）在另一个意义上，原子论允许德谟克利特在某种派生意义上存在，也就是作为原子的某种组合。现

---

[19] 关于原子论，见 1.5。

在，（MTC-2）要求德谟克利特说明，他究竟应该被等同于哪一堆原子，而且，这种说明只能诉诸原子及其在虚空中的位置，不允许涉及任何其他的状态或条件。亚里士多德当然认为这是不可能的。任何只诉诸物理距离和化学过程的解释都不能够做到这一点。相反，如果亚里士多德一定要持有某种原子论的立场，他至少会说，德谟克利特应该被等同于那些服务于他这个生命系统利益的原子。也就是说，这个生命系统是具有内在目的的。这些原子一起构成了一个人的身体。然而，他的回答显然不可消解地利用了目的因。

因此，至少通过这种方式，亚里士多德捍卫了他对目的因的引证。有趣的是，在此，他与柏拉图达成了重要的一致。在《斐多篇》中，苏格拉底叙述了自己对解释恰当性的寻求。他指出，纯粹质料的解释是不可能充分的。存在某个原因解释了他为什么有机会逃跑却仍然留在了监狱。如果让他的骨头和肌肉来做主，他早就离开雅典了。让他留下来的是他的原则和理性。然而，在一个只承认质料因，一切都是客观的第三人称自然主义科学语言的世界中，原则和理性的位置在哪呢？如果谈论这种原因只是某种言谈方式，而最终可以被还原为某种精确的自然主义语言，它们又是如何指导苏格拉底行为的呢？亚里士多德向前迈了一步，断定存在着目的因，它们是世界中不可消除的解释性特征。柏拉图似乎也看到了这个方向，但并没有和亚里士多德一样往前迈出这实质性的一步，至少没有像亚里士多德一样使用了自觉的方法论和术语。

通过这个断定，亚里士多德完成了对四因的捍卫：质料因、形式因、动力因和目的因。在这四因被确立起来，作为恰当解释的必要条件后，他进而将其运用于一系列的哲学问题上，从心灵哲学到形而上学，从伦理学到政治学。我们现在转而考察他对四因说的一些典型运用。这些即将呈现的案例并不是完备的。但希望能够引导亚里士多德的读者自己去发掘他哲学的其他方面。

第五节 四因的运用：灵魂和身体

有了四因说的帮助，亚里士多德认为，在柏拉图及前人未能解决的一些重大哲学问题上，他可以做出一些进步。其中一个著名的问题涉及人类灵魂和身体的关系。亚里士多德建议我们，如果想要做出哲学上的进步，就必须仔细地将问题表达清楚。如果我们认为这个建议是合理的，那么在研究身体与灵魂关系的时候，就需要弄清楚究竟是些什么问题在困扰着我们。尤其是因为，在这个领域中，存在着许多不同的、需要解决的问题。（灵魂是一个非物质性的、可分离的事物，并能够在身体死亡后继续存在吗？或者相反，灵魂应该被等同于身体吗？灵魂自身就是一个实体吗？或者它只是由某种复杂的身体所实现的许多倾向性的集合？灵魂究竟存在吗？或者只要谈论灵魂，就已经是一种误导人的说法了？）亚里士多德似乎特别关心是否应该将灵魂确定为某种物质性对象的问题，或者是否应该遵循柏拉图的主张，认为灵魂是某种非物质性的对象，能够在没有身体的情况下继续存在。在《斐多篇》中，柏拉图花很长的篇幅论述了一种严格的二元论，认为死亡并不是存在的终止，而只是将非物质性的灵魂从肉体中分离了出来。我们显然等同于某个灵魂，而灵魂能够在无肉体的状态下继续存在。这意味着，我们其实是不朽的。这个观点因而也被后来的基督教柏拉图主义者所认可。这就是为什么苏格拉底在《斐多篇》中开玩笑说，他并不在意死后人们如何处理他的尸体。因为他自己将离开这个世界，尽管他的身体或许会像废弃的旧衣服一样被扔在垃圾堆里。在这种表述下，柏拉图的观点与前苏格拉底时期的唯物主义一元论和原子论相差甚远。如果我只是在虚空中扰动的一组原子，那么当这堆原子化为乌有之时，也就是我不再存在之时。我的存在就此终止了。这些观点赤裸裸地与柏拉图的观点形成了对立，亚里士多德显然不可能忽视它们，而且想要知道自己究竟应该加入哪个阵营。

在唯物论和二元论的争论中，亚里士多德采取了一种温和的立场。他看到了双方观点各自所具有的长处。对于一元论者和原子论者所持有的那种唯物论，亚里士多德认为，柏拉图的反驳是有一定道理的。但同时他也认为，柏拉图的反驳是一种过度回应。对还原主义唯物论缺陷的修补，并不能辩护柏拉图主义二元论，从而主张死后存在的实在性。

总的来说，亚里士多德首先想要知道：什么是灵魂（psuchê）？他强调，灵魂是有生命的存在之所以有生命的原因。因此，对亚里士多德来说，每个生命体都是有灵魂的。这个主张本身并不会强加给亚里士多德任何神秘主义观点，比如：植物是精神性的存在，拥有特殊的植物意识。相反，他认为，某些事物有生命，某些没有，这是一个显然的生物学事实。比如，玫瑰丛有生命，手机没有生命。而在有生命的事物中，一些比另一些展现出更多的行为活动。因而，不同的灵魂构成了一个层级。所有生命体都有营养性灵魂，因为它们都吸收营养以实现自己的目的。有些生物，如非人动物，则开始拥有知觉性灵魂。这其实隐然地也是某种营养性灵魂，因为它们配备着一套感觉装置，用来进一步扩展并实现自己的目的，比如确保生命所需的营养和繁殖。最后，人类不仅拥有营养和知觉灵魂，还拥有理性灵魂。这使得人类能够从事高阶的认知活动，包括科学和哲学的研究和解释活动。正如我们已经知道的，所有生物都是一个有目的的系统。也就是说，必须通过考察它们所从事的目的导向性活动，这些系统的组织和行为才能得到最佳的解释。正如玫瑰进行光合作用的目的是为了吸取营养，人类思考、谋略、行动的目的，则是为了实现作为人类而能够得到的最佳生命形态。

显然，按照亚里士多德的理论，对所有灵魂都可以进行质形论分析，也就是通过质料因和形式因而做出的分析。事实上，亚里士多德将灵魂与身体的关系视为某种特殊的形式与质料的关系。这种观点可以将他置于前苏格拉底唯物论和柏拉图二元论这两个极端之间，占据某种温和的立场。正如一个雕塑可以被分析为形式和质料的复合体，一个人也拥有形式和质料，即灵魂和身体。因此，我们得到了下面这样一个总的类比：

形式∶质料∷灵魂∶身体

正是通过这样的语言，亚里士多德将灵魂和身体的关系比喻为蜡烛的形状与蜡之间的关系。尽管灵魂不是静止的形状，但它类似于形状。它让身体拥有结构；由于它的存在，构成身体的那些质料才能转变为有生命的、真正的身体，并进而解释了为什么只有这些质料成为这个身体的质料。尽管在握手的时候，我们的质料交缠在了一起，但仍然存在着一个事实，能够表明我们各自质料的边界在哪里。亚里士多德认为，这个事实是由另一个事实加以解释的，即：你的质料由你的灵魂加以组织，而不是我的灵魂。类似的，如果盒子里装了 24 根蜡烛，那么，决定这个数量是 24 的原因在于：存在着 24 个各自具有形状的蜡。如果同样这些蜡被做成一根单一形状的蜡烛，拥有同一个蜡芯，那么，我们所有的就是一根蜡烛而不是 24 根。同理，正是因为个体灵魂的存在，才解释了为什么是这些分子，而不是邻近的那些分子，甚至也不是那些与它们交缠在一起的分子，构成了这个人类身体的部分。当一支矛刺穿一个身体的时候，它并不会成为这个身体的一个部分，尽管它确实有一部分在这个身体里。这是因为，无论从整体而言，还是从部分来说，这个身体的形式并不是这支矛的形式。

因此，在这个具体问题上，亚里士多德对其前辈的态度，与他对待他们的一般态度是相一致的。也就是通过参照着四因说，来衡量他们的学说。前苏格拉底自然主义者仅仅专注于发掘和思考质料因。因此，他们的解释最多也只能算是具有误导性的不完备的。但如果他们以为，已经对需要解释的现象提出了所有的解释，那么，他们就直接是错误的。他们只谈论身体及其构成，甚至都不能解释为什么只有这些原子才构成了这个身体而不是另一个身体，或者这些原子怎么与它们临近的原子区分开来。因此，亚里士多德认为，当柏拉图强调形式因的重要性，而对他们进行批评的时候，无疑是切中要害的。然而，柏拉图却在另一个方向上走得太远，过于强调形式因而排斥质料因，从而也忽视了对人的解释中的一个重要成分，即每个人都拥有一个实现各种灵魂功能的身体。

更具体地来说，将人、章鱼、杜鹃花等生物等同于虚空中扰动的原子，这样的各种尝试在亚里士多德看来，都不可能是恰当的。比如，人类能够从事高阶的认知活动，这是一个非约定的事实。如果我们要说明，为什么这些特别的原子能够组合在一起从事这样的活动，我们就已经暗地里援引了形式因。因为，如果不首先将这些原子确定为隶属于某个人类身体的原子（即属于这个有形式的质料），原则上没有任何其他的方式能够将相关的原子挑选出来。另一方面，尽管在对人的解释中强调形式因是正确的，但仅仅通过诉诸形式因，就认为可以得出灵魂分离于身体的学说，也是错误的。即便我们承认，灵魂作为形式，有别于身体，这也不意味着，它能够脱离身体而独立存在。这里需要强调的是，灵魂身体质形论是形式质料质形论的一种特殊形式。如果我们认为，一栋房子是一堆被赋形的砖瓦，因为，单单就这堆砖瓦而言，如果它们被赋予别的形状，就有可能成为一面墙而非房子。那么，我们也就接受了质形说的核心主张，拒绝任何将房子等同于质料的尝试。然而，这并不能让我们合理地相信，在房子被摧毁后，它的形状能够继续存在。房子被拆后，房子的形状去哪了呢？亚里士多德认为，它哪也没去。同理，在灵魂这里，形式因本身并不能保证灵魂的可分离性。柏拉图是错误的。

亚里士多德对其前辈的回应，也体现在他从质形说所得出的两个推理中。首先，灵魂不能分离于身体而存在。其次，没必要去追问灵魂和身体是否是一。在某种意义上，它们是一。就像蜡和它的形状之间的关系一样，这里只存在着一个蜡烛，燃烧至尽。

在这些方面，亚里士多德对质形论的使用产生了直接的反柏拉图主义后果。然而，不管怎样，亚里士多德并没有以非常赤裸的方式引出它们。无论如何,一个柏拉图主义者还是可以毅然决然地去追问他想要追问的问题,比如:灵魂和身体是否是一?这并不是亚里士多德能够做出规定、进行控制的。也就是说,即便柏拉图接受质形说的框架,承认仅仅诉诸形式因本身并不能保证灵魂的可分离性和独立存在的能力,然而,与质形论相融贯的另一个可能是:灵魂或许是因为别的原因而成为可分离的。进而,人们常常认为,之所以没必要去追问灵魂和身体是否为一的问题,恰恰因为两者就是一。然而,这似乎看来是不正确的,至少不是显然正确的,即便是根据亚里士多德自己的术语来说,也是如此。事实上,我们可以认为,蜡烛的蜡与它的形状并不是一个东西。蜡是某种物质性的量,而形状则是某种精确的性质。根据亚里士多德自己的范畴理论,量和性质是不相同的,也不可能相同。因此,蜡和形状似乎也不可能是同一的。我们最多可以说,它们结合在一起形成了唯一一个东西:蜡烛。而对于这种表述,即便是极端的柏拉图主义者,也可以接受它,因为他们可以承认灵魂和身体结合在一起产生了人类。

以上这一点值得被特别强调。因为,对于灵魂和身体问题进行质形说分析,必然导致了一些哲学后果,而在对这些后果的陈述上,亚里士多德是非常谨慎的。首先,他并没有得出结论说,整个灵魂都是不可分离的,相反他还强调,没有什么能够阻碍将灵魂的一些部分分离出来。这似乎是对柏拉图主义的一个相当大的妥协。[20] 其次,亚里士多德试图保留下来,进行特别处理的灵

---

[20] 见《论灵魂》413a3–10。

魂部分，就是心灵。他最终将其描述为，不与身体混合，并且以某种方式是可分离的。[21] 因此，他的最终态度是非常微妙复杂的。尽管质形说没有给柏拉图主义敞开大门，但也没有完全对其关闭大门。亚里士多德的中间路线与其他哲学上的调和一样，具有一定的吸引力，因为它相对全面地关注到了对立双方各自着眼于的那些现象。但也正因为如此，他的观点显得晦涩不明，我们并不清楚他的最终立场究竟是什么。

---

[21] 见《论灵魂》429a13—28, 429b22—24 以及整个《论灵魂》iii5。

第六节 四因的运用：幸福和人类功能

无论亚里士多德最终的本体论承诺是什么，他的人类灵魂观无疑极大地塑造了他关于人类本性和道德性所持有的理论。正如我们已经看到的，在对灵魂和身体关系的质形说分析中，四因发挥着重要的作用。接下来，我们还将看到，在对人类幸福的分析中，四因说和质形说都将发挥着重要的作用。结果是产生了对人类幸福和善的一个客观主义说明。对这个理论的绝大多数支持，都来自于用于表述这个理论的解释框架本身。

亚里士多德提出了一个简单的问题，每一个具有反思能力的人都应该思考这个问题，即：人类生活的终极善是什么？这个问题对亚里士多德来说，显然具有浓重的目的论色彩。本质上说，它问的是"我们为什么而活"？亚里士多德指出，我们意向性地做所有事情，都是为了某个目的。我们晚上工作是为了挣钱以继续学业。出于许多原因，我们进行自我教育，其中主要包括想要获得一份收入不错的工作。而获得一份好工作的目的，一方面是为了养活自己，另一方面也是为了在物质上不至于落后于人。所有这些事情都是为了某个目标。

亚里士多德合理地认为，我们并不会无穷尽地展开活动，实现了一个目标，又去追求此目标所隶属于的下一个目标，以至于永不停歇于某个最终状态。（回忆一下柏拉图在《理想国》第二卷中的区分：我们做有些事情是为了其他的事情，而做有些事情则是为了这个事情本身。）[22] 相反，我们最终拥有一个主宰一切的目标，我们做所有事情都是为了这个终极目标。这个目标不能仅仅等同于挣钱，因为钱只是某种工具而不是目的，我们挣钱是为了钱能够给我们带来的东西，而不是为了挣钱本身。亚里士多德指出，绝大多数人都将这个终极目标确立为幸福。然而，这种一致性的达成并没有什么实质性意义，因为，不同人对幸福有不同的设想。因此，当我们说，我们最终追求幸福的时候，我们的一致可能仅仅是口头上的。如果你是个享乐主义者，认为幸福就是快乐，而你在部队里服役的邻居则将幸福视为荣誉和赞扬，那么，你们并没有就幸福的本质达成一致。事实上，即便都是享乐主义者，也许你认为肉体享乐是最好的快乐，而另一个人则对此表述否定，并将思想上的快乐当作是至高无上的。因此，在幸福这个通用称呼下，存在着许多不同的看法。

对待这个幸福观上的多样性，亚里士多德的态度并不是特别包容。首先，关于幸福，他并不是任何形式的相对主义者。他与柏拉图一样反对普罗泰戈拉，并不赞同幸福可以由个体主观地任意设想。除非有一般的理由以成为一个相对主义者，否则，在这个具体的领域中，是没什么特殊理由要去做一个相对主义者的。我们已经知道，柏拉图试图表明，相对主义作为一个一般的学说，即便不是直接自我摧毁的，最多也只是勉强融贯的。[23] 因此，亚

---

[22] 柏拉图的区分事实上是三重的。见上文 3.7 的讨论。
[23] 柏拉图对普罗泰戈拉相对主义的论述，见 3.4。亚里士多德在《形而上学》1007b19–1008a7 抱有类似的态度。

里士多德认为，对于自己的幸福是什么，人们是会犯错的。如果这个观点显得有些令人吃惊，或许我们只需要反思一下这样一个事实：现实中存在着大量不幸福的人，包括那些实现了他们人生主要目标的人。（摇滚明星时常抱怨他们阴郁的人生，但他们也承认，在成为明星之前，他们想要实现的目标就是成为摇滚明星。）进而，关于幸福，亚里士多德并不是一个主观主义者。也就是说，他否定幸福仅仅就是无论什么欲望的满足。我们经常会拥有一些愚蠢或变态的欲望。这些欲望或者来源于某个聪明的市场营销活动，或许来源于我们的嫉妒、仇恨和不满。当这些欲望得到满足后，我们感到的只是空虚，根本不知道为什么起初会有这样的欲望。因此，并不是确保获得了欲望的对象，我们就会感到幸福。这意味着，仅仅满足欲望对于幸福来说并不是充分的。

相反，亚里士多德认为，当实现了我们真正的终极目标后，我们会感到幸福，这种目标来自于我们之为人的本质。在许多方面，亚里士多德并不想要纠结"幸福"的意义是什么。（他关心 eudaimonia 的本质，这个概念通常被翻译为"幸福"。如果说，我们至少愿意去持有这样的问题，即：幸福是否可能是客观的，而非主观的，那么这个翻译就是比较恰当的。事实上，我们也确实需要去提出这样的问题。）亚里士多德想要知道的，或者也是我们想要知道的是：何种可得的生活形式对人类来说是最好的？更直接的关注在于，对我自己来说，什么样的生活形式是最好的。也就是说，在反思的基础上，什么东西本身就是值得我追求的，我做所有其他事情（比如挣钱）都是为了它，而它并不是为了其他事情，而且当这个目标满足后，我将成为一个完整的人，什么也不再缺少。

亚里士多德对此的答案就是：恰当理解下的 *eudaimonia*。

亚里士多德认为，实现这种恰当理解的方式需要借助于他的四因说，尤其需要关注目的因。在《尼各马可伦理学》中，他通过目的因来试图解决关于人类生活的最佳形式的问题。在他看来，如果我们想要知道，对人类来说什么是善，我们就需要考察人类的功能是什么。这就像是，如果我们要知道什么算是一把好刀，就需要知道刀是用来干什么的。由于刀是用来切东西的，那么，好刀自然就是切东西切得好的刀。评论一把刀的好坏，我们必须基于它是否能够很好地履行它自己的功能，去关注它是否能够计算圆周率是没有意义的。因此，决定人类生活的最佳形式，也必须诉诸人类的目的因、功能和目标，而不是去考虑他能否很好地完成一些本质上非人类活动的事务。

亚里士多德意识到，对于援引客观的人类功能，某些人会持怀疑态度。然而，他依然坚信，人类拥有一个功能，并且通过反思，我们能够确定这个功能是什么：

> 不过，说最高善就是幸福，这似乎只是老生常谈。我们还需要更清楚地说出它是什么。如果我们先弄清楚人的活动，这一点就会明了。对一个吹笛手、一个木匠或任何一个匠师，总而言之，对任何一个有某种活动或实践的人来说，他们的善或出色就在于那种活动的完善。同样，如果人有一种活动，他的善也就在于这种活动的完善。那么，我们能否认为，木匠、鞋匠有某种活动或实践，人却没有，并且生来就没有一种活动？或者，我们是否更应当认为，正如眼、手、足和身体的各部分都有一种活动一样，人也同样有一种不同于这些特殊

活动的活动？那么这种活动究竟是什么？生命活动也为植物所有，而我们所探究的是人的特殊活动。所以我们必须把生命的营养和生长放在一边。下一个是感觉的生命的活动。但这似乎也为马牛和一般动物所有。剩下的就是那个有理性的部分的生命。(《尼各马可伦理学》1097b22—1098a4）

作为亚里士多德整个伦理视野的核心，这段话清楚地表明，他对大多数人所表达的担忧是很敏感的。他们认为，人从本质上来说是无功能的。而亚里士多德则试图通过直接表明这个功能是什么，来打消这些人的疑虑。

起初，人们就担心，不谈论有意识的设计者就不应该谈论功能，这个疑虑已经被证明是没有意义的。我们也已经看到，在这个问题上，亚里士多德并不持有任何保留意见。[24] 在论证的这个阶段，他认为自己至少能够自由地去尝试着确定人类功能是什么。因为他坚信，非设计的生物和人造物一样具有功能，就像生物的组成部分具有各自的功能一样。如果我们要怀疑人具有某种功能，除非我们也能够怀疑眼睛具有功能。在亚里士多德看来，眼睛显然具有功能，它们是为了看东西的，因此，他也试图去确定人类本身所具有的功能是什么。这种尝试体现在他的功能论证（FA）中：

1. 对于任何一个类 x，通过确定 x 特有的、特征性的活动，就可以确定这个类的功能。

2. 人类特有的、特征性的活动就是理性思考。

3. 因此，人类的功能就是（或者主要包括）理性思考。

---

〔24〕关于亚里士多德的自然中无设计者的目的因的观念，见 4.4 的讨论。

4. 实践某种功能是一种活动。(在生物中,这意味着实现灵魂的某种能力。)

5. 因此,实践人类功能就是灵魂根据理性而从事的某种活动。

这个论证会引来一系列挑战。首先,很清楚的一点是,这个论证本身并没有试图确立人类有机体是可能拥有功能的。对这种可能性的假定是通过四因解释框架和其中的目的论解释来提供保障的。

尽管如此,即便我们想要承认,原则上来说,在不被设计的情况下,有机体也是有可能成为目的论系统的,(FA)也还是展现出许多严峻的问题。(FA-1)似乎就是不恰当的。对于某个类 x 来说,存在着许多活动是只有这一类的成员才做的,但这些活动很难说就是它们的功能。钥匙的功能是开锁。(这是我们知道的,因为我们赋予它这种功能。)然而,假设有这么一把铝制的钥匙,由于它的特殊成分和构造,当被戴在脖子上时,能够很好地引电,而且只有它才能完美地完成这个工作。我们还是很难接受说,这把钥匙的功能就是通过引电而导致它的佩戴者触电。即便这是一把质量很差的钥匙,切工粗糙,不能够很好地开门,我们仍然不会认为,它的功能因而就是电击它的佩戴者。

亚里士多德并不需要屈服于这种反驳。首先,(FA-1)是关于事物类的一个前提。如果相对于"是一把钥匙"这个类来说,存在着一些奇怪的钥匙,这并不能给我们任何理由,以相信钥匙的功能并不是我们赋予它们的那种功能,而是别的一些奇怪功能。进而,正如我们已经知道的,亚里士多德会否认,一把不能开门的钥匙是真正的钥匙。他会倾向于说,这只是一把同名异义的钥匙,我们说它是钥匙,或许是因为它看起来像钥匙。类似于一个女人的雕像并不真正就是个女人。

而且,与亚里士多德功能论证中的许多要素一样,(FA-1)表面上的简单,具有极强的欺骗性。事实上,在亚里士多德关于类成员资格的观点背后,有一个更宏伟、深远的本质主义形而上学论题对其进行着支撑,这个论题就是"功能性决定论题(FD)":

> 对于任何一个个体 a 和任何一个类 K,a 是 K 的成员仅当 a 展现了 K 成员本质性地所拥有的能力。(《气象学》390a10-15;《动物的生成》734b24-31;《政治学》1253a19-25)。

就此而言,对于类成员资格,亚里士多德提出了一个高度抽象的原则。这个原则的提出至少拥有以下两方面可捍卫的动机。首先,对于很多在质料构成和结构特征方面呈现出大量差异的对象,我们仍然愿意将它们归为某个单一的类:白炽灯、日光灯、卤素灯、露营灯笼、火和太阳,都属于光。不存在任何一点质料成分,是所有这些光源所共享的。相反,把它们统一起来的,只是它们都能照明这个能力。(FD)成功地解释了,为什么它们都被归为同一类。其次,对于那些不能真正发挥相应功能的复制品,我们倾向于将其置于真正发挥功能的对象类之外:同等大小的原子弹模型并不算是原子弹;打猎时作为引诱物的人造鸭并不是真鸭。对此,(FD)同样也做出了说明。具有 F 类事物的外观,却不能完成 F 类事物所能完成的活动的事物,并不是真正的 F。用亚里士多德的话来说,它们只是同名异义的 F。也就是说,我们称其为 F,只是因为我们放松了对语言的使用,扩展了我们语言的使用范围。

关于（FD）这个论题是否具有亚里士多德所设想的那种完美的普遍性，存在着严重的问题。然而，如果我们假设，它原则上是可以被普遍化的，我们就拥有了一定的理论基础来严肃对待亚里士多德功能论证的第一个前提（FA-1）。因为，如果是这样的话，（FA-1）其实就只是这个更加普遍的功能决定论题的一个运用。这样我们就可以过渡到（FA-2），一个更加具有实质性的主张，即人类所拥有的独特的、特征性的活动就是理性思考。通过上文对《范畴篇》的讨论，[25]我们已经知道，亚里士多德本质主义的内涵是非常丰富的，这种本质主义不仅仅是做出了一个模态上的承诺，即认为：如果不是理性的，苏格拉底就不可能是人。它当然蕴含这一承诺。此外，它还强调，苏格拉底所具有的理性以一种非对称的方式奠基并解释了他的其他属性。比如，假设普罗迪库斯讲了一个双关的笑话，逗笑了苏格拉底。他的笑最终是通过他的理性得到解释的。因为苏格拉底是人，他才能从事各种类型的语言活动，理解复杂的语形、把握复杂的语义。从而当他发现某个双关意义很有趣时，他就笑了。在这个意义上，笑是一个非常复杂的人类活动，牛和玫瑰花是不可能拥有的。这个活动也以一种非对称的方式被苏格拉底的理性所解释：他是理性的，所以能笑；并不是他因为能笑所以才具有了理性能力。

这些对于亚里士多德本质主义和类成员资格理论的说明，对于我们理解他的功能论证是非常重要的。它们表明，在功能论证中，亚里士多德并不仅仅是肤浅地意识到，人类恰好是唯一理性

---

[25] 关于《范畴篇》，见 4.2。

的，从而仓促得出结论说，理性就是人类的功能。相反，在这背后，他运用了更普遍的非伦理原则，而这个原则是他在别的地方发展并捍卫的。因此，他的第一个重要的结论（FA-3），即人类功能就是（或主要包括）理性思考，是从这些更普遍的原则中得到支持的。如果这些原则是可捍卫的，这个结论就是可捍卫的。这是非常重要的，因为，这个论证的其他前提并没那么具有争议性。（FA-4）仅仅只是表明，理性的实践包含着各种类型的活动。对此，亚里士多德显然持有较广义的主张，理性活动不仅仅包括狭义的计算性思考，也包括理性谋划，如实践推理和计划，以及生产性活动，如艺术和文学的创作。在某种意义上，心灵的活动是所有我们作为人而从事的活动，包括科学、思辨、创造、维持友谊、商业、政府、文化组织等等。在所有这些方面，我们都在履行特有的人类功能。而当我们做这些事情时，我们是幸福的。

准确地说，亚里士多德并不是在断言，从事如此理解下的理性活动使我们幸福。而是说，从事这些理性活动就是所谓的幸福。这个主张与我们通常谈论幸福时所采取的自然方式也许并不特别吻合。环法赛冠军在赛后本能的感觉是累而不是幸福，以至于在接下来的一个月里，他都是在休息和放松。当然，亚里士多德并不会否认这些满足的感觉是快乐的，但他否认的是，作为人类最佳的生存状态，幸福可以被简单等同于这种状态。

他的理由有三。第一，也是最重要的，将快乐和利己等同于幸福与他的功能论证是不相容的。由于快乐为所有动物共有，并非人类专有，因而也不可能是人类特殊的善。快乐确实追随着幸福，哪儿有幸福，哪儿就有快乐，但两者并不等同。第二，自我满足的甜美感觉大多数时候是被动的。如果诚如亚里士多德所言，幸福要求一个充满理性活动的人生，那么任何被动状态都不能被视为我们的最终善。最后，亚里士多德认为，我们应该接受梭伦的建议，要判断某人的人生是否是幸福的，应该"看到最后"。这并不仅仅意味着，应该通过参考整个人生进程的整体，来对幸福与否做出判断。因为，起初幸福的人生有可能被后来的不幸所摧毁。此外，亚里士多德所要传达的意思还有：如果要判断某人是否拥有人类可得的最佳生活方式，仅仅考察他人生的一个短暂片段是不恰当的。在这方面，幸福就像素食主义。只是通过观察某人在早餐和午餐之间是否吃肉，我并不能判定他是否就是素食主义者。为了使判断更可靠，我需要确定此人长久的行为模式。幸福也是一样，短暂的感觉并不就是幸福。

必须承认的是，我们有时确实把短暂的感觉当作幸福。然而，这与是否应该用"幸福"来翻译亚里士多德的 eudaimonia 并不是特别相关。更实质性的问题在于，我们是否愿意接受，亚里士多德所描述的那种状态就是人类可得的最佳生活方式。如果亚里士多德是正确的，并假设我们每个人都希望获得对我们而言最好的东西，那么，我们就应该遵循他的主张去追求终极善，无论你给它取什么名字。正如我们看到的，亚里士多德自己就已然注意到，尽管每个人都说想要幸福，但当我们进而解释这个想法时，给出的答案却是五花八门的。因此，我们追求幸福的一致性仅仅是口头上的。亚里士多德认为，我们需要的是对人类善做出一个客观的分析，从而才能擦亮了眼睛去追求它。

第七节　一个幸福者的德性

通过引入理性作为人类的功能，亚里士多德判定，人类生活的最佳形式核心地包含着理性的表达。然而，他并不因此认为，任何一种理性的表达，对好的生活来说，都是充分的。相反，他合理地将幸福的实现局限于那些能够进行良好理性活动的人。亚里士多德说："人类善就是能够表达德性的灵魂的活动。"（《尼各马可伦理学》1098a16-17）这里所说的活动，指的就是理性活动，无论是狭义上的理论理性，还是广义的实践理性。而德性指的就是，与这两种理性表达相关联的卓越形式。

在此，亚里士多德对德性的谈论显得有点奇怪，甚至让人觉得带有偏见。目前为止，我们还没有被给予任何理由以相信，只有有德性的人才能是幸福的。通过注意亚里士多德所用希腊语的语义，这种自然的疑虑可以得到部分地消解。我们可以回想一下在《美诺篇》中对这个问题的讨论。[26] 希腊语 *arete* 的意义与英语中的"美德、德性"有重叠之处，但在日常使用中，前者的意义要更丰富和普遍一些。事实上，如果我们将德性仅仅限制于道德德性，就将无法理解亚里士多德论证的力量。对他来说，德性当然包含了道德德性，但也扩展到包括其他的人类卓越形式。因此，

---

[26] 2.2 讨论了 *arete* 与美诺和柏拉图单义性假设的关系。

我们可以将他对人类善的观点合理地转述为："表达卓越的灵魂活动。"这种转述把握了他的意图，表明了并不是任何一种理性都能算是幸福，只有卓越的理性，无论是理论的，还是实践的，才是幸福。这么来说，英语的"德性"概念也可以满足这里的要求，只要我们不将它仅仅局限于道德德性。因为，我们同样希望在非道德领域中指派德性。（"他作为团队领袖而拥有的一个杰出德性在于：能够在机会渺茫的情况下依然激励大家，以发挥最大的潜能。"）正是这种普遍的用法，才能表达亚里士多德的 arete 概念。它包含狭义的道德德性，同时也包括其他各种人类卓越形式。因此，他的观点其实是这样的：人类善就是理性活动的卓越形式，即表达德性的理性活动。

如果是这样的话，亚里士多德便需要向我们提供一个关于德性的说明。毕竟，我们都希望幸福，而幸福又需要某种符合德性的理性活动，那么，如果不知道什么是德性，我们就没有可靠的方式来寻求我们的善。

《尼各马可伦理学》的很多部分都是在执行这个任务。事实上，正如已经指出的，亚里士多德将理性德性划分为两个主要的类型：理论的和实践的。理论的部分表明，我们的许多理性活动致力于理解而非行为。比如，当我们在理解数学、古生物学或者勃拉姆斯钢琴奏鸣曲的和声结构时，我们的目标并不是行动。当然，在这方面所获得的知识，最终可以被派上用场。然而，当它们被派上用场的时候，我们也因此转而从事了另一类型的理智活动，即判定在某种情形下，何为最佳的行为方式。因此，亚里士多德得出了这样的结论："德性分为两类：理智的和道德的。"（*EN*

1103a14-6）

如果关注道德德性，也就是那些属于人类行为领域的德性，那么，我们就能够懂得，亚里士多德是如何建议在日常生活中贯彻功能论证（FA）的要求的。他指出，从事伦理思考的最终目的，就是帮助我们实现善（*EN* 1103b26-34）。尽管这句话显得浅显，但它其实是内容丰富的，并对我们理解亚里士多德整个伦理学方案十分重要。他的目标并不是要对好的行为和坏的行为进行一个分类，也不是要抽象地描述什么行为是可允许的、不可允许的，或者必须要执行的。他的目标是想让人们关注，什么才能使一个人成为好人，从而指出为了成为好人而必须拥有的各种德性。因此，他的伦理学是关于德性的伦理学，这种伦理学关注好人应该具有的各种稳定的性格特征，以及研究实现个体发展所必须的途径。

亚里士多德从一个简单的想法开启了他的伦理思考，而这个想法最终证明对他的整个伦理理论具有深远的影响。如果我们想要知道，在一个普遍的功能语境下，善是如何被实现的，亚里士多德建议我们，首先将目光转向那些出色的匠人，在他们那里，我们无疑可以看到各种卓越性是如何被实现的。当我们看到一件非常漂亮的手工家具时，可以发现，它不仅实现了被设计制造出来所旨在实现的目的，而且以一种达到了完美平衡的方式实现了它的功能：它什么也不缺，同时也没有任何冗余。这样的话，任何增减都将有损于它的善（*EN* 1106b8-16）。亚里士多德进而认为，性格的德性也是一样，它在过和不及之间实现了某种平衡。

在这种观念下，亚里士多德能够将他关于性格德性的一般学说表述如下：

> 德性是一种能够产生决断的状态，构成了对我们而言的恰到好处，由正确的理性所决定，也就是那种拥有实践智慧的人用来做出决定的理性。它处于两种恶，即过度和不及之间。（EN 1106b36-1107a6; cf. 1138b18-20）

亚里士多德的中道学说表明，为了达到某种德性状态，一个在实践上有德性的人需要将自己发展成为这样一种人：他能够在任何情形下都以某种适度和恰当的方式而行为，既不回避该情形所要求的回应，也不做出过度的回应。要知道，过多的盐或过少的盐，都将毁掉一碗汤。所谓过犹不及。

首先，让我们用一个能够支持亚里士多德的例子，来阐释他的观点。不妨考虑一下勇敢这种德性。[27] 什么是勇敢？什么人算是勇敢的？首先，一个人除非处于某种稳定的状态，否则他不可能是勇敢的。一个习性上懦弱的人，不可能因为在某个场合偶尔做了件勇敢的事，就摇身一变为一个勇敢的人。这就像一个酒鬼，不可能因为在他母亲生日那天刻意不喝酒，仅凭这一年一次的行为，就能算得上是一个一般而言清醒的人。对于勇敢这种德性来说，它所涉及的那种稳定状态就在于，无论环境提出什么要求，它都能够产生出恰当类型的行为。如果为了实现某个高尚的目标，一个战士需要将自己暴露于危险之中，他就需要勇敢。然而，勇敢并不是愚蠢，它处于懦弱和鲁莽之间。鲁莽的行为和懦弱一样，都是恶。那些鲁莽的士兵，常常无视军队中正常而合理的准则，以至于导致队友陷入危险境地。这正体现了德性的缺失。而这是

---

[27] 亚里士多德对勇敢这种德性的讨论出现于《尼各马可伦理学》iii6。

一个在实践上智慧的人永远不会做出的行为。因此，勇敢是某种中间状态，既不欠缺，也不过度，既不懦弱，也不鲁莽。

亚里士多德认为，在性格所能具备的全部有德性状态中，勇敢是非常典型的。因而，我们可以借助这个框架来定义其他各个德性。[28]普遍来说，所有德性都应符合这个模式。有两个特征需要得到特别强调。

首先，正如我们已经看到的，德性是某种稳定的状态，是有德者性格上的稳定特征。在美德伦理学的视野下，这个观点并不令人感到惊奇。因为，这种伦理学旨在确定，我们应该希望成为什么样的人，而不是确定在某个特定场合下，什么样的行为是可被允许的。尽管如此，这个观点实际上有助于强化亚里士多德在设想幸福时所采取的基本方法，它同时也是关于人类最佳生活形式的理论。他的幸福理论并不是要解释：在某个特定时间，对于某个主观视角而言，什么东西被感觉为好；而是关注于：生命作为一个整体，就整个时间维度来说，什么能够使它成为有价值的。同理，他的德性理论也并不处理某个时间点上的行为描述问题，而是关注于性格所能具备的各种特征，从而告诉我们，什么特征能够长远地使得一个人成为好人。[29]

其次，亚里士多德说，德性就是由理性所决定的那种状态。更具体地说，是由拥有实践智慧的人的理性所决定的。这个观点

---

[28]关于每个德性过与不及的清楚讨论，参见 Miller, Fred D., "Aristotle's Ethics and Politics," in C. Shields, ed., *The Blackwell Guide to Ancient Philosophy* (Blackwell, 2002), pp. 184-210。

[29]关于亚里士多德对幸福的解释，见 4.6。

并不意味着，使得德性成为德性的原因，就是拥有实践智慧的人所做出的这种选择。我们还记得，当欧绪弗洛主张，虔敬就是为神所爱时，他遇到了非常棘手的问题。如果亚里士多德在德性问题上持有上述主张，他就将碰到类似的困境。[30]苏格拉底想要知道，虔敬之为虔敬，是因为为神所爱；还是因为它是虔敬的，神才爱它。对此，无论如何回答，都将产生困难。类似的，我们也会倾向于追问：是因为拥有实践智慧的人所做出的选择，使得某种中道状态成为有德性的呢，还是因为这种中道状态是符合德性的，拥有实践智慧的人才会选择它？然而事实上，这种批评并不适用于亚里士多德。拥有实践智慧的人决定了中道状态。亚里士多德所说的"决定"，只是表达了某种"模范"或"榜样"的意思。拥有实践智慧的人能够很好地、恰当地进行理性推理，因此可以被立为楷模，指导那些仍在努力中的人，最终帮助他们在各自的性格上实现德性。

在此，我们或许可以回到亚里士多德在开启其伦理学讨论时，所使用的那个类比。我们可以说，制造家具所能达到的那种平衡，是由杰出的匠人决定的。然而，匠人恰恰因为它是平衡的，才决定了它。他能够判定这种平衡，从而将其设定为工艺活动的标准。在手艺和德性的情形中，"决定"类似于说"在高速路交通堵塞的情况下，他决定了最快回家的路"。因此，正如匠人为其学徒树立了榜样，拥有实践智慧的人也为那些想要实现德性的人树立了榜样。

总而言之，亚里士多德论证了，幸福要求理性能够得到卓越的，

---

[30] 关于欧绪弗洛困境，见 2.2。

或者有德性的表达，这里面也包括实践理性。有德性地表达实践理性，要求培养稳定的性格特征，能够在广泛的实际情形下产生出恰当的行为。当然，我们不可以假装能够穷尽所有的行为环境。相反，在亚里士多德看来，我们可以提出一个基本的模式，也就是中道学说。它能够以某种一般的方式告诉我们，如何实现合乎德性的性格，并根据如此发展起来的性格指导日常生活，有德性地行为。

第八节 亚里士多德对一个苏格拉底悖论的处理：意志软弱

在处理苏格拉底关于意志软弱现象所提出的悖论的语境下，亚里士多德德性理论的另一个特征将显现出来。正如我们已经知道的，苏格拉底提出了一个论证，表明意志软弱是不可能的（IA）。[31] 这个论证的结论是，至少对于享乐主义者来说，一个主体 S 不可能在已经断定某个行为方式 A 比 B 更加快乐之后，仍然在知道和自愿的情况下，由于被快乐所征服而做出了行为 B。这个结论经常被普遍化为这样一个命题："没有人意愿性地做不好的事情"，从而可以被合理地视为具有悖论的性质。在生活中，我们经常选择某种行为，并宣称已经决定要这么去做，但在最后一刻背离了自己的决定，事后又感到后悔和遗憾。这似乎是一个不争的事实，尽管令人沮丧，但确是一个事实。苏格拉底对意志软弱的否定是一个悖论，正是因为它直接反对这个不幸但却显然的事实。

亚里士多德对意志软弱的讨论，一上来就点名批评苏格拉底。在他看来，苏格拉底的观点"与明显的表象相矛盾"（*EN* 1145b27-28）。接着，为了处理这些明显的表象，他试图说明，意志软弱在现实中是如何产生的。然而，令人惊讶的是，他讨论的结果却是

---

[31] 对于（IA）以及关于苏格拉底拒绝 *akrasia* 的讨论，见 2.4。

给出了一个有利于苏格拉底的结论,甚至也承认自己的观点在某些方面与苏格拉底是一致的,即:知识不可能像奴隶一样被激情牵着走。

最终,亚里士多德和苏格拉底都认为,对于一个拥有牢固知识的人来说,意志软弱是不可能的,或者是完全不可解释的。在亚里士多德这里,更重要的一点在于,这种知识进一步包括了实践知识,也就是拥有实践智慧的人所展现的那种知识。

实践三段论是亚里士多德用来思考人类行为的基本理论。他对于意志软弱所持有的观点,就被置于这个理论的框架下。尽管并不需要假设,每次在我们做出意向性行为的时候,脑子里都进行了这种三段论推理,但亚里士多德认为,我们至少可以对此做出一个三段论形式的理论重构。假设埃德加最近开始发胖,那么,他会做出判断,从而认为甜食对他的健康来说是不好的。因此,在健康的一餐之后,他会拒绝再吃一块蛋糕。我们把他这个实践三段论称为"健康的实践三段论(HS)":

  1.不健康的食物应该被避开。

  2.这块蛋糕是不健康的。

  3.因此,这块蛋糕应该被避开。

即便在拒绝这块蛋糕之前,他并没有真的在脑子里履行这么一个实践三段论。但它还是解释并把握了他拒绝蛋糕的决定。

当然,与其他人一样,埃德加有时候会软弱。有时候,尽管仍然坚持(HS-1),他还是会放纵自己去吃不健康的食物。

这时发生了什么?一个想法认为,另一个实践三段论干预了进来。这就是"放纵的实践三段论(IS)":

1. 甜食是应该被享受的。
2. 这块蛋糕是甜食。
3. 因此，这块蛋糕是应该被享受的。

于是埃德加放纵了自己，吃了这块蛋糕。尽管在这之前，他仍坚持着（HS-1），并督促自己要坚定地走在健康的道路上。

哪里出了问题呢？亚里士多德认为，只有当一个像埃德加这样的主体，能够被描述为"知道又不知道"如何行为的时候（*EN* 1147b17-18），意志软弱才会发生。也许他拥有知识，但却没有能够使用它。或者，也许他的知识是不牢靠的，因而在做出行为的那个时刻，被别的什么取代了。

认为在埃德加的脑子里存在着两个相互竞争的三段论，一个健康的、一个放纵的，对于理解他的行为来说是有帮助的。值得注意的是，这两个三段论的第二个前提都是真的，或者说，它们都合理地被埃德加接受为是真的，即这块蛋糕是不健康的，以及这块蛋糕是甜的。因此，埃德加挣扎于试图确定，对于蛋糕的哪一个描述应该在当下发挥作用。任何一个描述的胜利，都将把这块蛋糕置于某个相对于这种描述来说更一般的前提下，进而，这个一般前提将指导埃德加如何行为，究竟是避开还是放纵。如果关注于蛋糕不健康的方面，他就将拒绝它。而如果关注于蛋糕的甜，并认为甜的东西能够带来快乐，那么，他就会抛开健康的三段论。或许他只是让健康三段论处于某种休眠的状态，从而不能在行为指导中发挥作用。[32] 在这个意义上，苏格拉底是正确的。意志软

---

[32] 亚里士多德认为个别前提，也就是两个竞争三段论中的第二个前提"控制了行为"。（*EN* 1147b10-11）

弱确实是某种知识上的失败，尽管并非像苏格拉底设想的那么简单（*EN* 1147a14-19）。

有德性的行为要求知识，而知识既可以被激活，也可以处于未被激活的状态；既可以被发展得牢靠，也可以被发展得不牢靠。因此，我们就能够理解，为什么知识上的失败能够解释，或者至少能够帮助解释意志软弱现象。这无疑是令人高兴的，因为这种现象确实是一个谜，苏格拉底对此的强调非常正确。至少在某种程度上，它似乎包含着奇怪的精神分裂。由于未能按照自己的决策去做决定了的事情，我们感到悔恨，这时，指责和被指责的对象是同一个人。

苏格拉底和亚里士多德处理这个奇怪现象的方式，当然是不一样的，却又是紧密相关的。两者都坚信，真正牢靠的知识将使得意志软弱不可能发生，或者不可能被解释。这种对道德知识和认知确定性的引入非常重要，它能够帮助我们理解亚里士多德德性理论的另一个特征，也是常常容易被人们忽略的一个特征。至此，我们的谈论似乎表明，有德性的人是不会意志软弱的，因为他们不会容许自己的实践知识被追寻快乐的欲望所征服。这是对的，但也模糊了一个亚里士多德希望做出的区分。我们有两种方式避免意志软弱，要么通过完全的合乎德性，要么只是成为一个有节制的人。在我们的例子中，一个有节制的人即便知道蛋糕是应当被避开的，但还是会经历相互冲突的三段论，并且会受到蛋糕的诱惑。他最终做出了正确的行为。但在亚里士多德看来，这个节制的人算不上是有德性的。与仅仅是有节制的人不同，有德性的人根本不会经历内心的挣扎。相反，有德性的人轻而易举地就能做出有德性的行为，因为这么做正是有德性的体现，他们不会感觉到恶的牵引。

因此，在亚里士多德的性格等级中，从高到低是这么排列的：(i) 有德性的人，(ii) 有节制的人，(iii) 不节制的人，(iv) 恶人。最低等级的恶人与有德性的人一样，从不会感受到内心的挣扎。区别只在于，有德性的人永远做正确的事，而不需要与诱惑进行斗争；而恶人则完全是兽性的，简单地追随自己对快乐的欲望，从不考虑还有什么别的事情需要去做。在这两者之间，是两种不同的做不正确事情的方式：不节制或者意志软弱，以及节制或者意志不软弱。尽管节制比意志软弱好，但在亚里士多德理论中，两者都算不上是德性。

因此，亚里士多德的这个等级排序能够强化他德性伦理学的一个核心特征。最终，他发展德性理论的目的，是为了服务于功能论驱使下的幸福理论。因此，他关心的主要问题并不是提供标准以确定行为的好坏——当然，有德性的人在所有时候都将做出好的行为。他关心的是一个在先的问题，即：什么成就了一个好人的好；或者说，好人是如何有德性地、卓越地表达他的实践理性的。要做到这一点，正如他的意志软弱理论所强调的，必须从一个牢固的性格出发而行为，而这种牢靠的性格必须通过长时间的习惯化和训练才能形成。一个有德性的人就像一个技艺高超的小提琴家。在培养德性的过程中，起初也会犹豫、不稳定。然而，通过自己的不断努力，以拥有实践智慧的人为榜样和指导，最终他们将掌握德性的音阶，成为完全有德性的人，从此轻松行事，没有犹豫，没有内心挣扎，做什么都充满自信。

第九节　亚里士多德论哲学分析：同名异义

在思考亚里士多德的伦理理论时，我们自由地使用着诸如"善""德性""勇敢"这样一些词汇。之前，在讨论亚里士多德是如何设想那些拥有实践智慧的人时，我们已经回溯过一次苏格拉底与欧绪弗洛及美诺的对话。现在，让我们再次回忆一下这个对话中所涉及的讨论。苏格拉底对分析的冲动，明白地体现在他的单义性要求上。每一个关于德性的词汇都必须被赋予单义的精确定义。也就是说，对于所有这类词汇，都应该给出一个能够确定其本质的、非析取性的说明。[33]因此，当美诺给出的是各种各样的不同德性时——男人的、女人的、小孩的、奴隶的——苏格拉底是非常不满意的。他回应道，他所寻求的是，所有德性共同拥有的某个单一特征，是使得所有德性成为德性的那个特征。对此，美诺并没有做出任何反驳。他默认了苏格拉底这种要求，并试图满足这种要求，为德性提出一个单义的说明。

有趣的是，对于美诺最初处理这个问题的方法，亚里士多德颇抱有一定的同情。他并不认为我们应该假设，对于每一个我们想要研究的核心哲学概念，都存在着一个单义的、非析取的定义。相反，他常常攻击苏格拉底的单义性假设，认为许多词的意义都

---

[33] 苏格拉底式单义性假设，见2.2。

有很多方面。或者用其术语来说，很多词是同名异义的。我们已经遇见过类似的例子。比如，对于某个类F的那些非真实个例，亚里士多德只愿意将它们称为仅仅是同名异义的F。在这里，亚里士多德使用的语言是非常技术化的。他借用了一个通常的词汇，通过规定的方式，部分地将其适用范围扩大，并让其意义变得精确。（在司法语境中，"人"这个词的使用就是这样的。律师将公司称为"法人"。）亚里士多德所使用的这个词，本来只是指"与什么拥有同样的名字"，但却被赋予了特殊的含义。它反映了一个深刻的、有趣的对待哲学分析的态度，并且与苏格拉底和柏拉图共同预设的思路是不同的。在一个技术的层面上，亚里士多德谈论两个同名异义的事物，如果它们拥有相同的名字，但在定义和解释上相异。这种情况可能出现于一些显而易见的例子中，也可能出现在一些让人意想不到的例子中。

我们把一个人的雕塑和这个人都叫作"人"，这就显然是在不同的意义上使用这个概念。其中那个有生命的人是人，因为他展现了人的本质属性。雕塑则不具备这些属性。雕塑并不能思考、感受、知觉，并不能从事所有生命系统能够做的事情。因此，雕塑严格来说，并不是人。在这类案例中，亚里士多德认为，雕塑只是同名异义上的人。然而，绝大多数时候，只有当我们意识到，在一些分析语境中，亚里士多德正是借助同名异义这个概念，来反驳苏格拉底和柏拉图式定义的可能性时，我们才能意识到，他对同名异义的兴趣在哲学上是非常有趣的。我们从一开始感受到苏格拉底的分析冲动时，就发现他期待着对"什么是F属性"这样的问题能够给出恰当的回答，而这种恰当性则体现在它是单义的、认知上有效用的，并且不仅仅是外延上的恰当。[34]对于亚里士多德同名异义概念特别相关的，正是这种解释恰当性要求中的第一个条件，即单义性假设，它认为哲学定义必须既是普遍的又是统一的。因此，当苏格拉底让美诺对德性提供一个定义时，美诺回答道，他能够说出不同类型的德性（男人的、女人的、老人的、小孩的、奴隶的）。对此，苏格拉底表示，他已经被一大波德性所淹没，像是被一群蜜蜂包围一样。他想从美诺这里得到的，是一个关于德性的单一形式，就像他想要从欧绪弗洛那里得到的，是关于虔敬的单一形式一样。通过这个单一形式，所有有德性的、虔敬的行为才成为是有德性的、虔敬的。尽管欧绪弗洛和美诺都接受了这个要求，因为他们事实上也接受单义性假设，然而，亚里士多德对此却并不乐观。事实上，他认为，在许多情况下，美诺最初的思路是更可取的。这是因为，对于大量的哲学概念来说，包括那些从古至今非常重要的概念，单义性假设都是不适用的。

亚里士多德首先通过诉诸一些日常的语言事实来捍卫他的观点。当然，他并不认为这种对自然语言的引证就能够充分地说明问题。他正确地强调，只有当我们能够真正地在定义解释上确立起差异后，我们才算拥有了同名异义的真实案例。稍微形式化地来说，亚里士多德持有下面这个同名异义原则：

> x 和 y 同名异义地是 F，当且仅当，(1) x 是 F；(2) y 是 F，并且，在"x 是 F"和"y 是 F"中对 F 属性的解释不完全重合。为了能够在相关意义上提供一个解释，所要做的事情必然远

---

[34] 苏格拉底的定义恰当性观念，见 2.2。柏拉图对苏格拉底责难的维护，见 3.7。

远多于仅仅诉诸词汇意义。为了能够使用同名异义这根法杖，我们必须做出大量的哲学分析，这样才能向苏格拉底表明，由于事实上并不存在对于德性的唯一解释，他不可能得到他想得到的那种定义。

即便如此，亚里士多德从一些语言直觉出发，无疑也是非常恰当的，因为这些直觉或许也反映了深层次的、不易被察觉的一些细微区分。我们可以考察一下亚里士多德最著名、也是最有趣的一个例子，涉及他对柏拉图在《理想国》中诉诸善的形式所抱的态度。[35] 这种形式被认为是善的本质，所有其他善的事物之所以为善，就是因为分有了它。然而，在下面这些句子中，人们将许多不同的东西都称为是善的、好的，而且这样的例子可以轻松地举出更多：

1. 神是善的。
2. 我的墨西哥饼特别好。
3. 这电影在我预料之中，不过结尾很好。
4. 那小男孩所需要的是一次好的交谈。
5. 她的意图是好的；她有颗好心肠。
6. 这件事不会产生什么好结果。
7. 干得好！
8. 如果你想有段好经历，去试试蹦极吧。
9. 好事总会带来恶报。
10. 可靠的投资能够确保好的回报率。

---

[35] 对于柏拉图在太阳喻中对善的形式的论述，见 3.8。

亚里士多德认为，如果我们好好反思一下这个清单里所提及的所有好的、善的事物，我们就会发现，并不存在一个唯一的东西，是它们全部所共享的。因此，单义性假设是不恰当的。如果哲学家们还是坚持这个假设，他们的努力就将没有任何结果。

159　　这些不同种类的善产生了对非单义性的推测。我们很难理解神、墨西哥饼、回报率所共同拥有的是什么。神的好在于某种神圣属性，墨西哥饼的好在于它的口味和营养，回报率的好则在于它相对高的利润率。显然，利润率、口味、神圣属性是非常不同的事物。因此，对于同名异义，亚里士多德建议我们采取某种释义测试：对于某个谓词 F，在它的一系列使用范围内，如果能够把对它的各种释义进行替换而保持真值和恰当的意义，那么，我们可能碰到的就不是同名异义的案例。下面用我们手头的例子来说明这个观点，只需关注这些例子的一个子集：

原始：	释义：
神是好的。	神的德性是至高无上的。
我的墨西哥饼是好的。	我的墨西哥饼好吃而有营养。
这个投资是好的。	这个投资是有利润的。

显然，这些释义不是等价的。如果我们试图用其中一个替换另一个，这种非等价性更加明显。任何这种尝试都将产生明显错误或者完全无意义的句子。（我的墨西哥饼的德性是至高无上的；这个投资是好吃而有营养的。）由于对"好"这个谓词的各种使用的释义是截然不同且不可替换的，亚里士多德因此认为，原始句子中"好"这个词的意义也是不同的。因而，我们的结论似乎是，对于所有好的事物而言，它们借以为好的那个好的形式或善的形

式,就是不存在的。果真如此的话,苏格拉底和柏拉图的单义性假设就被证明是站不住脚的。

这个后果对亚里士多德来说是非常重要的。它对苏格拉底的使命产生了威胁,或许会导致这个使命的一个核心特征全然失去任何意义。更严重的是,从苏格拉底以来,大量的哲学研究都处于一个主导性假设之下,如今,这个假设本身也面临着失去所有意义的危险。无论如何,对分析的冲动,几乎就是哲学的职业病。然而,即便如此,要确定苏格拉底和柏拉图最终是否经得起亚里士多德反驳的考验,仅仅使用这种语言直觉是不够的,即便这种对直觉的运用被亚里士多德包装为某种释义测试。因为,在这个论证环节,柏拉图可以合法地回应道,或许存在着一个更高阶的关于善的观念,为所有善的事物所共享。善的形式把握的就是这个关于善的一般形式。这与"是一个动物"的条件是类似的,亚里士多德也认为,后者是完全单义的。柏拉图或许承认,老虎、蛇、人都是不同种类的动物,但他可以坚持认为,使得它们都是动物的那个条件是一致的。如果"是一个动物"与"是好的",在相关意义上是可类比的,柏拉图就能够在后者的语境中反对亚里士多德对同名异义的使用。当然,要使这个类比更加完善,柏拉图需要实际上提供一个精确、清楚的分析,而在《理想国》中,当他试图处理这个问题时,他认为自己并不能胜任。

然而,问题并没有完结。对于善的非单义性,亚里士多德认为,他拥有一个更加抽象、也更具说服力的论证,不仅仅只是某种释义测试。就在《尼各马可伦理学》提出功能论证之前,亚里士多德考察了柏拉图的善的形式,以试图确定是否真的存在着某个单一的善为所有善的事物所共有。他这么做的理由是恰当的，在这本书中，他将解释幸福的本质，而幸福则是人类最高形式的善；如果存在着一个包含一切的普遍的善，那么，人类的善就将只是它的一个特例。因此，对幸福的分析必然就会涉及对善本身的分析，正如柏拉图《理想国》所已经表明的。

亚里士多德认为，他能够表明，并不存在所有善的事物所共同拥有的单一形式的善。即便是在对人类好的事物中，比如快乐、理智、荣誉，他也能在解释上发现不同，从而发现非单义性。然而，他的观点并不仅仅是，对快乐、理智、荣誉的解释存在着差别，而是说，使得这些状态成为善的原因是不同的，它们对我们而言是善的方式也是不同的。在攻击善的单义性时，亚里士多德在一个高阶层面上诉诸了他自己的范畴理论。[36] 用他偏好的术语来说，"善与存在一样是在许多不同的层面被谈论的"。他的意思是，善和存在是一致的，正如什么是一个实体与什么是一个量、性质、关系等等是不同的，不同范畴的善也是不同的。比如，在时间范畴中，准时就是好；在实体范畴中，成为神就是好；在性质范畴中，有德性就是好。由于这些都是不同的，从而善在不同的范畴也是不连续的。因此，与柏拉图设想的不同，善是非单义的。

在形式化的表达下，亚里士多德对善的同名异义的论证（HG）简单而有趣，但也充满争议：

  1. 善和存在一样，都是在不同的层面被谈论的。

  2. 存在是非单义的。

---

[36] 亚里士多德对范畴的引入，见上文 4.2。

3. 因此，善是非单义的。

这个论证只有两个前提。(HG-1)试图在善和存在之间建立起类比，因为两者都是非常高阶及宽泛的词项。(HG-2)诉诸范畴学说。在此并没有再对此学说提供论证，而只是假设了它。通过这个理论，亚里士多德指出，范畴分类系统中最高的层次，即每个范畴的顶头项之间并不具有任何共同处。并不存在更进一步的属将它们统一起来，就像动物这个属将马、鱼、老虎和人统一起来一样。如果这是正确的，并且（HG-1）中的类比是成立的，那么亚里士多德对柏拉图的单义性假设就提出了一个强大的论证。

现在，要确定柏拉图是否应该接受（HG-1）和（HG-2），是非常困难的。这不仅要求我们去研究范畴理论本身，而且还需要我们研究亚里士多德在范畴和善之间建立的那种分类学上的类比。前者就已经是一个非常困难的任务了，涉及许多复杂的形而上学问题。后者也能够非常快地将我们卷入一些极其抽象的问题中。然而，(HG)至少提供了一种研究的框架，一个中立的第三方可以将其接受下来，在其中考察亚里士多德在善的问题上的反柏拉图主义立场。这个框架也能够带领我们超越亚里士多德的释义测试。这个测试尽管由于简单而具有相当的吸引力，但却不足以在最终的道路问题上做出裁决。

无论这种研究最终会把我们带向何方，重要的是，在从事这项研究的时候，千万不能忽视亚里士多德同名异义观念的第二个特征。要想恰当理解亚里士多德关于哲学分析所持有的一般思路，这种忽视会起到彻底毁灭性的反面效果。至此，我们已经发现，同名异义对于非单义性来说是充分的。在这个意义上，它首先是一个负面的、破坏性的观念。苏格拉底,或柏拉图,或任何习惯于苏格拉底分析冲动的人,都假设了 F 属性的单义性。相反,亚里士多德提出了一个论证,表明 F 实际上是同名异义的,因而是非单义的。如果他是正确的,那么,从事苏格拉底或柏拉图式的研究就没有任何意义。然而重要的是,亚里士多德并没有假设,成功地建立了单义性就意味着分析已经彻底结束了。也就是说,在他看来,在许多情况下,即便 F 属性是同名异义的,仍然还存在着大量空间以进行建构性的分析。在这个方面,他的观点必须清楚地与许多 20 世纪哲学家们的观点区分开来,后者追随维特根斯坦,认为单义性本身就足以摧毁所有的哲学分析。根据这些哲学家的主张,当我们非常仔细地审视某些核心哲学概念时,能够发现的最多只是某种形式的家族相似,也就是家庭成员之间互相具有的那种相似性。比如,我们或许会发现,威尔逊家的孩子们长得都很像,然而找不出任何一个特征是只有威尔逊家的孩子们全都拥有的。在这类案例中,我们发现的是一系列交叉纵横的相似性,它们将这些孩子标识出来,共同归属于威尔逊家。然而,我们不可能找到一个单一的成员标志。使用这种模型,维特根斯坦认为,"是一个游戏"这个属性就是家族相似的:对于成为一个游戏的资格来说,并不存在充分和必要的条件。但我们还是能够断定那些被称为游戏的活动是一个游戏。象棋和橄榄球都是游戏,但我们很难看出,它们共同具有什么东西,是那些同样由规则引导的、有组织的活动所不具有的。(集邮社的集会是根据规则开展的,但并不算游戏。)这或许也是意料中的事,因为游戏总是被约定的。当家族相似的概念被扩展到苏格拉底和柏拉图试图寻求本质的那些概念上时,事情就变得很有趣了。如果我们认为,善、美和虔敬只是家族相似的概念,那么,我们就明确地拒绝了单义性假设,并指责苏格拉底和柏拉图对它的假设只是在浪费我们的时间。

亚里士多德并不抱这种态度,并不认为同名异义是完全破坏性的,如维特根斯坦对家族相似所设想的那样。相反,如果我们把单义性放在一个极端,把家族相似放在另一个极端,那么,亚里士多德的立场实际上处于两者之间。因为,他强调,在一些同名异义的例子中,我们可以发现核心依赖这种特征。在阐明这个具有核心依赖性的同名异义观时,亚里士多德的典型方式,是通过诉诸这种现象中的那些毫无争议的案例。让我们考虑下面这些句子:

1. 苏格拉底是健康的。
2. 苏格拉底的面色是健康的。
3. 苏格拉底的运动计划是健康的。
4. 苏格拉底的晚餐是健康的。

亚里士多德认为,对于这些句子,有两点应该是清楚的:

(a)在这些使用中,"是健康的"这个谓词是非单义性的;然而(b)这些使用中的谓词是系统性地相关联的。

由于对面色上健康的解释与对其他情况下健康的解释是不同的,我们似乎可以得出结论说,健康是同名异义的。面色的健康在于它指示了健康;运动计划的健康在于它能够产生健康;而苏格拉底的健康则在于他活得好,没有疾病。如果我们愿意承认这些,那么,我们就能承认健康是同名异义的、非单义的。然而,亚里士多德进一步的积极主张是这样的:健康是核心依赖性的同名异义。这个建构性的思想似乎来自于这样一个事实：(2)到(4)中，对"是健康的"的解释都必须不可还原地诉诸(1)中所涉及的健康观念，而后者被亚里士多德视为是这个谓词的核心用法。比如，我们说苏格拉底的晚餐是健康的，是因为它能够产生或维持健康，也就是(1)中所说的苏格拉底享有的那种状态。同理，健康的面色是因为它指示着健康，指的也是(1)中所赋予苏格拉底的那种状态。进而，为了给(1)中的健康提供一个解释，我们并不需要以任何方式直接或间接地诉诸(2)到(4)中的健康观念。总之，(2)到(4)在分析上非对称地依赖于(1)。因此，它们只是围绕着核心使用而展开的众多非核心使用。因此，"健康"是具有核心依赖性的同名异义词。

只有当维特根斯坦关于游戏本质的看法被普遍化后，它才具有了哲学上的相关性。同样的，尽管亚里士多德已经向我们表明，健康是一个具有核心依赖性的同名异义概念，但只有当他同时表明，其他的核心哲学概念也是如此之后，我们才会觉得，他对健康的说明在哲学上是有趣的。然而，事实非常清楚，就大量的概念而言，亚里士多德恰恰做出的就是这样的主张。这些概念包括：正义、原因、必然性、友谊等等，甚至同样也包括一些更抽象的概念，如善和存在。他在这方面的观点不仅与我们最终评估柏拉图对哲学分析的承诺是相关的，并且与许多当代哲学研究也是相关的，如心灵的本质、因果性、意识、正义、同一性和知识。许多当代哲学家和柏拉图一样，假设了单义性，对分析的冲动从苏格拉底以来，一直激发着哲学研究，直至今天。亚里士多德提倡的具有核心依赖性的同名异义，部分地批评了这种冲动，但最终也容纳了它。尽管核心哲学概念展现出异质性,而非如单义性假设者所接受的那样。但它们也展现出统一性,拥有秩序和结构,而非如家族相似理论者所允许的那样。即便苏格拉底所追求的那种哲学统一性遭到了挑战,亚里士多德提出的具有核心依赖性的同名异义,还是为我们在面对这些挑战时,提供了一种进行哲学理论化思考的积极形式。

结　论

早期的自然哲学家,那些唯物主义一元论者,满足于提出"万物皆水"这样一些解释。在现在看来,它们朴素到近乎头脑简单的程度。从他们开始,一直到亚里士多德开始关注具有核心依赖性的同名异义,我们穿越了一段很长的时间距离。然而,对于那些最早的哲学家而言,当他们在回应世界表象的复杂特征时,无论提出的理论在当下看来是多么奇怪,在一定意义上他们所展现的现代性,也同样令人惊讶。比如,这些理论暗含着对简单性、自然主义、理性解释的融贯性的推崇。苏格拉底、柏拉图和亚里士多德都以不同的方式分享着他们那种早期的乐观主义精神:哲学进步是可能的——然而,由于这门事业具有抽象的、高要求的本质,这种进步从来不是容易的。但它所能带来的回报一直在召唤着我们。正如亚里士多德所说:"人们之前开始做哲学,包括现在做哲学,都是出于好奇。首先是对他们眼前的奇怪事物感到好奇;进而,由于发现了更多令人困惑的事情,他们一点一点深入地研究下去。"事实上,"好奇的人认为自己是无知的……并且从事哲学以求避免这种无知"。最终,我们能够摆脱无知,进入一种相反的状态。这种状态在苏格拉底看来几乎是神圣的。而这,就是知识的状态。用亚里士多德比较朴实的话说,这种状态"更好"[37]。

推荐阅读

一手文献

便捷的两卷本亚里士多德全集:

Barnes, J. (ed.) *The Complete Works of Aristotle: The Revised Oxford Translation,* 2 vols (Princeton: Princeton University Press, 1984).

两本可靠的亚里士多德选集,其中包括学生们读的最多的著作:

Ackrill, J. (ed.) *A New Aristotle Reader* (Oxford: Oxford University Press, 1987).

Irwin, T. and Fine, G. (trans.) *Aristotle: Selections,* with introduction, notes, and glossary (Cambridge, MA: Hackett, 1995).

[75] 中的亚里士多德术语表非常棒(方括号中的数字指示书最后完整的推荐阅读书单中的条目):全面、精确、易于学习。学

---

[37]《形而上学》982b12—20, 982b29—983a12, 983a19。

生们在研究亚里士多德哲学时会发现特别有用。

对于有志于进一步研究亚里士多德哲学的学生来说,牛津大学出版的 Clarendon 亚里士多德系列是非常不错的翻译,带有评论和注释。与本文讨论相关的文本包括:

Metaphysics Z and H, trans. D. Bostock with commentary (Oxford: Oxford University Press, 1994).

Physics I and II, trans. W. Charlton with introduction and notes (Oxford: Oxford University Press, 1984).

De Anima, trans. D. Hamlyn with notes (Oxford: Oxford University Press, 1995).

Categories and De Interpretatione, trans. J. Ackrill with notes (Oxford: Oxford University Press, 1962).

De Generatione et Corruptione, trans. C. Williams with notes (Oxford: Oxford University Press, 1982).

对于本文未涉及的论题,这个系列的其他文本具有很好的参考价值。

许多学生第一次接触亚里士多德是通过阅读《尼各马可伦理学》,最好的译本,同时包含非常有用的术语表和解释性注释:

Irwin, T., *Aristotle, The Nicomachean Ethics* (Cambridge, MA: Hackett, 1985).

二手文献

和苏格拉底、柏拉图一样,关于亚里士多德的当代文献,无论是书还是文章都非常之多。许多文献都很技术化,只适合高年级学生。但也有一些清楚可及的导论，最好的有：

Ackrill, J., *Aristotle the Philosopher* (Oxford: Oxford University Press, 1981).

Barnes, J., *Aristotle* (Oxford: Oxford University Press, 1982).

Lear, J., *Aristotle: The Desire to Understand* (Cambridge: Cambridge University Press, 1988).

Ross, W., *Aristotle* (London: Methuen, 1923).

Shields, C., *Aristotle* (London and New York: Routledge, 2007).

关于亚里士多德作为一个思想家的发展历程，有一本经典著作：

Jaeger, W., *Aristotle: Fundamentals of the History of His Development*, trans. by R. Robinson, with author's corrections and additions (Oxford: Oxford University Press, 1948).

一些有用的文集包括：

Barnes, J., *The Cambridge Companion to Aristotle* (Cambridge: Cambridge University Press, 1995).

Barnes, J., Schofield, M., and Sorabji, R. (eds) *Articles on Aristotle. 1: Science* (London: Duckworth, 1975).

——*Articles on Aristotle. 2: Ethics and Politics* (London: Duckworth, 1976).

——*Articles on Aristotle. 3: Metaphysics* (London: Duckworth, 1979).

——*Articles on Aristotle. 4: Psychology and Aesthetics* (London: Duckworth, 1975).

第五章 希腊化时期的哲学

第一节　希腊化时期

早期的学者倾向于认为，亚里士多德于公元前322年的离世，标志着一个漫长的哲学衰落期的开始。比如，尽管罗素对亚里士多德展开了激烈的批评，但他仍然指出"在亚里士多德去世后的2000年间，没有哪个哲学家的地位能够和他相当"[1]。虽然罗素并没有提及任何一个在其心目中与亚里士多德地位相当的哲学家的名字，但他显然有意地忽略了中世纪哲学中所有的重要人物，以及古典时期结束后，在古代世界发展起来的那些非常复杂并拥有永久影响力的哲学流派。这些就是希腊化时期的哲学流派，它们的名字甚至进入到了我们当下的流行词汇表中：伊壁鸠鲁主义者、斯多葛主义者和怀疑论者。

亚里士多德的离世与希腊世界的重要转变，确实是同步的。这种转变最终既导致了衰退也产生了发展。亚里士多德去世前一年，也就是公元前321年，亚历山大大帝去世。泛希腊世界的关系在许多方面都发生了变化。在亚历山大领导下的马其顿势力兴起之前，雅典的支配地位就已经开始下降了。而在他去世后，这种支配地位进一步地持续消散。更一般地来说，在整个希腊世界中，经过多年经营的城邦权势，在这个时期大大衰落了。这些在政治

---

[1] Russell, Bertrand., *A History of Western Philosophy* (London: Allen and Unwin, 1946), 159.

关系中的转变，标志着古典时期的结束。这个时期达到了一个哲学高峰，诞生了以苏格拉底、柏拉图和亚里士多德为代表的伟大哲人。

尽管哲学史家们倾向于持有不同的意见，但事实上，古典时期结束后所产生的政治、社会转型，并没有带来哲学上的普遍退化。对于希腊化哲学，首先需要明白的是，罗素及其他哲学史家就这一时期的哲学工作所表达的尖刻蔑视，不可能再被延续下去，甚至很难再被严肃对待。也许在某种程度上，对希腊化哲学的贬低，在几代人以前的时期更容易得到理解。然而，即便在这种程度上，这种贬低确实可以被理解，那也只是因为，几乎直到近几年来，那些严肃且胜任的哲学史家们，才开始知道希腊化哲学家的实际主张，甚至在一定程度上才开始知道这些哲学家都是谁。这个时期的许多人物——包括基提翁的芝诺、克里希波斯、卡尔内阿德斯以及阿尔克西拉乌斯——都很神秘、不为人知。直到今天，这些哲学家的名字也不可能像苏格拉底、柏拉图和亚里士多德一样家喻户晓。

希腊化时期哲学家们身份上的相对不明确，原因部分也在于他们著作保存流传的历史不是很顺畅。在古代重要的哲学家中，柏拉图是唯一一位著作得到完整保存的。亚里士多德的著作尽管没有全被保存下来，其中大部分也得到了保存。[2] 和这两位相反，希腊化时期哲学家们在著作保存方面的命运则比较悲惨。我们几乎没有任何这个时期的完整著作。其中大部分都只是后来作者们

---

〔2〕关于亚里士多德现存著作的特征，参看：Shields, *Aristotle* (London and New York: Routledge: 2007), §1.4。

所引述的残篇、论述编纂家们（这些作者的任务只是去记录之前作家的观点）保存下来的对他们主要学说的释义，以及后世思想家对他们的讨论，而这些思想家往往在转述他们观点的时候，都抱有非同情的态度。事实上，我们发现在许多情况下，后世哲学家们愿意屈尊重述希腊化哲学家的思想，目的只是为了反驳它们。这种转述或记录因而仅仅存在于那些论战文章中，充满着嘲讽和挖苦。尽管从这些来源中，我们也能学到很多东西，然而，如果要开始对他们的观点进行严肃地哲学评估，必须开展大量谨慎仔细的思想考古学工作。

所幸的是，尽管研究还在进行中，已经有大量的工作以很高的标准得到了完成。因此，我们现在正处在研究希腊化哲学的一个令人振奋的时期。[3] 说来或许让人觉得奇怪，事实上，自从希腊化哲学在历史上得到第一次表述以来，置身于我们现在这个时代或许比之前任何时候，都能更好地去评估那段时期的思想。仅仅从一两代学者之前开始，对于希腊化时期各个学派的主要学说和发展，我们才逐渐有了合理、可靠的判断。当然，关于细节的问题、关于如何判断他们的终极意图，还处于激烈的讨论中。在本书中，我们将概述希腊化哲学家所持有的一些最具特色的观点，强调这

---

[3] 对英语学生来说，最有价值的资料是 *The Hellenistic Philosophers* by A.A. Long and D. Sedley (Cambridge: Cambridge University Press, 1987)。这个两卷本的资料书收集了上百位希腊化时期不同作家的文本。文本是按照论题编排的，翻译专业，并伴有简洁的导论性评注。这应该是想要了解更多希腊化哲学的学生的首选。本书中，在可能的地方，我交叉引用了这个著作，标有 LS。因此，比如，下面第一段对伊壁鸠鲁的话是这样引用的："《致美诺西斯的信》130-132=LS 21B。"这指的是，这段话来自伊壁鸠鲁《致美诺西斯的信》，130-132 行，而相关的段落被转引在 Long 和 Sedley 的书中，作为 21 节的段落 B。

些观点的特殊性和挑战性,并且在必要的时候,将他们的观点与古典时期的观点进行对比。

在进入希腊化时期哲学之前,无论我们是否假设当时政治上的不稳定和转型有助于解释我们所看到的哲学上的发展,下面这个谨慎的、大方向上的概括应该是恰当的,即:希腊化时期的哲学开始了一个内观的、实践的转向。尽管柏拉图和亚里士多德显然也进行严肃的实践哲学方面的思考——《理想国》关心我们为什么应该希望成为正义的;[4]而《尼各马可伦理学》则研究人类幸福,探讨什么是人类可得的最佳生活形态的问题[5]——这两个作者也更纯粹地研究其他形式的知识。事实上,在将知识分类为理论的、实践的和生产的之后,亚里士多德进而指出,人类知识的最高形式就是理论知识,而非实践和生产知识。[6]相反,希腊化时期的各个哲学流派,都将哲学的目的主要看作是实践性的:从事哲学的最终目的,或许在于我们能够活得更好;为此而提出的各种理论,无论需要达到怎样的复杂程度,它们仍是服从于并服务于这个目标的。

即便如此,为了避免从这个概括中做出任何具有误导性的推理,有两点警示是非常重要的。首先,我们不应该认为,这个时期的各个学派对于实践哲学的首要地位自觉地达成了共识,更不应该认为,他们对于如何通过哲学实现人生成功的最佳途径持有

---

[4] 对于柏拉图《理想国》中对正义的解释,参看 3.7。
[5] 关于亚里士多德关于幸福和人类繁荣的观点,见 4.6。
[6] 关于亚里士多德对科学的划分,见 Shields, *Aristotle* (London and New York: Routledge: 2007), §1.5。

一个相同的观点。相反，正如我们将要看到的，他们在这些问题上的观点截然不同，不仅有别于之前的哲学家，互相之间也远远未能达成共识。其次，也是更重要的一点，我们不应该假设，这一时期的哲学不如柏拉图和亚里士多德时期的哲学那么技术化和艰深。因为恰恰相反，它在许多方面更加技术化，同样在许多方面对读者的要求更高。因此，即便我们那个大方向上的概括是正确的，它也容易掩盖这个时期一个重要的、激动人心的思想层面：正是因为它们对如何生活得好这个问题所给出的建议大相径庭，希腊化时期的一些哲学家才意识到，有必要发展出复杂的逻辑系统，并且三个主要的学派也都在认识论和心灵哲学中做出了许多杰出的原创性工作。

理解这一点的最佳方式，就是区分各个学派对如何获得人类幸福所推荐的不同路径：(1) 伊壁鸠鲁主义者：伊壁鸠鲁（前341—前270）的追随者们；(2) 斯多葛主义者：希腊化时期最大也是影响最深远的学派；(3) 怀疑论者：他们组织松散，却持续存在着，坚持认为幸福来源于对所有思想承诺的悬置。[7] 尽管这三个学派内部都不是铁板一块，但借助于它们对通往幸福的最牢靠方式的设想，我们还是能够对它们每一个都赋予一种核心特征描述，而将它们区分开来。

伊壁鸠鲁主义者是享乐主义者，认为幸福就是快乐；快乐就是免除痛苦；而大量的痛苦都是由完全可避免的心灵扰动所导致的。在伊壁鸠鲁主义者看来，幸福的一个关键要素在于，我们能

---

〔7〕关于苏格拉底的无知，见 2.3。

够对物理世界，以及人性在其中的位置，获得恰当的理解。在伊壁鸠鲁眼里，物理世界就是唯一的世界：在终极的原子物理成分，以及它们所组成的其他物理对象之外，什么也不存在。

因此，我们发现，在伊壁鸠鲁主义者这里，古典时期的两个核心观点已经被鲜明地拒绝了：柏拉图的形式理论[8]，以及亚里士多德的反享乐主义幸福观。[9]伊壁鸠鲁主义者否认存在着任何超知觉的对象，而这种对象正是柏拉图的形式旨在成为的对象。他们也认为，幸福更多地与个体知觉者的内在状态有关，而非任何客观给定的框架，而后者恰恰是亚里士多德功能论证的基础。[10]伊壁鸠鲁主义给出的幸福方子则是：我们应该最小化痛苦，最大化快乐——然而，我们将会看到，这显然并不意味着应该去寻求奢华的生活，像当代的所谓"伊壁鸠鲁主义"所建议的那样。相反，伊壁鸠鲁主义努力避免，而不是颂扬那种充裕过度的快乐。

伊壁鸠鲁建议我们只去追求那些最不可能逃离我们的快乐，那些由于满足了自然而必要的欲望所得到的简单快乐。他强调，我们应该抛开许多非常真实，但完全不必要的欲望。这些欲望——对名望、不朽、显赫消费的欲望——是人为引起的，哪怕经过一点点反思，就知道它们完全是不必要的。这些欲望最终被证明只是心理上的固定负载，无用的包袱，只会拖住我们通往幸福的后腿。对于它们，应该一旦发现，就抛弃。因此，确定什么欲望是必要的，什么欲望是不必要的，就成为伊壁鸠鲁主义者的一项核心任务。

---

[8] 关于柏拉图形式理论，见 3.5–3.6。
[9] 关于亚里士多德的人类幸福观，见 4.6。
[10] 关于亚里士多德的功能论证，见 4.6。

斯多葛主义者并不赞同伊壁鸠鲁主义式的享乐主义，无论这种享乐主义其实是多么的简朴。相反，令人惊讶的是，他们认为，唯一的人类善就是德性，这种观点无疑是对苏格拉底的响应。因此，他们贬低任何其他通常被认为是善和值得欲望的东西——快乐、物质享受、钱、家庭、名誉，甚至健康。尽管他们也承认，这些东西偶尔也会为完全投身于斯多葛主义的人所偏爱和选择，但严格的、成熟的斯多葛主义者对这些引诱是漠然的，因为它们与人类善没有任何关系。人类善只存在于德性中。

更复杂之处在于，斯多葛派对德性的解释，乍一看是很独特的，甚至是很奇怪的：德性在于根据自然而生活；或者更全面地说，德性就是只认可自然所给定的东西、接受宇宙自身所是的样子，而不是徒劳地去改变事物自身所是的状态。那些奋力反抗不可避免的事物的人，只会遭受不幸。那些不满于命运的人，自甘陷于愚蠢的愤怒中，或者为自己不能掌控的事件而感到悲伤。人生的目标是德性，而德性则是使自己适应于事物自身之所是。因此，我们现在所使用的形容词"斯多葛的""斯多葛式的"，其中所蕴含的那些"禁欲""坚忍"之类的意思确实来源于真实的斯多葛派观点。但如果这些词被使用来意指，斯多葛派在获得幸福的途径上，要求我们残忍无助地、宿命论地接受我们所不能改变的东西，那么，它们将是非常具有误导性的。

部分地因为他们所具有的想要遵循自然而生活的动力，斯多葛主义者发展出了高度技术化的逻辑理论和认识论。为了能够成功地适应世界，显然需要首先确定世界实际所是的样子，这进而要求将世界所显现的样子与表象背后的真实世界区分开来：事物并不总是它们所显现的样子。世界的表象并不就是世界。

希腊化时期的怀疑论者抓住后面这个事实，专门用它来反对斯多葛主义者，以及所有他们所认定的其他教条主义者。根据怀疑论者的观点，教条主义者认为自己能够对世界实现充分的把握，从而将世界实际之所是与其表象区分开来。怀疑论者正确地注意到，即便根据教条主义者的学说，想要生活得好，就需要将表象和实在区分开来。伊壁鸠鲁主义者必须能够区分假的快乐和真的快乐；斯多葛主义者则为了能够按照自然本身的样子生活，必须能够区分世界真实之所是与它向我们显现之所是。而怀疑论者则认为，我们永远不可能成功地做出这种区分。

然而所幸的是，在怀疑论者看来，我们的这种无能，其实是能够为我们带来好处的：一旦意识到了永远不可能认识世界本身的样子，我们就应该停止努力，悬置所有对知识的主张，甚至是对信念的主张，完全根据世界的表象而生活。当我们这么做以后，巨大的宁静就会降临到我们头上。（怀疑论者与伊壁鸠鲁主义者使用了同一个词来描述这种美好的状态：ataraxia，也就是某种宁静，或者说免于冲突的自由状态。）只要我们放弃那些徒劳无果的自大和教条，生命就能给我们提供完美的宁静。

因此，在一定程度上，希腊化时期的学派确实变得注重内观和实用性，但却是在某个非常复杂和宏大的层面上发生的这种转变。每个学派都以他们自己的方式，主张我们去反省欲望、信念、希望、情绪的恰当性，并都建议我们采取某种与世界实现和谐的方式。每个学派也都既对欲望、情绪的本质进行了理论思考，也更一般地对表象和实在进行了理论思考。然而，正如我们已经开始了解到的,他们对这些问题的思考路径大相径庭,对如何实现与世界的和谐,也给出了根本不同的方案。为了更加具体地理解他们各自学说的发展,我们现在依次转向这三个学派。

第二节　伊壁鸠鲁派

相对于希腊化时期的另外两个主要运动来说，伊壁鸠鲁学派更值得被称为一个学派。因为伊壁鸠鲁拥有一个花园，经常与其追随者们聚集其中，以高度发达和系统的方式进行哲学研究。和古代时期一般的哲学流派不同，他的追随者中既有女人、奴隶，也有妓女和其他社会底层人士。这种学园政策表明伊壁鸠鲁是一个开放包容的人，也反映了他能够将理论和实践完美协调的可敬能力。伊壁鸠鲁的学说并不允许在人类及其感知快乐的能力之间做出任何不公平的区分，无论是性别还是阶层。因此，他欢迎所有的人，无论背景如何，都加入他的学园。一旦被接受入园，他的追随者们就努力执行他的哲学原理，将其贯彻于生活之中。由于人际间的这种亲密关系，他们对伊壁鸠鲁所宣扬的高度发达的理论学说，可谓非常之熟悉。他也因此在其追随者中，实现了比较高程度的统一性和融贯性，而这是斯多葛派和怀疑论者阵营所不具备的。

伊壁鸠鲁主义的文本来源和核心论题

对伊壁鸠鲁各种观点的可及程度，我们所处的情形在不同方面既是幸运的又是不幸的。尽管写了很多东西，[11]但大多数他自己

---

[11]论述汇编者第欧根尼·拉尔修写作于3世纪，那已经是伊壁鸠鲁死后很久了。他将其《哲学家生平》的第10卷献给伊壁鸠鲁，并列举了超过40本他的著作。

的著作都已遗失，其中包括重要的作品《论自然》。[12] 然而，存在着三封伊壁鸠鲁写的、具有高度教育意义的信件。它们旨在作为其追随者的基本导引：一封写给希罗多德，涉及他的物理理论；一封写给美诺西斯，涉及他的伦理学说；最后一封写给皮索克勒斯，详细阐述了他的天文学和气象学的基本特征。最后一封信的真假存在着一定的争议，但很有可能是真的。前面两封的真实性比较可靠，也是本书讨论伊壁鸠鲁学说的主要文本来源。

除了这些信件外，我们有两部关于他学说的汇编，各自对伊壁鸠鲁的基本原则提供了概论。它们分别是：《主要信念》（有时被称为《主要学说》，或者直接用其希腊语标题 Kuriai Doxai）以及《梵蒂冈语录》（正如它的名字所表明的，这是一部保存于梵蒂冈的手稿）。它们都是对伊壁鸠鲁著作的摘录，汇编在一起，旨在教导伊壁鸠鲁主义的初学者。因此，在这个意义上，我们是很幸运的。我们拥有伊壁鸠鲁学说的基本要素，而且是以一种在他看来特别适合初次学习他哲学的人所使用的方式呈现出来的。

除了伊壁鸠鲁自己的著作外，拉丁诗人卢克莱修也为我们提供了宝贵的伊壁鸠鲁主义学说的材料来源。他写了长篇教化诗，旨在让人们皈依伊壁鸠鲁主义。尽管卢克莱修的著作写于公元1世纪，也就是伊壁鸠鲁之后300年，并且学者们就其作为伊壁鸠鲁主义哲学家的原创性和独立性程度有所争议，他的诗《论物性》（*De Rerum Natura*，有时也被称为《论宇宙的本性》）还是可以被合理地接受为伊壁鸠鲁学说的真实来源。卢克莱修显然将自己视

---

〔12〕这部著作的一些部分在赫库兰尼姆的一个村庄中被保留了下来，尽管遭到了严重损坏。这个村庄在79年被维苏威火山爆发所淹没。修复工作正在进行中。

为伊壁鸠鲁主义的使徒，而在这方面他并没有弄错。〔13〕

卢克莱修不断地关注伊壁鸠鲁学说中的一个重要的核心特征，我们或许也可以追随他穿过这扇大门而进入伊壁鸠鲁思想的世界。这个特征就是：伊壁鸠鲁嘱咐我们，一定要抛弃对死亡所具有的非理性的、使人衰弱的恐惧。正如伊壁鸠鲁所说："死对我们来说什么也不是，因为当死亡存在的时候，我们就不存在了；而当我们存在的时候，死亡则不存在。"〔14〕尽管对死亡的恐惧弥漫于所有的年龄和阶层，无论老少，无论高阶层还是低阶层，都对死亡的来临感到恐惧而颤抖，但伊壁鸠鲁认为，这种恐惧没有任何用处，因此应该从人生中摒除。首先，这种恐惧显然改变不了死亡会来临的事实：我们终将死去。其次，也是更重要的一点在于，这种恐惧尽管完全没有任何意义，不能改变不可避免的事态，它却积极地、强烈地影响着我们的生活质量。它产生各种担忧和精神上的焦虑，使我们处于无意义的痛苦忧虑之中。与其怀抱着这种非理性的、使人衰弱的恐惧，不如将自己从它的控制中解放出来，将注意力转向这个世界现实地为我们所提供的唯一的善和好处上，这就是快乐。在伊壁鸠鲁看来，快乐就在于我们心灵和身体的镇静。对死的恐惧能够摧毁这种镇静。因此，使人不安的、对死亡的恐惧能够削弱我们生活的福利和质量。

伊壁鸠鲁关于死亡的建议，包含着他哲学中的许多核心要素。首先，人们出于很多原因而恐惧死亡。有些人，主要是有神论者，担心死后他们会变成什么样。他们生前犯的错误会被惩罚吗？他

---

〔13〕下面我将采取一个简化的假设，即卢克莱修是伊壁鸠鲁的可靠代言人。
〔14〕《致美诺西斯的信》122-125 = LS 25 A and 24 B。

们会在恶神那里遭受痛苦吗？如果他们犯了罪（他们犯了），会在地狱遭受折磨吗？其他人的不安则有其他的理由：虚无的前景本身，就使他们感到恐惧。比如，西班牙存在主义哲学家、散文家米盖尔·德·乌纳穆诺就描述过他对虚无所拥有的惊人的童年恐惧。这并不是对死后惩罚的恐惧，而是对死后虚无的恐惧："就我自己来说，当我还年轻，甚至还是个孩子的时候，无论多么生动的地狱图片出现在我面前，都完全不会让我感到害怕。因为，即便早在那时，就已经没有什么比虚无本身更让我感到恐惧的了。"[15]乌纳穆诺并不害怕神圣惩罚或者死后的痛苦，而是对不存在本身而感到恐惧。

伊壁鸠鲁认为，对死亡所具有的这些不同种类的负面反应，体现了不同的错误。因此，它们需要不同的治疗。要理解伊壁鸠鲁是如何建议展开这些治疗的，我们或许要穿过他教化的三个阶段。首先，我们必须理解，宇宙及其所有部分都是物质性的：正如德谟克利特在伊壁鸠鲁前几个世纪就论述的一样，[16]除了原子和虚空，以及它们所组成的东西，没有其他东西存在着。其次，我们自己也因而只是由原子构成的物质性存在。所以，当我们死了，我们也就完结了。我们的原子散落于风中，死后我们就不存在了，就像洒向大西洋的一瓶红酒不再存在一样。最后，由于我们自己所拥有的必死命运，对死亡的恐惧就是不理性的。去恐惧那些我们不能经验到的东西，是完全没有意义的：不存在是没有痛苦的。

---

[15] Unamuno, Miguel de, *The Tragic Sense of Life*, trans. J.E. Crawford Flitch (New York: Doubleday, 1954), §1.

[16] 关于德谟克利特原子论，见1.5。

伊壁鸠鲁式享乐主义

我们将从伊壁鸠鲁的享乐主义开始进行论述。他相信死亡对我们来说是不成问题,而享乐主义就是这个信念的根源所在。伊壁鸠鲁是个享乐主义者,[17]因此他拒绝亚里士多德式的人类繁荣图景,即某种客观给定的、通过幸福来描述的图景。[18]尽管伊壁鸠鲁从来没有公开处理过亚里士多德对幸福学说的论证(有理由相信他并没有读过亚里士多德的著作),他对亚里士多德学说应该如何进行回应的轮廓还是很清楚的。快乐在于身体的感知。我们的物理构成决定了我们非常自然地会去追求快乐。[19]当然,根据伊壁鸠鲁的观点,我们并不会也不应该不加选择地追求任何出现于

---

[17] 见西塞罗:《论目的》I 29(= LS 21 A):我们研究的是终极善,所有哲学家都认为,对于终极善而言,所有其他事物都是手段,而它自身并不是任何东西的手段。伊壁鸠鲁认为这就是快乐,将其视为最高的善,而痛苦则是最高的痛。他的学说是这样开始的:所有动物已经出生,就追求快乐,将它视为最高善,并将痛苦视为最高恶,尽可能避免它。

[18] 关于亚里士多德认为幸福是客观给定的观念,见 4.6。对此详细的阐述,见 Shields, *Aristotle* (London and New York: Routledge, 2007), §§ 8.1–8.3。

[19] 下面,为了阐释的目的,我在某种程度上简化了伊壁鸠鲁对快乐的说明。他标准的观点认为,快乐在于身体感受,尽管他也承认某种心灵状态类似于快乐,并称其为欢愉(chara),但严格来说,这并不是快乐。(《致美诺西斯的信》128 = LS 21 B)他也区分静态和动态的快乐。动态的快乐在于从某个确实状态向满足状态的运动,比如从饿到饱。静态的快乐实际上是伴随着幸福的状态,它高于动态的快乐,因为它的产生并不依赖于某种缺失。根据西塞罗《论目的》I 35-38(= LS 21 A)中的观点:"我们认为最高的快乐是这样的,一旦所有的痛苦被移除,它就被察觉到了。因为,当我们免除痛苦之后,我们就能享受自由、享受没有任何不快的状态。"西塞罗所提到的这种知觉观是很宽泛的一个概念,类似于"意识到"的意义,如"她知觉到在她的婚姻中存在着问题,因为她注意到从他们的联名账户上有一些神秘的提款"。如果这是正确的,那么当心灵意识到自己的幸福时,静态的快乐就产生了。当然,在伊壁鸠鲁看来,心灵也是身体性的,因为也是由虚空中的原子所构成。因此,这种知觉同样也是对身体幸福的意识。

生命中的快乐。相反，经验告诉我们，沉溺于某些快乐只会将我们置于长期的痛苦中。[20]因此，我们应该确定，什么快乐，在什么时候，出于什么原因是应该享受的。在这一点上，伊壁鸠鲁的表述是很清楚的，并且明确地表明了，他所倡导的享乐主义，与我们今天所说的那种放纵、奢华的"伊壁鸠鲁主义"是完全不相关的。因此，如今这个词所包含的一般意义，是具有误导性的。然而它也根植于某些真实的东西：伊壁鸠鲁确实是一个地地道道的享乐主义者。但他绝不是那种追求放纵、追求奢华的快乐的享乐主义者。

相反，伊壁鸠鲁主义提倡的是某种非常简朴的享乐主义：

> 我们相信，自足是一大善，这并不是为了我们总是能够在很匮乏的情况下勉强生存，而是说，在我们并不富足时，用一点点就能生活下去。因为我们非常相信，最不需要奢华的人最能够享受它们，也因为所有自然的东西就比较容易获得，而人为的无聊东西比较难以获得。进而，简单的味道能够提供的快乐与奢侈的生活方式能够提供的快乐是一样的，当欲求的痛苦被抹掉之后，简单的蛋糕和水就能够提供充足的快乐，当某人需要它们的时候，就能够得到。因此，习惯于简单而不奢华的生活方式是健康的……因此，当我们说快乐是目标时，说的并不是放纵的快乐，或者消费的快乐，而是身体免除痛苦，灵魂免除扰动。（《致美诺西斯的信》130-132=LS 21B）

---

[20] 见《致美诺西斯的信》129 (= LS 21 B)。

因此，快乐是应该被追求的，但不是随随便便地追求。快乐只有通过审慎的、有节制的、受理性控制的方式才能达到最大化。

伊壁鸠鲁认为，为了最大化快乐，我们必须反思我们的欲望。需要注意的是，当他说"所有自然的东西比较易于获得"的时候，他其实隐含地将某些欲望描述为自然的。这里他借助了对欲望的二分法：自然的和非自然的。这个对比的做出，似乎是在通过对象来区分欲望。对于人造对象的欲望是非自然的，而对自然对象的欲望则是自然的。对食物的欲望是自然的，而对在好莱坞拥有最大的室内游泳池的欲望则是非自然的。进而，在自然的欲望中，有些是必要的，有些是不必要的。对食物的欲望是完全自然的。但即便是食物，也具有不同的形式，有的简单易得，如大麦蛋糕和水；而有的则昂贵、稀有，如鱼子酱和上等香槟。伊壁鸠鲁建议我们，如果要最大化快乐，就理应将欲望控制在对自然且必要的对象上。首先，大麦蛋糕和水提供的快乐并不比鱼子酱和香槟少：它们对强烈需要它们的人提供强烈的快乐。而由于快乐只是某种愉悦的身体感受，因此大麦蛋糕给饥饿的人提供的快乐，与在好莱坞最大的室内游泳池戏水所能带来的快乐是一样的，甚至比后者还要强烈。

进而，自然而必要的快乐比其他形式的快乐更有可能得到保障，因为它们更可能处于我们的掌控中。如果我想拥有好莱坞最大的室内泳池，必须花费很多精力以实现这个目标。首先，我需要很多钱；然后需要别人来修缮它、维护它。最终还需要其他有着相同志趣的人的配合。也就是说，如果我想拥有好莱坞最大的泳池，而发现你也拥有这个目标，而且在接下来的一周里，你就会建一个更大的泳池以超过我，那么，我将感到的是沮丧而不是满足。在这周末，我对我的泳池就会感到失望。我的泳池不是最好的，不再能够满足我那非自然的、非必要的拥有最大泳池的欲望。

或许我还知道，你其实是一个不友好、喜欢鄙视他人的人。对我在泳池竞赛中可耻的失败，你能够获得无比的快乐。因此，尽管你这个人并不关心游泳本身，但为了能够在邻里鸡尾酒派对上对我取得优越感，你故意将泳池造得比我的大一点点。于是，我感到双重的沮丧和不安。因此，为了满足我原初的欲望，我就会将竞争重演一遍；假设我赢了，你又会想要超过我。永远使我处于被激起反抗的状态，内心永不得安宁。由于我最初放纵这类的欲望，就使得自己最终沦为人质，完全受制于自己无法控制的力量。我这是自愿地选择让自己相对于某些事态而处于格外脆弱的境地，而这些事态只要稍加反思，就知道不是我所能控制得了的。

然而，一旦走上了这条路，我就不再是我快乐的主宰。我的快乐开始依赖于你的行为，以及其他和我完全不相关的人的配合。更可悲的是，你以及其他跟你一样的人，并不愿意配合我以满足欲望及其所伴随的快乐。因此，由于我的快乐就是我的幸福，我最终也使得自己的幸福是脆弱的，受制于周边那些我无法控制的因素。我的幸福不再取决于我。然而，我的善和幸福实际上是很容易被我实现的。[21] 我所要做的就是控制我的欲望：如果将欲望限制在那些自然的、必要的欲望上，限制在那些易于为我掌控的范围内，那么，我的幸福最终将绝大部分取决于我自己。

---

[21] 费罗德姆：《反智者》（= LS 25 J）。

恐惧死亡：为了那些未开化的人

我们如何能够实现这个明显有益的目标呢？首先，需要经历治疗的第一阶段。我们需要问自己：当我们花费大量的精力，以追求那些可以负担的奢华消费品时，我们为什么会有那样的欲望？伊壁鸠鲁认为，即便在这里，就已经隐藏着对死亡的令人痛苦的恐惧。我们这么做是为了赢得尊敬、认可、别人的嫉妒和其他许多名利。我们希望别人注意到自己、感觉到低自己一等、记住我们、重视我们。然而，这怎么能让我们幸福呢？幸福就是快乐，快乐就是身体感受。因此，我们的行为是非理性的。或许因为我们潜意识地希望在邻居眼里看起来像神一样尊贵；或许因为我们试图通过将自己存储于人类永恒的集体意识中，而实现不朽的假象。内心深处，我们都意识到最终的死亡，但都希望通过名利来对抗死亡。如果是这样的话，或者即便不是这样，但当我们在欲望这些东西的时候，我们忽略了一个基本的简单事实，即宇宙的所有部分都是物质性的；而我们作为宇宙的一个部分，我们自己的所有部分也都是物质性的。我们只是一堆原子的聚合体。因此，即便实现了最大的名利，死后我们也不再能够存在以享受这种伟大的成就。

这就是为什么伊壁鸠鲁要让我们研究自然。通过对宇宙以及我们在其中的位置，发展出一个现实主义的观念，我们或许在一开始就更加能够接近自足：

> 如果我们不是相信宇宙现象和死亡对我们是有影响的，在某种程度上也处于我们的关注中；如果我们真的能够正确

理解痛苦和欲望的界限，我们就没必要研究自然了。然而，如果不知道宇宙的本质，就不可能免除在这些与我们相关的重大问题上所具有的恐惧，而只会保留着那些从神话而来的恐惧。因此，不研究自然，就不能确保纯粹的快乐。（《主要信念》11-12=LS 25B）

我们那些无根基的恐惧主要源于缺乏理解。如果我们未能成功地理解事物实在的样子，那么，这种失败的直接后果就是迷信的产生。迷信是一种信念，错误地相信实际并不存在的神秘宇宙。通过研究自然，我们就能够学到原子论和唯物主义的真理。我们也将知道，我们自身就是物质性存在，由在虚空中搅动的原子所构成。

如果我们坚持认为，我们自身并不仅仅是这张广阔的原子网的一个部分，而是某种例外的存在，因为我们拥有柏拉图教导我们，让我们相信所拥有的灵魂，[22] 对此，伊壁鸠鲁主义者提供了一个简单的解决办法。他们通过一个干净利落的论证引导我们进入治疗的第一阶段，这个论证由卢克莱修清楚地表述如下：

> 同样的理由证明了心灵和精神的物质本性。因为它们似乎能够驱动四肢、能够将身体从睡眠中唤醒、能够改变面部表情，以及能够支配控制全身。而如果没有触摸，这些都将不可能；而如果没有物质，就不可能有触摸。因此，我们怎么能够否认心灵和精神的物质本性呢？（卢克莱修：《论物性》iii 161-167 = LS 14 B）

---

[22] 柏拉图的灵魂观，见 3.7。

正如卢克莱修所强调的,身体和心灵相互影响。如果二者不能相互接触的话,这是不可能的。而只有当它们能够相互触碰时,它们才能相互接触。最终,要能够相互触碰,除非心灵和身体都是物质性的。

这个论证的对象是那些未开化的人。他们还没有接受心灵或者灵魂的物质性,还坚持相信在自然的领域中,我们是例外的存在。因此,针对那些未受过唯物主义教育的人,这个论证是这样的(FUM):

1. 只有心灵(或灵魂)是物质性的,心灵(或灵魂)和身体才能够因果地相互作用。

2. 心灵(或灵魂)和身体确实因果地相互作用。

3. 因此,心灵(或灵魂)是物质性的。

对于学习过现代哲学的人来说,这个论证显得类似于1500年后笛卡尔的批评者们所使用的论证。他们的目的在于反对笛卡尔在《沉思集》中所提出的心物二元论。这种相似感的产生是很正常的,因为它们其实就是同一个论证。

伊壁鸠鲁主义者认为,(FUM-2)是不可反驳的,心灵和身体确实因果地相互作用着。事实上,他们认为,这是一个明显的经验事实。稍加观察就能发现,心灵和身体相互作用着。正如卢克莱修所强调的,当一个士兵被矛刺穿胸膛时,他将流血、晕倒、失去意识,这是一个基本的事实。由于有意识的状态是一种心灵状态,被矛刺穿胸膛导致了意识的丧失,产生了某种心灵上的后果。在另一个方向上,心灵也会改变身体。比如,一个正在努力解决某个二次方程难题的学生,由于屡次失败而痛苦沮丧。当他一下开窍得出答案后，他会释然、满足地微笑。这里，得出答案这样一个心灵事件导致了面部表情变化的物理后果。他决定买一杯焦糖拿铁来奖励自己。正如卢克莱修所说，他的决定"驱动了四肢"。他下楼，走出公寓，沿着街道走向了当地的咖啡馆。

显然，这类例子可以被轻松地举一反三。假定（FUM-2）是成立的，存在着心灵（或灵魂）与身体间双向的因果作用。因此，未开化的人只需要去着重理解（FUM-1）：只有心灵（或灵魂）是物质性的，心灵（或灵魂）和身体才能够因果地相互作用。对（FUM-1），卢克莱修只提供了一个简短的论证。他认为，相互接触要求触碰，而触碰要求物质。事实上，他认为，没有触碰，这种接触就是不可能的。这种模态上的要求表明，他将（FUM-1）视为必然真理。他的观点似乎是这样的：让一个非物理的东西与物理的东西发生因果作用，这在概念上和形而上学上都是不可能的。比如让某种非物理的东西导致台球滚过桌面。运动的发起需要力的作用，而力的作用是物理的，没有某种物理的东西发挥作用，就不会有运动的产生。在卢克莱修看来，台球的例子也适用于所有其他物理对象。和所有东西一样，台球也只是原子的聚合。因此，他认为，心灵（或灵魂）和台球、身体一样也是物质性的。它们都只是由虚空中搅动的原子构成的。

一个柏拉图主义者并不会接受卢克莱修对（FUM-1）的捍卫仅仅停止于此。然而，如果我们一旦被这个论证说服的话，我们也就得到了开化。我们现在接受了唯物主义的真理。通过研究自然，我们发现，对于死亡，没什么可恐惧的。因为当死亡存在时，我们便不存在了。不存在不会给我们带来任何恐惧的东西。

恐惧死亡：为了那些已开化的人

不存在真的不会给我们带来任何恐惧吗？伊壁鸠鲁将其对死亡恐惧的反对事业带入了第二阶段。他意识到，这种恐惧深深地根植于我们的灵魂中，即便我们知道，死后惩罚是不存在的，死亡就是感觉的终结，它还是会对我们施以巨大的影响。伊壁鸠鲁是这样来详细论述这个问题的：

> 让你自己习惯于相信，死对我们来说什么也不是，因为，所有的善恶都存在于感觉中，而死亡则是感觉的缺失。因此，对这个事实的正确理解，能够使得生命的必死性成为令人愉悦的事情——并非因为增添了无限的时间，而是消除了对不朽的渴望。如果一个人能够真正地意识到，死没什么可怕的，那么对他来说，在有生命时，就没什么可怕的。因此，当一个人说，他怕死并非因为死亡存在后的痛苦，而是死亡来临的痛苦，这种说法也是徒劳无益的。因为，如果某个事物存在时尚且不会引起痛苦，那么，由于对其抱有预期而产生痛苦就是毫无意义的。因此，死亡作为最恐怖的恶，对我们来说什么也不是，在我们存在时，它就不存在；在它存在时，我们就不存在。因此，死亡对于生者和死者来说都什么也不是。对于前者，它不存在；而后者自身就已经不存在了。（《致美诺西斯的信》124-125 = LS 24 A）

这段话是说给已经开化的人听的。他强调，在已经接受了唯物主义的真理后，仍然害怕死亡是徒劳无益的。

伊壁鸠鲁的论证依赖于这样一个事实，即痛苦和快乐一样，都是某种身体感觉。他完全承认，恐惧某些不可避免的痛苦，是完全理性的。如果我们预见到，某个不可避免的、痛苦的死亡即将来临，我们显然会恐惧这种前景。但这只是害怕死亡的过程，而不是死亡本身。在这种情况下，我们所面临的是不可避免的痛苦，而痛苦确实是一种恶。因此，害怕不可避免的痛苦显然就是理性的。同理，伊壁鸠鲁认为，如果我们知道某个痛苦其实不存在，却还是恐惧它，就将是非理性的。因而，他为那些已接受唯物主义开化的人提供了下面这个论证（FIM）：

1. 一个主体 S 能够合理地在某个时间点 t1 惧怕 t2 时的某个事态，仅当 S 在 t2 时存在着。

2. 因此，如果 t2 晚于 S 的死亡时间，那么 S 能够惧怕 t2 时的事态，仅当 S 能够在死后继续存在着。

3. S 在死后并不继续存在。

4. 因此，S 并不能合理地惧怕死后的任何事态。

事实上，论证一开始，伊壁鸠鲁就提醒那些已开化的人，快乐在于某种身体感觉，而死后将没有任何身体感觉。他也意识到，即便是这些已开化的人，还是会继续被那些完全不合理的恐惧所支配。显然，无论是通过（FUM），还是其他任何手段，对于那些已经接受了唯物主义真理的人来说，他们也会接受（FIM-3），即对于任何一个主体 S，他在死后并不继续存在。进而，由于（FIM-2）直接来源于（FIM-1），因此对已开化的人来说，唯一需要考虑的就是（FIM-1），即一个主体 S 能够合理地在某个时间点 t1 惧怕 t2 时的某个事态，仅当 S 在 t2 时存在着。

我们或许可以通过下面的方式阐明伊壁鸠鲁对（FIM-1）所持

有的态度。假设你一直暗恋某人，终于鼓起勇气，想要约她两周后去野餐。令你惊喜的是，你的爱人非常热情地答应了。于是你开始精心愉悦地安排这次远足。即便只是这个计划本身，就能给你带来了巨大的快乐。而就在此时，你从一个权威医生那儿得到消息：一星期后，你将快速无痛地死去。现在的问题是，在这种情况下，继续满怀快乐地期待这次野餐，还是理性的吗？看来似乎不是。

同理，假设两周后不是要去野餐，而是要接受痛苦的牙根管治疗，那么，在同样的背景假设下，继续恐惧这种治疗将会带来的痛苦，也将是非理性的。你与牙医的预约已经无法兑现了。（假设你并不是那种斤斤计较、吹毛求疵的人，不会希望在这种情况下，让牙医在你死前提前为你提供治疗。）这两个例子可以被普遍化。尽管其中涉及的是两个具体的快乐和痛苦事件，但所蕴含的道理普遍适用于其他情况。由于野餐的快乐不再存在，我们没有任何理由再去期待它；同样的，由于牙根管治疗的痛苦不再存在，我们便没有任何理由再去恐惧它。痛苦将不存在了。你也不会继续存在着，不可能再去经验这种痛苦——以及其他一切感觉。因此，如果已经接受了唯物主义真理的教导，你就应该消除那些非理性的恐惧，专注于满足自然而必要的欲望。

然而，即便我们已经追随伊壁鸠鲁的步伐前进至此，某些人还是会惧怕不存在本身，如米盖尔·德·乌纳穆诺。也就是说，某人或许接受了唯物主义的真理，认为惧怕那些我们经验不到的东西是非理性的，但他还是会对纯粹、完全的虚无本身产生恐惧。显然，存在着什么要比什么也不存在更令人满意。对此，我们首先需要注意的是，从伊壁鸠鲁自己的学说中，似乎也能找到一些理由支持上述主张。让我们遵循伊壁鸠鲁的主张，首先承认：当且仅当存在的时候，我们才能经验到快乐。进而，让我们也承认，快乐是一种善，事实上是唯一的善。然而，如果是这样的话，在我们死后，我们就被剥夺了唯一形式的善。这即便不是令人恐惧的，无论如何也是非常令人哀痛的。

为了回应这种担忧，卢克莱修带领我们进入到伊壁鸠鲁式治疗的最后一个阶段。他指出，当我们死之后，我们并没有被剥夺任何东西。他督促我们反思这样一个简单的事实：每个人都在某个特定的时刻出生，在那之前，每个人都不存在。事实上，在我们出生之前，对于整个宇宙史来说，我们是完全不存在的。然而，在那一段很长的时间中，我们并没有在任何时候被剥夺任何东西。我们就是简单地不存在而已：

> 因此，一旦我们承认，心灵的本质不是不朽的，死对我们来说就什么也不是了，故而也不值得我们担忧。正如在过去，我并没有任何不适的感觉（即在我出生之前）……因此，同样的，当我们不再存在之后，当我们的灵魂与身体相分离、与我们的身心统一体相分离之后，也不再有什么东西能够刺激我们、激发我们的感官。（卢克莱修：《论物性》iii 830-840 = LS 24 E）

我们对待未来不存在的态度应该与对待过去不存在的态度相一致。正如我们不会因为生前的不存在而悲痛，我们也不该为了死后的不存在而悲痛。

因此，卢克莱修对那些已经开化的人提供了一个诉诸过去、未来对称性的论证（SFP）：

1. 我们生前死后的不存在是直接相互对称的。

2. 如果 1，那么，为死后的不存在而感到悲痛是合理性的，仅当为生前的不存在而悲痛是合理性的。

3. 因此，为死后的不存在而感到悲痛是合理性的，仅当为生前的不存在而悲痛是合理性的。

4. 为生前的不存在而悲痛不是合理性的。

5. 因此，为死后的不存在而悲痛也不是合理性的。

对于悲痛来说是这样，对于恐惧来说也是这样。正如我们没有任何理由去恐惧生前的不存在，我们也没有任何理由去恐惧死后的不存在。

（SFP）同样也是提供给那些已经开化的人的。这种人已经接受了唯物主义的真理，甚至愿意承认恐惧不存在的痛苦是毫无意义的。然而，和米盖尔·德·乌纳穆诺一样，这些人还是会对完全的虚无产生恐惧。这种人体验着不存在本身所带来的恐惧。

在这个专门针对那些摇摆不定的已开化者的论证中，最具倾向性和鼓动性的前提就是（SFP-1）：我们生前死后的不存在是直接相互对称的。在某种意义上，如果我们已经被开化了，那么，我们就将已经接受了这个前提。至少就感觉而言，它们确实是对称的。正如我们不可能在出生前就经验那些痛苦的、不想要的感觉，我们也不可能在死后经验那些痛苦的、不想要的感觉。就此而言，它们的对称关系是成立的。

然而，在其他方面，我们或许会怀疑生前死后的不存在是完全对称的。首先，所有的计划和意向都是向前的，必然地指向未来，从不指向过去。因此，就我们与过去和未来的关系而言，存在着这样的区别：尽管我们显然不可能希望或者意向，在我们生前就发生某些事情，我们却可以意向或者至少是希望，在我们死后能够发生一些事情。因此，伟大的加泰罗尼亚建筑师安东尼·高迪或许合理地希望圣家堂能够在他死后得到完成。他可以意愿教堂的建造按照某个确定的时刻表进行下去，即便他知道，那时他已经不再存在、不再能够监督这个项目的执行了。相反，在 1925 年，高迪并不能意愿这个教堂能够在一战爆发前完成。

总的来说，过去是封闭的，世界的过去是不能被改变的。因此，尽管我们能够经验到悔恨，我们并不能在现在意愿或者希望改变过去。过去不可能被推翻。与此截然相反，未来则是开放的，甚至在我们死后也仍然如此。因此，我们可以意愿或者希望各种各样的结果发生于我们死后。事实上，许多烈士牺牲自己的生命就是因为他们相信这么做能够实现某些具有重要价值的事情。让我们假设，存在着某个士兵团团长，同时也是个伊壁鸠鲁主义的开化者。他用自己的身体抵挡炸弹，或许就是因为，他预见到这么做能够在他死后带来某些具有重大价值的好处，能够避免全团士兵的死亡。因此，开放的未来可以以某种不适用于过去的方式得到修改。这难道不是某种非对称性吗？

这个问题值得进一步反思。（SFP-4），即"为生前的不存在而悲痛不是合理性的"，同样也值得深入反思。这两个断言都需要接受类似的审查。我们可以继续承认这个观点：惧怕属于我们不存在时的某个痛苦经验是非理性的。然而，我们或许会好奇，究竟应该如何去看待过去呢？比如，反事实条件地来说，我们或许会相信，如果在过去的某个时间，我们能够存在，就能避免一场悲剧的产生。单单这种想法，就给了我们一定的基础以哀痛生前的不存在状态。当然，这类判断本身内在地就是很不稳定的。然而，由于我们分明能够感受到，形成这种判断是完全可以得到辩护的，我们或许就会认为，对过去抱有负面态度也是合理的。如果这些负面态度都是恰当合理的，那么，伊壁鸠鲁所试图利用的这种对称性，就能够被调转枪头反对其本人。也就是说，根据（SFP-1）所要求的那种对称性，正如我们可以合理地哀痛生前的不存在，我们也可以合理地哀痛死后的不存在，哀痛我们将失去生前所拥有的各种好处，而这种哀痛可以是恐惧，也可以是其他各种心灵的不安状态。总的来说，如果我们认为，生命本身是善，那么它的丧失就不是什么好东西。

对（SFP）这种论证的回应，最终成为伊壁鸠鲁式享乐主义者所要面对的各种挑战。如果我们认为，除了快乐之外还存在着一些价值，那么，我们就有理由哀痛这种价值的丧失，即便自己或许经验不到这种丧失。当然，我们或许会同意，主观的快乐是某种善，但并不同意它就是唯一的善。因此，我们或许会认为，生命本身是某种善，但这并不仅仅是因为我们将其设想为某种令人快乐的事物。如果我们认为这种更加全面的价值框架是值得推崇的，我们就有理由对主观快乐之外的事物赋予价值，从而在根本上挑战伊壁鸠鲁哲学。如果伊壁鸠鲁式享乐主义的方案失败了，伊壁鸠鲁主义也就失败了。

因此，关于伊壁鸠鲁主义可靠性的问题最终又直接将我们带回到了一个古老的问题：什么构成了终极善？

第三节 斯多葛派

关于我们的终极善，斯多葛学派提出了一个非常有别于伊壁鸠鲁主义的观念。然而，他们与伊壁鸠鲁主义者一样，也是价值一元论者：认为只有一类事物是善。[23] 与伊壁鸠鲁主义者不同的是，他们认为生命中唯一的价值不是快乐，而是德性。德性在他们看来是唯一的善，是唯一的至高无上的善。

斯多葛主义的文本来源和核心观点

在我们即将要去理解斯多葛学派价值一元论动机之前，需要意识到，我们实际上抛开了许多关于斯多葛派思想发展的非常有趣而复杂的问题。当我们谈到"斯多葛学派"时，并不意味着存在着一个铁板一块、紧密组织在一起的作家团体，他们效忠于某个无可争议的大师，就像伊壁鸠鲁学派一样。更不意味着我们将处理某个单一的作家，他的著作跨度不超过几十年，就像柏拉图和亚里士多德一样。相反，我们指的是一套学说，它们横跨多个不同领域的多种著作，由一系列不同的作者写就，纵跨几个世纪而不是几十年。

最早的斯多葛主义者生活在雅典，活跃于亚里士多德死后不

---

[23] 在下面 5.3.4 中我们会考察一个对这个断言的重要附加条款。然而，现在我们暂且认为斯多葛主义价值一元论认为，唯一的善就是德性。

久，大约在公元前300年，由基提翁的芝诺建立了学派。芝诺的后继者是克里安西斯（前331—前230），后者的继承者是克里希波斯（前280—前204）。甚至说"建立了学派"，也是具有误导性的。我们不能将其理解为类似于在某个特定的日子建立某个高等研究所的当代实践，就像爱德华·塔尔博特和拉维妮娅·塔尔博特建立玛格丽特夫人学院一样。这个学院是在1878年成立于牛津的第一所女子学院，以玛格丽特·博福特夫人之名为名。她是亨利七世的母亲，经常为教育和艺术事业提供赞助和投资。这类学院的建立发生于某个特定的时间和地点，带有某种特殊的意图和特征。相反，斯多葛学园或者说运动的兴起则是非常不正式的。这个学园的创立并不是通过设计或指令而完成的，毋宁说，它只是在那个时期的雅典自然而然地浮现了出来。芝诺开始阐发一些不同的学说，一边授课，一边漫步于雅典市集北部的油漆长廊（希腊文是 hê poikilê stoa）。斯多葛学派的名字就来源于 stoa，即走廊。前三位领导者，基提翁的芝诺、克里安西斯、克里希波斯，构成了"早期斯多葛"，这个运动也因此而得名。他们中的克里希波斯，又被普遍视为这个运动最重要的推动力量。事实上，从古代开始，人们就说"要不是克里希波斯，就不会有斯多葛"[24]。不幸的是，尽管克里希波斯写了大量著作，我们却基本没有任何他的一手文本。对于另两位领袖，芝诺和克里安西斯，我们也并不拥有更多的一手材料。因此，我们必须依赖于后代记录者提供的资源来认识早期斯多葛的学说。[25]

---

[24] DL vii 183.
[25] 关于希腊化哲学的文本来源，见 5.1。

此后的情况有所改进，但也变得非常复杂。改进之处在于，对于斯多葛主义发展的后期阶段，我们开始拥有了完整的、为自称为斯多葛学派的作者所写的著作。复杂之处在于，这些自诩的斯多葛主义者们，生活并写作于非常不同的时间、地点和社会环境中。举例来说，这些斯多葛主义者包括：爱比克泰德（50—130），他是一个奴隶，学说由历史学家阿里安记录并保存下来；塞涅卡（公元前 1—公元 65），他是罗马皇帝尼禄的老师，用拉丁文写散文和文学书信；马可·奥勒留（121—180），一个用希腊文写作的罗马皇帝。其他斯多葛主义学说的资料来源并不是由斯多葛主义者留下来的，而是出于他们的批评者。后者记录斯多葛主义学说的目的只是为了贬低它。这些人包括：盖伦（约 129—210），马可·奥勒留的医生；普鲁塔克（45—125），一个学院派哲学家，为我们留下了以下这些著作：《论斯多葛学派的自相矛盾》（*De stoicorum repugnantiis*）以及《反斯多葛主义的一般观点》（*De communibus notitiis*）。这些资料都明显充满着对斯多葛主义的敌意。

通过研究这些资料，并暂时悬置一些关于斯多葛学派内部区分的困难问题，我们可以重构他们的核心信念。这些信念中的许多内容，无论好坏（他们当然会说是好）都是非常反直观的，正如站在对立面的普鲁塔克所断定的一样。

他们首要的核心承诺就是某种价值一元论。德性而非快乐，是唯一的人类善。事实上，在芝诺以及后来的斯多葛主义者一致看来，德性是人类生活的目的（*telos*）或目标：

> 因此，芝诺在他的《论人类本性》中，第一个宣称遵循本性而生活就是目的，这也就是根据德性而生活。因为自然

本性将我们引向德性……进而，根据德性而生活也就是根据对由自然本性而发生的事物的经验而生活，正如克里希波斯在《论目的》I 中所说：我们的本性是整全的本性的部分。因此，根据本性而生活也就是目的。这既是遵循自身的本性，也是遵循整全的本性。不要去做那些倾向于被普遍法则所禁止的行为。普遍法则就是正确理性（orthos logos），遍及所有事物并等同于宙斯。宙斯是所有存在事物的管理者。因此，幸福者的德性以及他的美好生活就是这样的：总是基于每个人的守护精神而行为，遵循整全管理者的意志。（DL VII 87–88）

这是一个复杂的描述，它非常有效地将斯多葛派关于善的观念置于它所处的更大的背景之下。斯多葛主义者不仅认为，德性是唯一的人类善，而且对于什么是德性，也持有一个非常不同的观念：德性就是遵循自然，或者说遵循本性的生活。遵循自然、本性而生活又需要能够理解自然要求的是什么：自然本身被正确理性（orthos logos）所充满；如果我们要让自己遵循自然本性，就需要确切理解这种正确理性。斯多葛主义者认为，这是我们所愿意做的事情，因为它对我们是善的。而我们都欲求对我们来说是善的东西，这一点是毫无争议的。

如果我们能够理解这个重要段落中提出的三个核心观点，就可以对斯多葛哲学的丰富性得到一个合理的、初步的认识。它们是：(i) 斯多葛主义者对人类德性提出了一个特殊的目的论解释，这个解释也为如何过一个好的生活提供了清晰的指引；(ii) 对人类德性的目的论解释处于某个关于宇宙整体的更大的、在先的目的论概念中。斯多葛主义者认为，宇宙既是目的导向的，也是高度决定论的；(iii) 为了理解宇宙的特性以及我们在其中所处的位置，必须发展出一套系统地思考这个世界的方法。根据斯多葛主义者，一个最佳的思想系统必须包含三个主要的分支：逻辑、物理、伦理。

斯多葛主义者为我们提供了许多类比，旨在表明他们系统中这三个成分间的相互关联：

> 他们说，哲学就像一个动物：逻辑就是骨头和肌肉，伦理则是那些肉质丰满的部分，物理就是灵魂。他们用的另一个比喻是鸡蛋：逻辑是壳，接下来是伦理，即蛋白，中心则是物理，即蛋黄。(DL VII 40 = LS 26 B)

我们很自然会提出疑问：这些类比的目的，是否是为了描述斯多葛体系中各分支间的优先性关系？尽管如此，斯多葛主义者更愿意强调的是他们所用类比的另一个不同的方面：各分支间的相互联系。对于一个鸡蛋来说，如果缺少那三个成分中任何一个的贡献，它就不成为一个鸡蛋。动物是一个有机统一体，本质性地由上面所列举的三个成分构成，每个部分对整体都做出不可替代的贡献。斯多葛哲学也是一样，我们可以从任何一个地方进入他们的系统，因为每个部分都对整体做出不可消除的贡献。尽管我们最终将要穿越的，是哲学所包含的所有部分，但这项事业的目标是单一的，而且是从来不会改变的：我们希望能够理解自然、本性，从而能够遵循它而生活。我们的善要求我们这么去做。

斯多葛德性：*oikeiôsis* 以及遵循自然或者说本性而生活

通过芝诺复杂的断言，即"自然、本性引领我们通往德性"(DL VII 87)，我们开始考察斯多葛学派的这个核心概念：什么是根据自然、本性而生活？我们或许认为，研究自然意味着通过粒子、力、法则等概念来描述物理宇宙的基本特征，而这是一个价值中立的工作。比如，当我们学习了热力学第二定律后，就能够理解在一个封闭的物理系统中，温度、压力和化学潜能之间相互作用的方式。然而，这个定律完全没有告诉我们应该如何生活。这个定律似乎也不可能指引我们如何生活，因为它作为一个定律，与所有其他物理定律一样，是价值中立的，而所有关于什么是美好生活的问题，都不可避免的是充满价值判断的。我们似乎不能够从关于经验事实的判断中推导出关于价值的判断。那些追随苏格兰哲学家休谟的人会说，我们不能从"是"推导出"应该"。因此，具体到当下这个例子，我们也不可能仅仅通过确定事物"是"什么样的，来确定我们"应该"如何生活。[26]

从某个方面来说，斯多葛学派完全接受这个观点。他们并不认为，我们能够从"是"推导出"应该"。相反，我们可以说，他们的观点是，一切都充满着"应该"。也就是说，他们并不同意宇

---

[26] 可以稍微形式一点地来表达这个问题，根据休谟主义，任何论证，如果带有"S应该这样这样做"这种形式的结论（比如，S应该将其收入的百分之十捐给穷人），它都将是错误的，除非在它的前提集中存在着这种形式的前提，"如果p，那么S应该这样这样做"（比如，如果通过捐赠百分之十的收入给穷人S能够减轻苦难，那么他就应该这么去做）。如果前提集包含的只是陈述性命题（"S拥有的钱超过了他的需要"以及"通过捐赠收入的百分之十给穷人，S能够减轻苦难"），那么我们永远也不可能得出关于S应该如何去做的结论。见休谟：《人性论》iii.1："在所有至今我所遇见过的道德系统中，我总是察觉到，作者有时是通过日常的推理方式推进他的论述，并建立了上帝的存在，做出了对人类事务的评论。突然，我惊奇地发现，我看到的并非是命题的通常系词，'是'和'不是'，而总是'应该'或'不应该'。变化是微妙的，但是很重要的。因为'应该'或'不应该'表达了某种新的关系和断定。有必要注意到它，并对其提供解释。同时，应该给出理由。因为一切看起来是那么不可设想，一种新的关系如何能从其他完全不同的关系中演绎出来？"

宙是价值中立的。他们拟人化地谈论宙斯，认为它等同于"遍及万物的正确理性（orthos logos）"（DL vii 88）。这种谈论所表达意义就是宇宙的非中立性。他们一贯主张：自然呈现给我们的是一个有序的整体，一个有结构的目的论系统，我们必须理解它才能过上好的生活。早期斯多葛的第二位领导者克里安西斯甚至为宙斯写了首赞美诗，将其奉为宇宙的理性脉搏：

> 全能的宙斯，向你致敬。你是不朽中最庄严者，有多种称呼；你是自然的源泉，通过你的法则掌管一切……围绕地球旋转的整个宇宙都遵循你，任何你会统领的地方，它都自愿地服从你的规则。你那战无不胜的双手，紧紧握着那永恒的双刃的火之雷霆。所有自然中的杰作都是在它的作用下完成的。用它，你指引着普遍理性（koinos logos）贯穿所有事物，与大大小小的天体融合……你是我们的父亲，请将我们灵魂的虚弱驱散殆尽。赐予我们判断的能力，通过它你正义地统领着一切，通过获得荣耀，我们会回敬你荣耀，有朽的人们聚集在一起歌颂你功德。没有任何人或神拥有比这还高的特权：正义地永恒地歌颂你的普遍法则（koinos nomos）。（斯托比亚斯 1.25, 3-27, 4 = LS 54 I）

克里安西斯和其他斯多葛主义者究竟在何种程度上真的相信这一切呢？他们真的相信宙斯活着、思考着，作为神圣存在命令着宇宙，并赋予宇宙法则，而人类与整个自然都必须遵循他的命令吗？对此，学者们是有争论的。在这段话以及其他许多段落中，宙斯确实被这样描述为一个至高无上、必须被服从的存在者。但在其他一些更加具有自然主义色彩的段落中，宙斯似乎只是自然宇宙作为一个整体的拟人化。因此，西塞罗代表克里希波斯说："世界是智慧的，因而是神。"[27] 然而，在两种语境下，宇宙都充满着理性、目的性和规范性。事物应该是怎么样的，是由自然宇宙本身所给定的。而我们作为不完美的理性行为者，应该尽最大的努力去判定拥有完美理性的宇宙的发展方向，从而让我们遵循它的秩序而生活。

对自然方向的理解构成了斯多葛学派最具特色的 oikeiôsis 学说的基础——从孕育到成熟的道德发展过程，一个开始认识并接受什么属于自己、什么适合自己的过程。没有一个单一的英语词汇能够捕捉 oikeiôsis 的完整含义，因此我们保留它未被翻译的形态。它的词根包含古希腊语中的"家庭"（oikos）。对于斯多葛主义者来说，它的弦外之音意味着发现自己恰当位置的过程，发现真正对自己重要的事物。总之是要发现自己在世界中的家。

西塞罗简要地描述了这个过程：

> 首先应该做的是保全自身的自然构造。其次，保留那些与自然相符合的东西，舍弃与其相违背的东西。当这个选择与舍弃的原则被发现之后，就会产生恰当行为下的有序选择。这些选择就会固定成为习惯；最终，选择完全实现理性化，与自然相和谐。在最后这个阶段，真正的善才会出现，并在其本性中得到理解。（《论目的》iii 5-6）

第欧根尼·拉尔修则以下面这种方式比较全面地描述了 oikeiôsis 的过程：

---

[27] 西塞罗：《论神的本性》ii 39 = LS 54 H; cf. DL vii 147 = LS 54 A。

他们说，动物拥有的第一倾向性（即：冲动）就是保存自己，自然从一开始就关心自身，正如克里希波斯在他论目的的第一卷书中所阐发的那样。他指出，对于每一个动物来说，首要的、最宝贵的（*oikeion*）事物就是自己的存在，以及它对这种存在的意识。因为，对动物来说，与自身异化是不自然的，让自己处于对自己漠不关心的状态也是不自然的。因此，我们必须承认，自然将动物约束于自身。动物被自然所赋予的最大的统一性和倾向性就在于，它们渴望拥有所有手段，以使自己避开伤害，并吸引所有对自己亲近和值得欲求的东西。有些人说，动物的第一冲动是寻求快乐，这是错误的。因为他们说，如果存在快乐的话，它只是附属品。自然把它搜寻出来，连同这些适应于自然构造的事物一起，只是附带地接受快乐。就像动物感到开心、植物茂盛兴旺一样。(DL VII 85 = LS 57 A)

许多世纪之后，荷兰政治哲学家格老秀斯在其1685年的著作中还支持这种观点，并简要地将其表述如下：

然而，人类独有的特征是对社会不可抗拒的欲望——也就是对社会生活——并不是任何一种生活，而是平和的生活。这种生活由他们自己的理智尺度来组织，并与其同类共同度过。这种欲望就是斯多葛主义者所说的 *oikeiôsis*。（《战争与和平法》Prol. 6）

尽管格老秀斯错误地将对 *oikeiôsis* 的欲望描述为 *oikeiôsis* 本身，但他捕捉到了斯多葛主义学说中的一个重要成分，即：每个人都有本能的冲动想要"与其同类"一起生活。正如我们将要看到的，斯多葛主义者认为，自然让我们知道我们最终都属于同一个类。

然而，这是过程的终点。西塞罗和第欧根尼都恰当地强调了关于其开端的一个显著事实：每个婴儿都有自然的、天生的、非习得的自我保存冲动。通过一次次地将这个事实描述为"自然的"，两位作者表达了这样一个斯多葛主义观点：这种充满价值的本能冲动与热力学第二定律一样是非常自然的。

对于还未接受教育的婴儿来说，他们本能上所寻求的，也是自己的善。只是他们还不能将他们的善设想为善。婴儿缺乏理性，或者最多只具备原始的理性能力，因此并不具有将善设想为善所必要的概念储备。即便如此，他们还是可靠地、可预测地追求着自己的善，而这是不能通过任何随机事件来进行解释的。自然赋予他们一个冲动，将他们推向对自己有价值的东西。因此，斯多葛主义者首先认为，这种自保的普遍冲动并不是人为的，而是天生的、本能的；其次，它是承载着价值的，因为自保的冲动就是对获得自身善的冲动。

伊壁鸠鲁主义者也同样使用过这类所谓的"摇篮论证"。他们认为，人类拥有对快乐的直接冲动。但对于斯多葛主义者来说，这只是回家路上的第一步。*Oikeiôsis* 的过程还涉及一个不断成熟的行为者对于自然价值的认识的逐渐扩充。公元 2 世纪的一个不太有名的斯多葛主义者西罗克勒斯将这个过程生动地描述为不断扩张的同心圆。[28] 婴儿所捕捉的价值，就是他们自己的善，然而，在他们所处的发展阶段中，婴儿只是模糊地意识到了自身价值所

---

[28] 斯托比亚斯：《选集》4.671 ff.

构成的小圈。很快，婴儿就能同样自然地理解，他自己的小圈包含在他家庭的大圈里，后者的价值也将为他所承认和理解。此后，这个发展中的个体如果得到遵循自然的恰当教育，他就能够承认并理解，即便是自己家庭所构成的价值圈，也是包含在一个不断扩张的价值圈序列中的。在他直接的小家庭之外，存在着他的大家庭，之外又有他的邻居、他的城镇、他的国家以至于整个人类。重要的是，每一次扩张其实都是一种承认：承认处于小圈中的价值同样处于接下来连续扩张的同心圆中。在这个过程的终点，斯多葛主义者成了真正的宇宙主义者——而且就是按照字面上所表达的那种全宇宙（kosmos）的公民（politês）。完全成熟的斯多葛主义者，那些斯多葛学派的贤人，住在宇宙中自己的家里。

真正的斯多葛贤人，能够成功完成 oikeiôsis 的过程。贤人因此可以被准确地描述为完全成熟、完全有德性、完全理性的。然而，如果这种对道德成熟过程的描述要具有任何规范效力的话，我们必须表明，oikeiôsis 是我们中的每个人都应该追求的目标，而不仅仅是斯多葛主义者用来歌颂他们运动中的英雄们的。我们每个人都应该希望踏上这个旅程。斯多葛主义者一再强调这样一个观点：对我们中的任何一个个体来说，oikeiôsis 的过程同时也是获取我们自身最高善的过程。

要理解斯多葛主义者的思路，我们可以反思一个重要的规范论证。这个论证一般来说在背后支撑着斯多葛主义者对 oikeiôsis 的描述。尽管没有任何一个斯多葛主义者按照我们的方式来呈现这个论证，但他们所给出的规范的一般意义还是可以通过以下这个 oikeiôsis 论证（OA）来加以把握：

1. 每一个人 S 最大化自己的善是符合他的利益的。

2. 为了最大化自己的善，S 必须通过 *oikeiôsis* 的过程。

3. 因此，通过 *oikeiôsis* 的过程符合每一个人 S 的利益。

4. 为了通过 *oikeiôsis* 的过程，S 必须承认和理解自然的特征，包括它那些承载着价值的特征，并遵循它们而生活。

5. 为了承认和理解自然的特征，包括它那些承载着价值的特征，并遵循它们而生活，S 必须只接受所有真命题。

6. 因此，为了通过 *oikeiôsis* 的过程，S 必须只接受所有真命题。

7. 因此，只接受所有真命题符合每一个人 S 的利益。

8. 为了只接受所有真命题，S 必须承认并理解理性是唯一的善。

9. 因此，每一个人必须承认并理解理性是唯一的善。

西塞罗曾经评论道：在 *oikeiôsis* 过程的终点，贤者过着"完全理性化的生活，并与自然相和谐"，"正是在这最后的阶段，真正的善才出现，其本性才被理解"（《论目的》iii 6）。当上面的论证前进到（OA-9）时，我们就可以理解西塞罗这些评论的意义了。被恰当理解的善就是理性，它使得发展中的斯多葛主义者能够承认并理解自然所具有的所有复杂的、承载着价值的特征，这些也扩展到包括他自己所具有的那些承载着价值的特征——因此包括他自身理性的善；这种理性与无所不包的宇宙整体的理性结构完全和谐，与宇宙的正确理性，即宙斯的意志共脉搏。

这个论证是斯多葛主义大方案的一个缩影，该方案包含许多要求严格、非常有趣的组成部分。我们已经考察过的摇篮论证对

（OA-1）提供了支持，即认为，每一个人 S 最大化自己的善是符合他的利益的。斯多葛主义者认为，在婴儿时期已经很明显体现出来的本能冲动为此提供了证据。更一般地说，他们认为，(OA-1) 多多少少在任何事件中都是很明显的。当然，斯多葛主义者和之前的柏拉图、亚里士多德一样，充分地意识到，许多人非常可悲地没有能够追寻自己的善。然而，他们更像苏格拉底，认为这种失败是某种理性上的缺陷。[29] 当人们未能成功地追求实际上对其为善的事物时，唯一的原因只在于他们是不充分理性的。因此，所有的人都应该重视理性及其能力。这种能力能够为他们指出什么对其自身而言是最好的，理性是唯一能够将人们带到最高善的能力。

（OA）中有两个命题值得我们特别重视，部分原因在于，它们是目前最具斯多葛主义特色的：(OA-4)，即：为了通过 *oikeiôsis* 的过程，S 必须承认和理解自然的特征，包括它那些承载着价值的特征，并遵循它们而生活；以及（OA-9），即：每一个人必须承认并理解理性是唯一的善。这两者都是很反直观的，都将斯多葛主义者深深卷入了与他们哲学对手的激烈争论中，这些对手不仅仅来自于希腊化时期，也来自于以后的哲学史。

（OA-4）语出惊人，主要是因为它主张，每个人必须承认并理解自然的特征，而且必须遵循自然而生活。这类主张表明，当代语言中所使用的形容词，如"斯多葛禁欲主义的""坚忍的、禁欲的"，尽管具有误导性，但一定程度上也如实地体现了原本的斯

---

[29] 苏格拉底关于 *akrasia* 的想法，见 2.4。

多葛主义。这些词往往带着正面的语气被用来描述那些能够有力地、隐忍地度过逆境的人。如果世界实际上是某个样子，某人也将其判断为其所是的样子，那么泰然自若地接受这个命题，就显得是非常合乎理性的。这是我们对这些形容词语义挪用中正确的部分。令人误导的部分体现了斯多葛体系中一个非常令人困惑的特征，即：斯多葛派的贤者并不会通过顺从和放弃来承受逆境——至少不是在下面这个意义上：一个斯多葛派的贤者做出判断认为，世界必须被容忍，因为它存在的基本方式不可避免的是恶的。宇宙是理性和善的，而非邪恶和愚蠢的。因此，世界不是我们需要去容忍或者逆来顺受的，而是我们需要去理解和尊敬的。

让我们用一个似乎在一定程度上有利于斯多葛主义者的例子来说明这个问题，尽管它最终将会揭示出他们思维方式中的一些更具挑战性的方面。假设你有一个重要的会议需要参加，或者是一个异地的工作面试，因此需要赶一班飞机。你把时间安排得很好，很早就离开了自己的公寓，从而有充分的时间可以到达机场、值机、安检。不幸的是，在路上，你搭的火车抛锚了。列车长告诉乘客，存在故障需要修理。时间一点点过去，火车还是没有开动。你开始为航班感到焦虑，最终你将意识到，你会错过飞机、错过面试，恐怕还会因此错过获得一个良好工作岗位的机会。因此，火车的信号故障威胁到了你的职业前景。你将如何反应呢？世界现在已经是它所是的样子了，你也接受了"你会错过航班"这个命题。你可以变得愤怒不安，强烈指责列车长，或者打电话给家里的伴侣，尖酸地抱怨自己的处境。

斯多葛派的建议是很明确的。对某种行为的选择，处于你能力所及的范围。斯多葛派的贤者显然会以实现幸福为目标而实践这种能力。正如西塞罗所说：

> 由于斯多葛主义者认为，终极善就是遵循自然，就是根据自然和谐地生活。而且，这不仅仅是智者的恰当功能，也是只有他们的能力才可实现之事，因此，这对他们来说是很容易得出的结论。这必然意味着，任何人如果有能力获得最高善，就有能力获得幸福的生活。因此，智者的生活总是幸福的。（西塞罗：《图斯库兰论辩》5.82 = LS 63 M）

你是决定者。一切取决于你。世界并没有告诉你：愤怒吧、不安吧、不幸吧。相反，它告诉你：你的火车不可能将你按时送到机场了。如果你进而认为，这个结果是坏的、是令人沮丧的，以及一般来说，世界的发展方向并不符合你的利益，这既是因为你将价值放在了非它所属的地方，超出了理性的范围；也是因为你的情绪影响了你做出判断的官能，从而对自己产生了不利的后果。由于你未能将自己的判断调整到遵循世界本身所是的样子，你也就放弃了对自己幸福的控制。你选择暴怒反抗眼前的事实，以你的无知和无能要求世界不按照它被安排的轨迹发展。要知道，它事实上的发展方向正是宙斯规定的最佳方向。

从某个角度来说，斯多葛派的方案显而易见是合理的，甚至有些平淡无奇。对于我们不希望发生的事态无能为力的时候，可行的选择似乎只有两个：徒劳地抱怨和平和地接受。斯多葛主义者强调，当我们平和接受这一切时，我们就是在实践自己获取幸福的能力。事情完全取决于我们自身。这就是为什么"智者的生活总是幸福的"。（西塞罗：《图斯库兰论辩》5.82 = LS 63 M）

至此，斯多葛主义者似乎为我们开出了一剂有利于健康的药物。然而，这种斯多葛主义态度的两个特征引来了批评。首先，在很多人看来，斯多葛主义者似乎是自相矛盾的，他们一方面认为，我们必须接受世界自身所是的样子，同时又认为，这同一个人在一定程度上还是自由的。其次，斯多葛主义者攻击情绪化地处理逆境。这在一些人看来似乎不是很符合人性：当宇宙不顾我们的理性计划，而让我们的意图、希望、期待遭受挫败的时候，作为一个人，难道愤怒不是恰当的吗？尤其是当相关的宇宙现象出自于人类的拙劣或疏忽的时候，更是令人气愤。事物出错难道不是一件坏事吗？举一个不利于斯多葛主义者的例子：如果一个小孩悲惨地死去，而这种悲剧本来是可以避免的，他的父母因此而哀恸、痛苦难道不是正确的、也是恰当的吗？难道不正是因为能够悲痛才使我们成为一个人吗？让孩子的父母仅仅接受"孩子是会死的"这个命题，并继续去过自己那种固定的生活，难道不是很残酷、不近人情吗？[30] 在小孩夭折之前，斯多葛主义者当然知道孩子终究是会死的，但这并不意味着他们的知识禁止或者应该禁止他们为孩子的死感到痛苦和悲恸。难道不应该以恰当的名称来称呼宇宙的悲伤，并对其做出相应的回应吗？

要理解斯多葛主义者对这些问题的回答，我们必须研究他们关于人类自由和情绪的理论。

---

〔30〕这段引用来自于前苏格拉底哲学家阿那克萨戈拉。西塞罗讨论他的观点的原因是认为它预示了斯多葛主义的态度。见《图斯库兰论辩》iii 24。

192 斯多葛主义自由观

首先是自由的问题。如果宇宙是完全决定论式的、拥有自己的方向性,同时按照斯多葛主义者一再强调的观点,我们每个人也只是宇宙的一个部分,完全受其正确理性(orthos logos)的支配,那么,在什么意义上我们能够是自由的呢?我们与自然的其他部分一样,也是被决定的。事实上,斯多葛主义者一次又一次地向我们指出,宇宙是被决定的,每个事件都有原因,我们只是其广阔因果网中的一个部分。然而,根据本书对斯多葛主义的阐述,他们会认为,尽管如此,我们还是有能力去接受或者不接受:我们的自由正存在于此。然而,我们或许会问,究竟如何能够拥有这种能力?难道这个行为本身,这个接受的行为,不也是宇宙的一个部分,因而也要受到不可更改的法则的支配吗?如果是这样的话,我们的接受行为也是受宙斯意志支配的。在这种情况下,我们怎么可能不按照宿命论的方式看待我们的生命呢?

西塞罗为斯多葛主义者呈现了这类担忧的某种形式,但也是比较容易被消除的形式:

> 如果从这场疾病中恢复过来,是你的宿命,那么,无论请不请医生,你都将恢复过来。如果恢复不了,是你的宿命,那无论请不请医生,你都将无法恢复。这两种结果中的某一个,将是你的宿命。因此,请医生是完全没用的。(西塞罗:《论命运》28 = LS 55 S)

当你生病的时候,只有两种结果会产生:要么你从疾病中恢复过来,重获健康;要么你无法恢复。这两种结果中的一个是被决定了的。因此,为什么还要请医生呢?这只能证明要么是不必要的消费,要么是在浪费钱。

这个论证与另一个论证完美匹配,后者被称为懒人论证,斯多葛主义者讨论它的目的只是为了反驳它。让我们对其稍加改动,称为懒学生论证(LS):

  1. 必然的,要么我在期末考试中拿高分,要么拿不了高分。

  2. 如果我事实上拿了高分,那么学习就是无意义的,因为是不必要的浪费时间。

  3. 如果我事实上没能拿高分,那学习也是无意义的,因为是徒劳无果的浪费时间。

  4. 因此,为了期末考试而学习完全就是浪费时间。

一个懒惰的学生或许会对这个论证感兴趣,从而不去图书馆复习而是去酒吧玩乐。不幸的是,斯多葛主义者会很快会向他指出,如果这么去做的话,欺骗的只是自己。

西塞罗认为,这个论证是懒惰的,因为它鼓励懒惰:"如果我们屈从于这个论证,我们将过一个毫无作为的人生。"[31] 同时,这个论证是懒惰的,也是因为它依赖于马虎、不恰当的推理。当然,(LS-1)显然是正确的:对于期末考试来说,结果只有两种。要么得高分,要么得不了高分。这两者是仅有的可能。问题出现在后面的前提中,(LS-2)和(LS-3)都是假的。也许他在期末考试中拿了高分是真的。但这是真的,仅当他学习。当然,也许他学习了,也未能拿到高分,但这丝毫不影响以下条件句的真值:他将

---

[31] 西塞罗:《论命运》28 = LS 55 S。

获得高分,仅当他学习。类似的:必然的,要么斯坦尼斯拉夫在中午前到达巴黎,要么到不了。如果他将在中午前到达那儿,那么,买一张昂贵的火车票就是无意义的。如果在中午前到不了那儿,买一张昂贵的火车票也是没有意义的。因此,他应该把钱存下来,不要浪费在买昂贵火车票上。然而,这个论证显然是错误的。如果斯坦尼斯拉夫确实能够在中午前到达巴黎,那么事实能够如此,仅当他安排了某种交通工具把他带到那儿去。

一般来说,懒学生论证混淆了两个根本不同的论题,而在我们对人类自由的讨论中,这两者应该被清晰地区分开来:

- 决定论:任何事件都有一个原因。
- 宿命论:世界将变成它将所变成的样子,无论我做什么都无法改变。

斯多葛主义者支持决定论,[32] 但他们并不因此如懒学生论证所表明的那样,支持宿命论。某些事物之所以会是那样,正是因为,而且仅仅是因为,我因果地导致了它的发生。因此,就此而言,斯多葛主义者完全不必为他们对决定论的承诺而感到担心。

尽管如此,关于人类自由还存在着一个更深层次的担忧,这种担忧是懒学生论证未能把握到的。因为这个关于人类自由的问题并不依赖于决定论和宿命论的混淆。根据斯多葛主义,幸福完全取决于自己。因为对于任何一个我们或许会持有的命题,接受或者不接受它,都是我们力所能及的。回到那个挫败的旅行者的

---

[32] 见普鲁塔克:《论命运》574e:"所有事情的发生都有原因。"斯多葛主义者有时认为,从"没有什么产生于无"这个论题(对此,见1.4)直接导致了决定论,但这个推论是不可靠的(西塞罗:《论命运》18)。

案例中，他作为火车乘客，可以接受这个命题"这趟火车无法将我准时送往机场，赶上我计划中的航班"，同时并不接受"这是一个糟糕的事件转折"，或者"这些无能的铁路工作人员是非常令人讨厌的"这样一些命题。只是接受了后面这类命题，这位乘客才会变得愤怒。第一个命题本身并不必然带有这些后果。因此，通过拒绝后面这些充满着价值判断的命题，斯多葛派的贤者就能够避免陷于愤怒之中。

然而，我们或许会疑惑，这种在接受和拒绝接受间的选择，如何能够不仅仅是个错觉呢？一个事件终将发生。它是被决定的，尽管不像宿命论者所认为的那样是命定的，但也仍然是被完全决定的。这似乎意味着，对于它的发生，存在着一个在先的充分条件。果真如此的话，甚至在我做出决定之前，我的接受或者不接受就已经为全能的宙斯所知道了。事实上，斯多葛主义者非常有意识地接受了这个结果，当他们试图捍卫占卜时，这一点就很清楚了：

> 由于所有一切都由命而生……如果某人的心灵能够看到所有原因的相互关联，他显然将永远不被欺骗。因为，任何能够知道未来事件发生原因的人，也将知道未来将是什么样的。然而，由于除了神之外，没有人能做到这一点，人要想能够知道未来发生的事件，就必须借助于各式各样的预示符号，它们指示着将来要发生的事情。因为未来的事件并不是突然发生的。时间的流逝就像解开绳子，并没有产生任何新的东西，而只是将原本就在那儿的每个结松开而已。（西塞罗：《论占卜》i 127 = LS 55 O）

如果某个旁观者不知道圣贤是否会接受某个命题，这只是因为他并不知道所有相关的事实。一个全知的神则能够知道所有相关的原因,从而知道所有从其中将会产生的结果。那么,这似乎表明,事实已经存在,已经在那儿等待我们去认识了。因此,接受或不接受的"选择"也已经是被决定了的,对行为者来说并不是开放的。决定论本身与自由是不相容的。

在这个意义上,我们可以提出一个反对斯多葛主义自由的论证(ASF):

  1. 如果 S 接受或者拒绝接受一个命题的决定,在因果上是被决定的,那么,S 就无法对自己行为的方向做出任何因果上的贡献。

  2. 如果 S 无法对自己行为的方向做出任何因果上的贡献,那么 S 就是无能为力的。相对于某个给定的行为 a,他不可能做出另一个行为。

  3. 如果 S 是无能为力的,相对于某个给定的行为 a,他不可能做出另一个行为,那么 S 是不自由的。

  4. 因此,如果 S 接受或者拒绝接受一个命题的决定在因果上是被决定的,他就是不自由的。

  5. 如果 4,决定论和自由是不相容的。

  6. 因此,决定论和人类自由是不相容的。

总之,每个事件都是被因果地决定了的,每个人都是一列多米诺骨牌中的一个。我们或许能够感觉到自己能够做出选择,但这种感觉的可信程度就像假设一块多米诺骨牌感受到自己能够选择是否倒下一样。它可能会说:"下一秒,或许我可以将自己推到,或许也可以不将自己推到";而当它感到后面的推力后,却如此描述自己的状况："是的，经过反思，我想我会倒下。"这无疑是很荒谬的。

这个论证及其一系列变体，在关于人类自由的辩论中拥有很长的历史。因此，对于那些想要捍卫决定论和自由意志相容的人来说，也存在着许多不同的策略可供选择。此外，也存在着一类策略需要与这些区分开来。它们接受自由和决定论的不相容，但进而通过否定决定论来确保自由。由于斯多葛主义者都是彻底的决定论者，他们对这类不相容策略是不感兴趣的。相反，他们采取了某种相容论立场。

斯多葛主义者克里希波斯通过一个非常有趣但也非常困难的比喻来回应（ASF）中所展现的那种挑战。这个类比旨在澄清他所坚持的相容论形式。西塞罗将其记录如下：

> [当被追问时]，克里希波斯就会诉诸圆筒和陀螺的例子。它们只有在外力推动的情况下才会移动，但一旦移动之后，圆筒的滚动和陀螺的旋转都是通过它们的本性而进行下去的。他说："因此，正如推动圆筒的人只是赋予它初始的运动，并没有赋予它运动的能力。同理，当我们看到对象时，它们给我们留下了印象，就像将它的外形印在了我们的心灵之上。然而，接受却处于我们的能力范围之中。这种接受就像圆筒，尽管是从外部被引起的，但之后的运动则完全凭借自身的力量和本性。"（西塞罗：《论命运》42-43 = LS 62 C）

克里希波斯显然试图质疑（ASF-1）中所预设的那种线性的因果图景。克里希波斯认为，一个行为者可以通过接受或者拒绝接受而做出因果贡献。尽管接受必须被激发，但最终是否提供这种接受还是完全取决于行为者本身。因此，尽管所有的行为并不完全依赖于人类行为者的贡献，但并不意味着我们在自己的行为方向上就做不出任何贡献。对于圆筒滚动的完整说明不可避免地会提及圆筒所具有的圆柱形。因此，这种解释诉诸圆筒的本质特征。如果圆筒是块状的，或者圆筒已经不再是圆筒，那么，即便推它也是不会运动的。

斯多葛主义者这种回应的核心在于区分不同类型的原因。有些原因自身就是充分的，而有些原因在对结果做出贡献时并不具有自身充分性。设想一辆油已用尽的车。它或许会被拖车拖走。在这种情况下，拖车就是它运动的充分的、主要的原因。它也有可能被车上的三名乘客推动，少了一个都不行。在这种情况下，每个乘客都是车运动的共同原因。[33]因此，斯多葛主义者首先强调，当我们谈论事件的原因时，必须明确这种原因属于什么类型，因为，不同的因果区分会导致不同的责任赋予。

克里希波斯圆筒的例子也引起人们关注另一类具有贡献的原因：车自身。车拥有适于滚动的圆轮子；没有这些轮子，车不仅不会被乘客推动，也不会被拖车拖走。如果车轮被社区小流氓偷走了一个或多个，那么无论是当下的主要原因，还是当下的共同原因，都不可能将车推动。同理，圆筒凭借其本性，对自己的运动也是能够做出贡献的。它为结果的产生提供了必要条件。因此，由此看来，我们在接受方面并不完全是被动的：凭借我们拥有接受或拒绝接受的能力，我们就能做出贡献。我们的理性本质扮演

---

〔33〕参见塞克斯都：《皮浪主义概要》3.15；另参见亚历山大的克雷芒：《杂记》8.9.33。

着重要的、不可或缺的角色。

当然，在某个意义上，圣贤对某个命题的接受与否是被迫的：他必须接受那些事实上为真的命题。但他必须接受真命题，正是因为他卓越的德性要求他接受宇宙所展现的真理。由于圣贤们是理性的存在者，并且事实上努力做到实现理性的最大化——不仅是因为他的幸福依赖于此——这正是圣贤们非常乐意做的事情：他们积极地接受所有呈现给他们的真命题，同时拒绝接受所有假命题。我们说，圣贤是理性的、完成了 *oikeiôsis* 的整个过程，其实指的就是这一点。

然而，批评者会想要就圆筒的类比继续追问克里希波斯。比如，一旦被推动后，圆筒可以自由地滚动或不滚动吗？类似的，当一个真命题出现在面前时，圣贤们真的可以自由地去接受或不接受吗？圆筒的例子究竟想要反驳哪个前提呢？首先，它似乎是用来反驳（ASF-1）的，即如果 S 接受或者拒绝接受一个命题的决定在因果上是被决定的，那么，S 就无法对自己行为的方向做出任何因果上的贡献。然而经过一定反思之后，这一点又不是特别明确。因为它并没有直接处理我们的接受本身是否是被决定的这样一个问题。从另一个方面来看，这个例子似乎是用来回应（ASF-2）的，即如果 S 无法对自己行为的方向做出任何因果上的贡献，那么 S 就是无能为力的，相对于某个给定的行为 a，他不可能做出另一个行为。它或许可以被设想为规避了（ASF-2），而非证伪了它。因为关键在于，圣贤确实做出了因果贡献，但这种贡献本身并不足以成为主要的、充分的原因。这又将我们的兴趣重新拉回到那些反斯多葛主义者所预设的因果概念上，他们坚持认为，决定论和自由意志是不相容的。因此，所有这一切都证明了，斯多葛主义者在讨论人类幸福问题时，确实引入了非常多且必要的技术上的复杂成分——他们也因此合理地要求其对手们能够具有同样程度的严格性。

显然，斯多葛主义的这种回应，对于打消人类自由不相容于决定论的担忧来说，并没有实现最终的成功。但是，斯多葛主义者对自由和决定论的讨论，开启了时至今日对相容论展开的各种对话。今天，当我们好奇于人类自由问题时，我们反思因果性的本质，反思在什么意义上即便决定论是真的，我们还是可以做出不同的行为。如果我们也接受过良好的教育，就会拒绝将决定论和宿命论混淆起来。在所有这些方面，我们展开讨论的语言和概念框架很多都是从斯多葛主义者那里继承下来的。

价值一元论：斯多葛主义情绪和偏爱的中立态度

让我们暂时承认，斯多葛学派的圣贤是自由的。他们通过只接受所有的真命题来掌控自己行为的方向，从而也表明了自己是完全理性的。进而，这些圣贤在面对逆境时，也是镇定自若的，因为他们从不接受那些不恰当的命题。正如斯多葛主义者爱比克泰德所说：

> 扰乱人们的并不是事物本身，而是人们对这些事物的信念。比如，死亡并不可怕——如果可怕，它就会如此显现给苏格拉底。可怕的其实是关于死亡的信念，即相信死亡是可怕的。因此，每当我们被妨碍、扰乱、抑郁的时候，让我们不要怨天尤人，而是责怪自己。也就是说，我们不要责怪任何其他事物，而只

去责怪我们的信念。(《沉思集》5 = LS 65 U)

死亡并不内在地拥有可怕的属性。死亡就是死亡而已。如果死亡在我们看来是可怕的,那只是因为我们认为它是可怕的或糟糕的。不正确的地方——在错误的意义上所说的"不正确"——在于我们关于死亡好坏的想法上:"我孩子的死是个坏事情"这个判断是错误的,就像"我孩子的死是个好事情"同样也是错误的一样。这类判断都在缺乏规范性的情形中设定了价值的存在。当然,作为充满理性秩序、指向善的宇宙的一个部分,这些情形都继承了理性宇宙所具有的那种规范性。但这些对死亡的判断所设定的规范性远远超出了这个界限。对于圣贤来说,拥有价值的是德性。因此,斯多葛学派的圣贤们当然会严格避免任何错误判断,从而不会接受两者中任何一个错误命题,因为它们都在没有价值的地方设定了价值。这么做与他们的德性是相违背的。

因此,斯多葛圣贤看起来似乎像个道德怪物。这种人似乎不像个人,而是无情的石头,连自己孩子去世这样的悲剧都不会感到悲痛。这种人难道不是缺乏了一些深层的人性要素吗?难道他们不是缺乏我们期望一个共同体中道德成熟的成员应该具有的那种同情心吗?我们很容易认为,与斯多葛主义者设想的不同,有能力做出恰当的情绪反应是一件高贵、得体的事情,而不是不幸和可耻的。

斯多葛主义者拒绝这种批评。他们的回应包括两个方面,其一涉及情绪的特性和恰当性,其二,再一次关系到价值所处的领域问题。他们将圣贤描述为所有人的模范,正是因为他们没有情绪。圣贤能够成为一个没有情绪的模范,是因为只有他们能够捕捉价值。只有他们能够正确地看待事物,不在没有价值的地方设定价值。只有他们不会将有价值的事物和无价值的事物混淆。相反,那些在事实上没有价值的地方设定无论正面还是负面价值的人,才会产生情绪化的反应。因此,非圣贤具有情绪是因为他们具有错误的判断。事实上,情绪是一种错误的价值判断。

为了以一种至少一开始是有利于斯多葛主义者的方式描述他们的观点,让我们回到那个关于晚点火车的通俗例子上来。伴随晚点而做出的那些价值判断完全不是不可避免的。相反,当且仅当你接受这样的命题,即"晚点对我的未来是个灾难"或"这些过分不称职的铁路工作人员是不可指望的",你才会认为自己所处的情形是不可忍受的,从而焦虑不堪。正如爱比克泰德所说,如果工作人员让你不高兴,那只是因为你认为他们是令人不悦的。进而,你的未来无论如何会成为它将所是的那样。如果你认为自己的未来是悲惨的,那只是因为错误地判断了它的未来指向,因此错误地判断了它的价值承载特征。宙斯从不认为事物会以另一种方式发展下去。出于某种原因,你总是想要将负面价值赋予你的人生方向。而这是你的生命事实上所不具有的。如果没有这些错误判断,你就会发现自己沉着地坐在火车上,只接受"这辆火车将不会将我按时送往机场"这个真命题。除此之外,不会接受任何命题,除非是"这个晚点是宇宙理性秩序的一个小部分,完全符合它的正确理性"。你对无价值的真命题的接受本身,并不会引起进一步的回应。更确定的是,你的这种接受并不会引起焦虑这种情绪。

然而,斯多葛学派的情绪观注定会显得非常独特,因为它带有强烈的修正主义色彩。尽管在他们的思想发展过程中，观点也存在着一定程度的紧张和模糊性，但正统的斯多葛立场始终是这样的：情绪事实上就是某种形式的信念。根据斯多葛主义者看待事物的方式，情绪只是理性灵魂中不规则的运动，而这种不规则运动其实就是假信念，或许也伴随着一些肢体性运动，但这些肢体活动恰当地来说，并不属于情绪的一部分：

> ［斯多葛主义者］认为，情绪是一种过分的冲动和对理性决策的违抗，或者说是灵魂反对自然的运动。他们说，所有的激情都属于灵魂的命令官能……有四个主要的类：欲望、恐惧……［以及］快乐和抑郁……在他们对情绪的刻画中，"反对自然"指的是某个事情违背"正确理性"（*orthos logos*）而发生，并违背自然理性。任何处于情绪状态中的人都偏离了理性，但并不是以那种类似于被欺骗的方式偏离理性（比如，有些人遭到欺骗，而相信原子是第一原则），而是以一种独特的方式。对于那些处于情绪状态中的人来说，即便他们通过学习认识到，或者通过被教导以意识到，他们不应该感觉到抑郁、恐惧，或者一般来说不应该处于灵魂的情绪状态中，他们还是不会将它们抛弃，而是被情绪状态带到一个类似于被暴政所控制的领域。（斯托比亚斯 2.88, 8-90, 6 = LS 65 A）

恐惧其实就是一个信念，它认为将来的某个事件是恶的，因此是该被避免的。欲望是相信将来的某个事物是善的、应该被追求的。快乐是相信某个当下的东西是善的、应该被珍视的。痛苦则是相信某个当下的东西是坏的、是抑郁的来源。其他的所有情感类型都附属于这四类。[34] 所有情绪的共同特征在于，它们都是错误的信念，都包含着一个带有时间索引的价值判断。与一般的错误信念不同，伴随着一种情绪状态而来的搅动和不安感觉，即便在这种错误信念被揭露和纠正以后，依然持存着。斯多葛主义者偏爱的例子包括嫉妒和哀痛，它们都属于痛苦。即便一个丈夫最终被说服，相信他妻子的外遇并不是一件坏事，但他那不安的嫉妒感还是会持续存在着。

表面看来，斯多葛主义的情绪理论所具有的修正主义色彩，似乎公然违背了常识。斯多葛学派的一些古代批评者们正是如此看待他们的理论的。以通常的观念来说，情绪就是某种感情性的维度，或者至少核心地包含着感情性的维度：我们以某种方式感觉着某种情绪。事实上，与一些简单的常识观念一样，许多关于情绪的理论正是认为，情绪完全就是感觉。我们可以把这种理论称为"纯粹情感理论"。根据这种思路，情绪就只是某种感觉，某种有可能违背理性，或者至少可以独立于理性而存在的感觉。无论如何，根据这种纯粹情感思路，与斯多葛主义者所设想的恰恰相反，情绪自身并不属于理性的范畴。在这种理论中，体验某种快乐，就是以某种方式去感觉。这种感觉并不如斯多葛主义者所认为的那样，完全就是对事物是否具有某种价值特征的判断。斯多葛主义者完全否认这一点——因此容易被视为一群怪物。这也是斯多葛主义的情感观从古代开始就具有很低的可信度的原因。

作为回应，斯多葛主义者或许会公允地指出，情绪以各种各

---

[34] 斯托比亚斯，2.90, 29–91, 9 = LS 65 E。

样不同的方式包含着价值判断，二者间的关系可谓非常亲密。如果萨利讨厌波林，那么，前者或许认为后者是值得鄙视的。至少她接受这样的命题："波林不好"或者"波林是一个糟糕的人"——否则很难说她是讨厌波林。在这个层面上，斯多葛主义者可以非常有辩护力地认为，情绪或许以某种核心的、重要的方式包含着价值判断。然而，进一步认为，情绪就只是判断，则是一个更强、更反直观的断言。如果我们沿着一个连续统前进，从情绪的纯粹情感理论或感觉理论出发，经过那些温和的、混合的理论，即那些认为情绪既包含情感的部分也包含认知的部分的理论，最终我们就会到达斯多葛主义者所持有的纯粹认知理论。在他们看来，情绪不包含任何内在的情感部分，而完全只是它所是的那种判断。

更重要的是，对于斯多葛学派来说，情绪还不仅仅是判断，而且是错误判断。这就是为什么斯多葛圣贤是没有情绪的：因为他们从不接受任何假命题，而总是根据符合自然的判断而生活。同样，这也是斯多葛主义者贬损情绪、迫切想要消除情绪的原因。然而，如果我们要想以斯多葛主义者自己的方式理解他们的话，就必须格外的小心。有一种更常见的理性主义者，他们也贬低情绪，认为它们有损于理性。这些理性主义者认为，情绪能够蒙蔽可靠的判断，甚至经常与理性展开斗争并最终战胜理性，导致人们为自己的行为感到后悔。

斯多葛主义者并不持有这种理性主义立场。在他们看来，情绪并不能蒙蔽判断，也不可能击败理性，因为它们并不是灵魂中与理性隔绝的、非理性的异质性成分。当他们说"所有情绪都属于命令性官能"[35]时，斯多葛主义者不仅仅是意指，情绪隶属于理性；而是指，每一个情绪都是理性的某个实例。进而，作为判断，情绪对自然的违背并不是因为它们是不可驾驭的、空洞无物的感觉，而是出于更简单的原因：它们是假的。尽管并不是所有的假信念都是情绪，但所有情绪却都是假信念。遵循自然的生活要求只接受所有的真命题。情绪意味着某人接受了假命题，因而它是违背自然的。

无论我们如何看待斯多葛主义对情绪的分析所带有的修正主义特征，下面这一点似乎是比较清楚的：这个理论的最终可靠性在一定程度上将取决于另一个问题，即他们对"道德怪兽"指控所做出的回应的第二个方面。它涉及价值的恰当所处。如果我们同意斯多葛主义者的观点，认为情绪就是假判断，这至少部分地也是因为我们接受了一个高度特殊甚至奇特的价值理论。那就是斯多葛学派的价值一元论。根据这种理论，只有德性拥有价值。其他任何东西——无论是财富、健康、食物、友谊还是爱——都不具有任何价值。圣贤们对这些东西都是超然漠不关心的。

某人或许可以不接受斯多葛主义者对情绪所给出的分析，并不认为情绪不多不少就是假判断；但他依然可以基本上以斯多葛主义者的方式看待这个世界，也就是接受他们的价值一元论。认识到这一点是很有意义的。假设你已经被斯多葛主义者说服，抛弃了关于情绪的纯粹情感理论。这种理论是一种常识理论，认为情绪就是感觉。相反，你在斯多葛主义者的促使下开始意识到，

---

[35] 斯托比亚斯，2.88, 8–90, 6 = LS 65 A。

情绪核心地包含着各种各样的判断。因此,你开始转向某种关于情绪的温和的混合理论,认为情绪是情感状态和判断的复合体。这种解释对于许多情绪来说似乎都是合理的,包括已经提到的憎恨。进而,我们很容易就能够将这种想法扩展到斯多葛主义者所谈论的四类主要情绪上:恐惧、欲望、快乐、痛苦。从此只需再向前跨一小步,就能将其扩展到这四个基本类下的各个分支上。比如说嫉妒,这种情绪除了拥有我们所熟悉的那种令人不悦的猜忌感外,还包括"自己的伴侣有了情人且这是一件坏事"这样的判断。又如爱,这种情绪除了拥有那种熟悉的温暖舒适的感觉外,还包括"爱的对象拥有所有好的、可爱的品质"这样的判断。

当然,这并不是严格意义上的斯多葛主义理论,但与他们的观点是契合的,因为上述理论同样也认为情绪核心地包含着价值判断。然而,根据这种温和的混合理论,情绪只是部分地包括价值判断,无论是正面的还是负面的。即便如此,持有这种理论的人仍然可以遵循斯多葛圣贤的步伐——只是需要假设斯多葛主义的价值一元论是可以捍卫的。要理解这一点,我们可以关注一个关于斯多葛圣贤情绪的论证(ES):

1. 圣贤遵循自然而生活。
2. 如果他遵循自然而生活,那么他只接受所有真命题。
3. 因此,圣贤只接受所有真命题。
4. 除了德性,没有任何东西有价值。
5. 因此,如果一个命题 p 将价值 V 赋予一个缺乏价值的主体,那么 p 是假的。
6. 因此,对于任何一个将价值 V 赋予一个缺乏价值的主体的命题 p，圣贤不会接受 p。

　　7. 所有情绪都是假判断，都将价值 V 赋予缺乏价值的主体。

　　8. 因此，圣贤绝不会接受构成情绪的任何命题。

　　9. 因此，圣贤是没有情绪的。

　　到目前为止，我们的关注点其实一直在（ES-7）上，即所有的情绪都是假判断，包含着对错误的价值赋予命题的接受。这个前提反映了斯多葛主义者对情绪的分析。

　　然而，我们需要注意的是，某人可以通过持有一个温和的理论而合理地拒斥（ES-7）。根据这种理论，情绪包含价值判断，但并不完全就是价值判断；或者可以持有某种更弱的观点，认为情绪敏感于价值，会对价值做出积极回应，从而随价值判断而变化。通过持有某个这种更温和的情绪理论，我们就能够、并且很可能就会继续按照圣贤的方式而行为。尤其是，在如此行为的同时，我们依然可以坚持（ES-4），认为除了德性，没有任何东西拥有价值。因为，如果接受（ES-4），并允许情绪至少是对价值反应敏感的，那么，对于所有在无价值的事态上赋予价值的命题，任何一个主体只要不去接受它们，就不会产生任何情绪状态。因此，在这个意义上，尽管在不接受（ES-7）的情况下，某人不可能成为圣贤（因为他将接受"斯多葛主义的情绪理论是错误的"这个假命题），但他仍然在一定程度上接近于圣贤而过着一种带有情绪的理智生活。想过上这种生活，我们只需要首先持有某个温和的立场，接受情绪是敏感于价值的，同时以此为出发点而主张（ES-4）所表达的观点。

　　尽管如此，（ES-4）本身却是一个奇特的主张。这里的担忧并不在于斯多葛主义者持有价值一元论。许多其他非斯多葛主义者也持有价值一元论。比如，伊壁鸠鲁主义者就是价值一元论者，只不过他们的观点更接近常识，认为只有快乐才具有终极的内在价值。斯多葛主义者的观点之所以令人吃惊，是因为他们认为，德性是唯一的价值。任何别的东西都不是。财富不是、健康不是，快乐也不是。

在这一点上，我们的文本来源同样也是非常混杂的。然而，我们可以考察对斯多葛主义观点最极端的表达形式。西塞罗非常好地捕捉到了这种表述。他通过斯多葛主义者卡托之口，以一个整齐的三段论形式呈现了这种观点：

> 所有善的事物都是值得称赞的。然而，所有值得称赞的都是有德性的（*honestum*）。因此，善的就是有德性的。真的能得出这个结论吗？显然是可以的。你能够清楚地看到，它能够从那两个前提推论出来。在那两个前提中，第一个通常会遭到人们的反对，认为并不是所有善的事物都是值得称赞的。人们往往理所当然地认为，所有值得称赞的都是有德性的（也就是第二个前提）。然而，持有下列这些主张是非常荒谬的：善不是可欲望的，或者即便是可欲望的，但不是令人愉悦的，或者即便是令人愉悦的，但并不同时是有价值的（*diligendum*），因此并不同时是应该被认可的——从而不是值得称赞的；却又认为值得称赞的就是值得尊敬的。因此，我们可以得出结论认为，善的（*bonum*）同时也是有德性的（*honestum*）。（西

塞罗：《论目的》iii 27 = LS 60 N）[36]

重要的是，这段话就跟在卡托对 oikeiôsis 过程的概述之后。正如我们已经知道的，这个过程的终点就是完全理性和有德性的圣贤的出现。在这里，卡托强调，德性（honestum）就是遵循自然而生活，而这个 honestum 是唯一的善（solum bonum，西塞罗：《论目的》iii 17 = LS 59 D）。

正如上面所表述的那样，卡托对德性是唯一的善的论证（VOG）是非常清晰明了的：

    1. 所有善的（bonum）都是值得称赞的（laudabile）。

    2. 所有值得称赞的（laudabile）都是有德性的（honestum）。

    3. 因此，所有善的（bonum）都是有德性的（honestum）。

卡托专注于捍卫（VOG-1），为其提供了一个附属论证：所有善的都是值得欲望的，所有值得欲望的都是令人愉悦的，所有令人愉悦的都是有价值的、值得接受我们的认同的，而如果某个东西是值得接受我们的认同的，那它就是值得称赞的。因此，正如（VOG-1）所说，所有善的都是值得称赞的。

我们或许会对这个论证链上的某些环节产生质疑，但让我们不要纠结于此，因为关于（VOG），存在着更深层次的问题。如果这个论证旨在证明德性（honestum）是唯一的善（solum bonum），那么它就是一个不合理的推论。我们或许可以欣然接受（VOG-3），认为所有善的（bonum）都是有德性的（honestum），但并不能得

---

[36] 西塞罗自己并不赞成这个三段论。相反，在《论目的》iv 48 中还批评了它。这个三段论本身似乎来源于早期斯多葛，由克里希波斯提出（普鲁塔克：《论斯多葛主义者的自我矛盾》1039c）。

出德性就是唯一善的结论。也就是说,我们可以乐于承认德性是某种善,或者甚至是某种最高的善,但并不认为它就是唯一的善。比如,我们可以追随亚里士多德的观点,[37] 认为幸福是最高的善,同时也承认存在着其他许多类型的善,包括健康、快乐,因为它们都能有利于产生幸福,或者它们自身部分地就构成了幸福。然而,尽管也是善,这类善并不是最高的善。通常来说,虽然不是必然的,它们的善源于它们隶属于最高的善。因此,对亚里士多德来说,最高善并不是唯一善。

在这种极端的表述下——显然,这也是斯多葛主义者卡托希望它被表述的方式——(VOG)并不是一个令人信服的论证。当然,为了得到一个强于(VOG)结论的结论,斯多葛主义者可以诉诸其他理由。这些理由或许源于 5.3 节所讨论的 oikeiôsis 论证(OA)。让我们回忆一下那个论证的最终结论(OA-9),它指出,每个人都应该承认和理解作为唯一善的理性。随着通往完全成熟理性的过程的不断推进,斯多葛主义者的洞见越来越敏锐,不仅看到宇宙整体是被理性地组织起来的,同时也看到了自己在这个整体中所扮演的角色。更重要的是,他自反地意识到:他对这个角色的理解本身正是他自身理性的体现;通过理解,他正做着某些善事;总之,他对善的分有正存在于他自己的理性中。[38] 最终,正是这个普遍的理性——万物所包含的神圣秩序在宇宙的宏大层面上得到表达;而通过圣贤的理解,这种秩序又得到了局部的展现——才被斯多葛主义者视为宇宙中价值的唯一所在地。因此,圣贤们

---

[37] 关于亚里士多德的幸福观,见 4.6。

[38] DL vii 85-86 = LS 57 A。

也意识到，他们相对于宇宙价值的局部自身价值正在于按照自然的方向塑造自己。最终，这就是斯多葛主义者总是遵循自然而生活的意义。

然而，需要再次强调的是，斯多葛主义的观点至少给人的初步印象是高度反直观的。斯多葛主义者似乎乐于忽略生活中为我们可得的许多其他类型的善，正如第欧根尼·拉尔修所记录的：

> ［斯多葛主义者］说，在存在的事物中，一些是善，一些是恶，一些两者都不是。德性（勇气、节制以及其他德性）是善。这些德性的反面（愚蠢、不正义以及其他）则是恶。所有那些，对人而言既无助益又无伤害的东西，就既不是善也不是恶，比如：生命、健康、快乐、美、力量、财富、荣耀、出身以及它们的反面：死亡、疾病、痛苦、丑陋、虚弱、贫穷、坏名声、坏出身以及其他。这些东西既不是善，也不是恶，而是中立的，即便是我们所偏爱的……有利而不是有害，是什么是善的特殊性质。但财富和健康之有利，与它们之有害，是相当的。因此，财富和健康并不是善的。他们进而认为，如果某个东西能够以有利的方式而被使用，同时也能够以有害的方式而被使用，那它就不是善。因此，财富和健康并不是善。（DL vii 101–103 = LS 58 A；也参看亚历山大：《论命运》199.14–22 = LS 61 N）

因此，根据斯多葛主义的观点，我们不应该把健康看作是某种善。德性是唯一的善。我们也不应该将痛苦视为恶，因为痛苦并不是恶，而是非善非恶的。事实上，正如我们已经看到的，将痛苦视为恶，不仅是一种错误判断，同时也是构成情绪的那类错误判断。因此，如果我们要成为圣贤，就应该避免所有这类的情绪纠缠。

依据斯多葛主义者的习惯做法，他们为其立场提供了一系列论证。如果这些论证是令人信服的，那么，它们表面上所具有的反直观性就应该为我们所忽略。作为一名斯多葛主义者，他们或许很容易能够察觉到科学史所具有的一个特征，那就是其中充满了被抛弃的各种论题。对这些论题的替换，一开始也让几乎所有的人觉得是不可思议或者是非常反直观的，只有那些早期的坚持者们在捍卫新的主张，其他人都认为它们是不值得严肃对待的。比如说，当年就有很多非常聪明、受过良好教育的人觉得，达尔文的进化理论是非常奇怪而不可信的。他们因而嘲笑、不接受他的理论，并不严肃考虑这个理论所呈现的资料、数据。这些人显然就不是圣贤。

那么，对于斯多葛主义者的价值一元论，我们能提供什么支持呢？首先，存在着我们已经看到的由第欧根尼·拉尔修所记述的那些论证；其次，存在着一系列软化的调和立场。尽管持有价值一元论，斯多葛主义者承认存在着一类事物，正如第欧根尼·拉尔修所提及的，它们"是中立的，即便是我们所偏爱的"。

至于正面论证，第欧根尼只为我们展现了两个。然而事实上，斯多葛主义者提出了很多论证，有的很复杂，如 *oikeiôsis* 论证；有的很简洁，如卡托的三段论。让我们考察一下第欧根尼的第二个论证，这个论证诉诸善的使用（UG）：

  1. 如果 x 能够以好或坏的方式被使用，那么 x 就不是善。
  2. 除了德性外的所有事物都能够以好或坏的方式被使用。

3. 因此，除了德性，没有什么是善。

4. 然而，德性是善。

5. 因此，德性是唯一的善。

再一次，我们看到了斯多葛主义者简洁而有力地论证了一个表面上看起来非常奇特的主张。

我们承认（UG-4），即德性是善。至于（UG-2），即除了德性外的所有事物都能够以好或坏的方式被使用，它至少看起来是很合理的。比如，财富就是中立的：我们能将其用于好的地方，也能用于坏的地方。就其自身本性来说，并没有对其使用方式添加任何约束。也许其他所谓的中立状态的例子没那么容易被如此一笔带过，但我们现在可以暂且忽视它们。这样，我们就只剩下（UG-1），即如果 x 能够以好或坏的方式被使用，那么 x 就不是善。这个主张是有问题的。首先，它将某物成为善的标准设得过高。它也许可以被视为某个事物能够成为唯一善或最高善的合理标准，但却将大量我们看起来是善的事物排除在善的范畴之外。因此，即便我们承认健康、视力、智力、力量以及许多其他事物，都能以好的或坏的方式被使用，我们还是倾向于将它们归为可以合理地被视为是善的事物类中，而且它们不仅仅是善，还内在地是善。

斯多葛主义者当然也愿意去处理这类担忧，但在当下的语境中，我们将转而考察他们提出的第二类回应，这类回应似乎在一定程度上限制了他们所持有的那种异常严格的价值一元论。第欧根尼提到一类非善的事物，它们"是中立的，即便是我们所偏爱的"。根据斯多葛主义学说，恰当地说，在第欧根尼所提到的我们通常认为是善的事物的漫长清单中——生命、健康、快乐、美丽、力量、财富、荣誉、高贵出身——没有任何一个实际上是善的。如果这类事物都不能视为是善,那么对于斯多葛主义者来说,它们就毫无价值,无论是正面的还是负面的。

为了阐明这一点,假设席德功完全不在乎歌剧。她既没有不喜欢,也没有喜欢。事实上,她只是对这种音乐形式完全不在意。如果有人免费给了她一张观看瓦格纳《帕西法尔》的票,我们可以合理地认为,她对观看歌剧这个事情是持有中立漠然态度的。相反,如果沃尔夫冈认为,歌剧是世上最好的东西,而瓦格纳的歌剧又是最好的歌剧,那么,我们可以预期,他会对于得到免费的《帕西法尔》票而抱以热烈回应的态度。她对赠票表示完全无所谓,而他则认为它们很有价值。而他俩有个邻居,非常讨厌歌剧,尤其憎恶瓦格纳。此人经常援引马克·吐温的话说:"瓦格纳的音乐并没有听起来那么糟糕。"进而补充说:"不,它们实际上是更糟糕。"我们可以判断到,对于赠票行为,他会嗤之以鼻。和沃尔夫冈一样,他也对歌剧赋予了价值,只不过是负面的价值。只有席德功是中立的。

因此,以此类推,我们应该能够预期,对于生命、健康、美丽、财富以及其他东西,斯多葛圣贤也是完全中立的。他们只对德性赋予了价值。至少对于某些斯多葛主义者来说,这个类比是非常完美的。一个早期的、比较极端且根本上来说非正统的斯多葛主义者阿里斯托正是做出了这样的断言:我们"对于所有那些处于德性和恶之间的事物,完全抱以中立的态度。在它们之间并不做出丝毫区分,而是完全平等地看待它们"(DL vii 160)。

阿里斯托就像席德功。对于德性以外的其他事物,他既不持有正面态度,也不持有负面态度。主流的斯多葛主义者对此是有争议的——或者至少在某种意义上是有争议的。早期最重要的斯多葛主义者克里希波斯事实上点名批评了阿里斯托,[39] 认为如果对于所有既非德性又非恶的事物抱以完全中立的态度,生活将是不可能的。为了理清他的思路,让我们将第欧根尼所列举的那些善称为"日常的善"。对于它们,克里希波斯认为,斯多葛主义者确实是中立的。然而,在斯多葛主义者采取中立态度所对待的这些"日常的善"中,有一些是被偏爱,或者被推崇,或者被挑选出来的。(希腊语是 *proêgmenon*,可以上面任何一种方式对其进行翻译。)在同样一个被中立对待的日常的善的清单中,这些被偏爱的对象与那些不被偏爱、不被推崇、不被挑选的对象是有区别的(*apoproêgmenon*)。这里,西塞罗的表述是非常清楚的,他对斯多葛学派的创始人芝诺做出了下面的评论:

> 对芝诺来说,所有其他事物既不是善也不是恶,但在它们中,仍有一些是遵循自然的,而另一些则是违背自然的。同时在这两端之间还存在着处于中间状态的事物。他教导我们,遵循自然的事物应该被尊崇,从而拥有一定的价值。而它们的反面则应该受到相反的对待。对于那些既不遵循自然,又不违背自然的事物,他将它们归为中间类,认为它们完全不具有任何使动能力。而在那些与选择相关的事物中,他把那些更有价值的称为"被偏爱的",而将那些不怎么有价值的称为"不被偏爱的"。(西塞罗:《学院派哲学》i 36-37)

---

[39] 见西塞罗:《论目的》iv 25。

按照这里所呈现的观点，芝诺承认存在着阿里斯托所提及的完全中立事物的范畴，但却极大地缩减了它，让一些中立事物成为被偏爱的，一些成为不被偏爱的。

阿里斯托的观点尽管有些简单粗暴，但却有着某种令人欢迎的清晰性。他将善的事物所构成的集合和被偏爱的事物所构成的集合处理为完全同外延的。只有所有善的事物才是被偏爱的。因此，那些属于日常善的事物清单上的对象，事实上既不是善的，也不是被偏爱的。任何事物如果不是善，就没有任何正面价值，而只有德性是善。中立的事物，如生命、健康并不属于德性的范围，因此是没有价值的。对于阿里斯托来说，只有所有有德性的事物才是应该被偏爱的。相反，恶与坏是同外延的，因此，只有所有恶的事物才是应该被避免的。其余的事物，他都抱以中立态度。

当主流的斯多葛主义者拒绝这种极端观点后，他们将更难解释什么叫"中立"。芝诺和他之后的克里希波斯认为，存在着"被偏爱的中立"对象。表面上看，这似乎是一个矛盾性的修辞，"被偏爱的中立"这个概念让人们想到奥威尔《动物农场》中被改进的格言"所有动物都是平等的，但有些动物比另一些动物更平等"。毕竟，如果沃尔夫冈偏爱某个东西，那么这个东西似乎对他来说就不是中立的。而如果席德功对某个事物是中立的，她就既不偏爱也不排斥它。相反，她对这个中立事物集中的所有对象都抱以中立态度。

根据西塞罗对正统斯多葛主义的表述，他们打破这种担忧的方法是否定价值和善的完全共外延性：他们对某些中立事物赋予价值，但这么做并不意味着将它们视为是善。通过这种方式作为回应，斯多葛主义者遭到了其批评者们无情的否定——恶言谩骂从来没有减轻。普鲁塔克嘲笑他们故弄玄虚、言辞含糊，[40]认为他们只是假装对健康财富、疾病贫穷抱以中立态度，实际上又在它们中间做出了区分，偏爱一些，又贬低另一些。将价值赋予他们所偏爱的，而否定他们所贬低的事物的价值。

普鲁塔克在一位名为安条克的柏拉图学院后继者那里得到了支持。安条克指责斯多葛主义者，表面上否定而实际上肯定健康和财富所具有的善。[41]他强调，本质上来说，如果我偏爱 x 而不是 y，或者挑选 x 而不是 y，这难道不意味着，在我的评估中，x 比 y 更好吗？而"更好"难道不是"好"的比较级吗？如果是这样的话，我就是同时在说，x 比 y 有更多的善以及 x 并没有任何善。比如，假设莫迪凯偏爱健康而非疾病，那么他就是认为健康比疾病更好。然而，如果他认为健康比疾病更好，他就是认为健康也具有一定程度的善——实际上它所具有的善的程度在莫迪凯看来要高于疾病所具有的善的程度。因此，我们很难理解，莫迪凯如何能够像斯多葛主义者所说的那样，相信健康是完全中立而不具有任何善的。当被追问之后，作为斯多葛主义者的莫迪凯会坚持认为，健康拥有一定的价值，但完全不是善。安条克显然会逼他进一步阐述自己的立场。什么样的价值不是善呢？因此，对于安条克来说，他会力劝斯多葛主义者放弃虚伪主张，放弃断言德性是唯一的善。当然，他们可以继续坚持认为，德性是杰出、甚至是最高的善。

---

〔40〕见普鲁塔克：《斯多葛主义》rep. 1042 c–d。
〔41〕见西塞罗：《论目的》iv 25–28。

然而，这一切显然只是争论的开端，而不是问题的解决。值得我们注意的是，在斯多葛主义理论中，由被偏爱的中立对象这个学说所引起的困难，将我们带回到讨论伊壁鸠鲁主义时所遗留的问题上，也就是关于价值所处的争论的问题。[42]这两个学派都持有某种价值一元论。伊壁鸠鲁主义者是享乐主义者，而斯多葛主义者则强调德性的重要性。在这些方向上的理论承诺产生了一些实际的后果，或者被批评者们指出了一些后果，我们有权利要求他们去处理这些问题。尽管我们并没有试图对任何一种理论提出确凿的反驳，但我们也已经看见，在通往这些学派所倡导的那种宁静状态的道路上，他们各自都面临着艰难的阻碍，要实现那个共享的目标并非易事。至少到目前为止，两个学派都没有能够确实地向我们提供他们所承诺的那种泰然自若的宁静。

---

[42] 关于对伊壁鸠鲁主义享乐主义的反驳，见 5.2。

第四节　怀疑论

希腊化时期的怀疑论者正是认准并利用了这些阻碍的存在，从而提出了另一条通往宁静的道路。事实上，他们一直竭尽全力地在为其他学派的道路建构额外的阻碍，因为在他们看来，这些教条化的主张完全是具有误导性的。根据怀疑论者的观点，斯多葛和伊壁鸠鲁学派的教条主义正如柏拉图和亚里士多德学派的教条主义，只会给任何一条通往宁静的道路施加妨碍。

因此，怀疑论者想要提出以下建议：在一个始料未及的层面上，我们目前所看到的那些分歧和所谓的失败本身，恰恰是非常重要的。什么是唯一的善？是德性吗？是快乐吗？是幸福吗？是否存在着唯一的善？还是说世界包含着多种多样的善？真的存在善吗？如果存在，它是主观的还是客观的？不同的学派对这些问题提出了不同的主张。我们已经看到，斯多葛主义和伊壁鸠鲁主义的价值一元论各自都面临着严峻的困难。伊壁鸠鲁主义者是享乐主义者，认为善就是快乐。而在斯多葛主义者眼里，快乐不仅不是唯一的善，甚至根本就不是善。怀疑论者认为，这些分歧实际上体现了关于我们自身处境的一个令人不安的事实：我们事实上所知道的，比认为自己知道的要少很多，甚至于在关于我们存在的那些非常熟悉和基本的问题上也是如此。

更令人不安的地方在于，如果愿意放下那些未经思考的偏见，细心聆听各学派的观点，我们很容易发现，尽管这些观点截然不同、甚至相互冲突，我们还是会依次被它们吸引，觉得都很有道理。尤其是当遇见那些充满自信、技艺高超的论辩者时，我们更是易于被说服，即便他们的观点一开始在我们看来是非常不合理和反直观的。起初，我们认为，死亡是恐怖的，然后我们被说服，相信死亡或许什么也不是，并不是任何坏的事物。起初，我们觉得，在面对失去的时候表现出强烈的情感，是自然而恰当的，然后我们被说服，相信失去并不具有任何负面价值，完全不会影响我们的德性。这一路上，我们首先接受了享乐主义，然后又拒绝它，同时也改变了关于德性之特征与价值之所处的观点。

尽管对于已经走过的这段旅程来说，我们所凭借的远非一己之力，然而，要想做到以下这点却是比较容易的，即：从我们所评论过的那些哲学家们，无论是学派内部还是学派间的争论中退后一步，并进而怀疑，他们中的任何一方是否真的有可能握着通往理解的金钥匙。如果确实能够这么退后一步，我们很可能会就此暂停下来。眼前出现的将是这样一幅画面：对于各种非常基本的问题，如快乐是否是善、善是主观的还是客观的、善是一还是多——或者其实什么也不是，许许多多非常聪明、能力绝对胜任的思想家们为不同的理论所折服，产生了严重的分歧。怀疑论者认为，我们因此应该以更一般的方式提出质疑：对于这些问题，任何人，是否有任何真正的理由，以支持其中的某些回答而反对另一些回答。关于人类存在最深刻的问题究竟有多深，是我们无法测量的。因而，我们最好不要再假装自己可以。

这个怀疑论主张似乎像是某种绝望的失败主义态度。也许，只要我们再接再厉,就能够发现这些问题的深层本质。在得到这些问题的答案之后,我们将获得满足,长眠于真理的宁静中。希腊化时期的怀疑论者提出的是完全相反的路径:应该接受失败,承认获得关于事物实在的知识是我们力所不能及的。他们认为,这么做并不是任何失败后可悲的无可奈何的选择。相反,承认我们局限性的时刻,就是获得解放的时刻。当我们放弃了那些高傲的、自欺的知识主张之后,一个莫大的释放就会降临在我们头上,这个释放正是斯多葛主义者和伊壁鸠鲁主义所寻求的,但是他们的方法是徒劳无益的:

> 对于什么东西在本性上是善或恶,不持有任何立场的人,就既不会积极地避免也不会积极地追求它们。事实上,怀疑论者之所为,正如画家阿佩利斯的故事所描述的一样。他们说,曾经当阿佩利斯在画一匹马时,想要呈现马的唾沫,但总是未能成功。于是他放弃了尝试,将擦拭颜料的海绵扔向了画板,没想到的是,海绵的印记正好产生了他想要的马的唾沫的效果。因此,怀疑论者也希望通过解析事物显现的方式(*phainomena*)以及被思想之方式(*nooumena*)来实现宁静,而当无法这么做时,他们就悬置判断。然而,似乎很巧的是,当他们悬置了判断后,宁静(*ataraxia*)就来了,就像影子跟随身体一样。(塞克斯都:《皮浪主义概要》i 27-28)

根据怀疑论者自己的说法,他们是完全偶然地发现了一个令人高兴的结果。和其他哲学家一样,他们努力想要确定世界上的事物之所是。他们想要知道,什么真正地拥有价值,而不是看起来似乎有价值。他们想要知道,死亡是否真的是令人恐惧的,而不仅仅只是表面上的恐怖。他们想要知道，宇宙是否真的是按照符合宙斯意志的理性原则得到组织的，还是只是向我们显现为那样，只是因为我们自己拥有寻求秩序的倾向，从而将想要发现的那种模式印刻在了原本没有结构的宇宙上。

在怀疑论者思想斗争的某个时刻，他们放弃了，悬置了所有信念——然后奇妙的事情就发生了：他们在知识难以把握的确定中所寻求的那种宁静，降临在了他们身上。和画家阿佩利斯一样，他们在徒劳的工作中未能获得的那种成就，却在他们似乎失败的沮丧时刻降临而来。

我们很容易就能从中吸取到教训。怀疑论者认为，如果我们真的在寻求宁静，那么就不应该通过教条主义的方式，而应该诉诸它的对立面，即悬置所有判断。如果能做到放弃知识主张，那么，我们就将获得那些在热情却徒劳的探索中所不能获得的奖励。

怀疑主义的文本来源与核心思路

当我们在谈论希腊化时期的怀疑论时，那种在处理斯多葛主义和伊壁鸠鲁主义时对于文本来源所抱有的谨慎态度，再一次显得非常恰当。事实上，在怀疑论这里，更需要这种态度。尽管伊壁鸠鲁为了定义其学派的轮廓而创立了一套相对稳定的学说集，斯多葛主义者也坚持着一套核心学说，并通过几代人的努力不断地完善着它们，然而，怀疑论的情形却非常复杂而不统一。我们首先知道的早期代表人物是皮浪，一个积极的怀疑论者，生活于公元前 365—前 270 年。但他留下的并不是一个学派或运动，最多只能算是一个松散的追随者联合体。在他死后一个多世纪，埃奈西德穆以皮浪之名，创立了皮浪主义者运动，并在之后的历史中活跃了好几个世纪。埃奈西德穆之所以创立这个运动，显然是因为不满于自己所结交的那些学院成员。这个学院就是柏拉图所创立的那个学院，而在他逝世一段时间后，在阿塞西劳斯的领导下（从公元前273—前242年），这个学派产生了决定性的怀疑论转向。将《理想国》作者所创建的学派，视为怀疑论的堡垒，这似乎是很奇怪的。然而，这个时期学院成员看问题的方式已经发生了巨大的变化。通过强调苏格拉底经常对知识的否认，他们认为自己继承了学院真正的衣钵，并开启了一个长期、坚定地攻击斯多葛主义者知识主张的实践。为了恰当地看待他们的观点和实践，我们或许应该按照他们看待自己的方式看待他们。在他们眼里，其事业恰恰类似于苏格拉底在欧绪弗洛和美诺之流身上实践问答法所体现的使命。[43]和苏格拉底一样，怀疑论者认为自己所做的事情，就是推翻他们同时代的欧绪弗洛和美诺所展现的对知识的不可靠的主张，这里指的就是斯多葛主义者、伊壁鸠鲁主义者和亚里士多德主义者——他们都是教条主义者。

事实上，埃奈西德穆与怀疑论学院中的其他成员发生了决裂，指责他们实际上是"斯多葛主义者在打斯多葛主义者"。这已经充分表明了希腊化时期怀疑主义内部的复杂性。[44]如果说怀疑论者也有什么教义的话，那就是要求自己放弃所有对知识甚至信念的主张。因此，我们不可能确定出任何一组命题集，是由他们所共同主张的，或者更确切地说，是由他们中的任何一个个体所主张的。

---

[43]关于苏格拉底问答法及其对欧绪弗洛和美诺的反驳，见2.1、2.2。
[44]见佛提乌斯：《图书馆》169b18–170b3 = LS 71 C。

然而，怀疑论者确实能够成功地发现他们之间共识和分歧的来源，因此，即便不能将其视为一个学派，至少也可以视为一群同路人。

即便如此，他们间的分歧还是非常清楚的。其中一个方面涉及哲学中怀疑论立场的方法和终极目的。公元 2 世纪的怀疑论者塞克斯都·恩披里柯自称为皮浪主义者，他简要地描述了在古代世界所能够遇到的各种怀疑论形式：

> 当人们寻找某个东西的时候，结果要么是他们找到了它，要么是没有找到；如果没有找到，他们要么认为这个东西是不可能被找到的，要么继续寻找。同样的，我认为，哲学中的追求也是一样的，有些人声称他们找到了真理，有些人认为真理是不可能被理解的，而另外的人则持续寻找着。那些声称自己找到了真理的人，可以被恰当地称为教条主义者——比如，亚里士多德和伊壁鸠鲁的追随者、斯多葛主义者以及其他人。克莱托马库斯和卡尔内阿德斯的追随者以及其他学院派的成员认为，真理是不可能被理解的。而怀疑论者（*skeptikoi*）则继续他们的寻找。（《皮浪主义概要》i 1–3）

塞克斯都做了两个区分，一个是学派间的，一个是学派内部的。亚里士多德主义者、伊壁鸠鲁主义者、斯多葛主义者都是教条主义者，他们对所有的哲学论题，都发表了正面的主张。所有的怀疑论者都否认教条主义者知识主张的成功性，并嘲笑他们对知识的虚假声称。即便如此，在怀疑论者内部，有些人可以说是教条主义式的怀疑主义，另一些人则是暂时性的怀疑主义。在塞克斯都看来，教条的怀疑论者包括学院派，他们声称知道事物不可能被知道，从而主张永久地悬置所有信念。其他怀疑论者，即皮浪主义者，对这个知识主张也表示否定：他们是非教条的怀疑论者，暂时性地悬置所有判断而持续不断地追寻知识。他们有时被称为探求性（zetetic）的怀疑论者，因为他们并不放弃这种探究的过程（探究在古希腊语中即 *zetêsis*）。按照他们对自身情形的看法，并没有任何理由教条式地宣称，研究永远都是无用的。

我们将按照塞克斯都所提供给我们的材料，研究皮浪式怀疑主义。这既是因为他为我们提供了丰富的资料，同时也是因为他自己就在践行皮浪主义。在这样处理问题的同时，我们将抛开他所提到的那些复杂而有趣的学派内争论。当我们谈到"怀疑主义"时，指的就是塞克斯都所实践的那种皮浪式怀疑主义。然而，我们必须记住，这么处理的结果意味着，我们实际上研究的只是古代怀疑论中的一个支脉。

让我们看一下塞克斯都自己所呈现的皮浪式怀疑论事业的主要精神：

> 我们将要概述和阐明的那种怀疑论方法，事先就做出以下声明：对于将要谈论的任何观点，我们都不是坚决地认为，事物就是绝对如我们所陈述的那样，而是说，无论在什么情况下，我们都像是那些年代史编纂者，仅仅记录事物当下向我们显现的样子。（《皮浪主义概要》i 4）

在塞克斯都看来，我们应该避免教条主义，即便是对于自己的怀疑论。我们记录事物向我们显现的样子，同时谦逊地承认有可能完全被误导。世界是一个黑暗、神秘的地方——它是如此的黑暗以至于我们不知道它究竟有多黑。

皮浪主义的特点

塞克斯都笔下的探究型怀疑论者与其他哲学家享有共同的目标：

> 怀疑主义的动机和目标是希望获得宁静（*ataraxia*）。拥有高贵本性的人被事物的不规则所扰动，困惑于何处去安放他们的信念。因此他们被引导着去研究事物的真假，希望在真假被确定后，能够获得心灵的宁静。怀疑论者存在的基本原则是这样一个命题："对于任何一个论证，都能提出一个同等的相反论证。"因为我们相信，正是这个原则所产生的效果，使我们能够停止教条化。（《皮浪主义概要》i 7）

怀疑论者一开始就和其他哲学家一样，困惑于眼前所看到的现象。塞克斯都在这里所表达的观点让人们想起亚里士多德的主张："人们一开始做哲学和现在一样，都是出于好奇。起初，人们好奇于眼前的奇怪事物；之后，他们一点一点向前进，因为开始困惑于更重要的事物。"[45] 区别只在于，在亚里士多德这个杰出的教条主义者看来，进步是可能的，而且已经成了某种现实。怀疑论者注意到，亚里士多德的许多教条主张真诚地被其他哲学家所拒绝，后者提出了同样令人信服的论证以反对前者的结论。比如，亚里士多德认为，快乐不可能是最高的善；[46] 但就在他死后不久，伊壁鸠鲁明确否定的就是这个观点。

---

[45] 见亚里士多德：《形而上学》i 2, 982b12。
[46] 关于亚里士多德否认快乐是最高善的理由，见 4.6。更完整的论述，见 Shields, *Aristotle* (London and New York: Routledge, 2007), §§8.1–8.3。

塞克斯都认为，这种根本的哲学分歧其实是非常普遍的现象。事实上，他将这种普遍性视为怀疑主义的根本信条："对于所有论证，都存在着一个相反的论证。"对于任何一个证明 p 的论证，都存在着一个同样令人信服的，证明非 p 的论证。面对这些同等效能的论证，它们同样有力地证明和反对着某个命题 p，我们所能做的，只能是悬置对 p 的判断。塞克斯都认为，面对这些同等效能的论证，悬置判断不仅仅是审慎或者理智上负责任的举动。更重要的是，当我们看到支持和反对某个命题的理由具有同等强度时，除了悬置判断，我们没有任何其他选择。

让我们举一个通俗的例子。假设你好奇于某个简单的事实，比如，今天上午，首相在骑自行车时是否被公交车撞了。一个完全可靠的目击者告诉你，他今天上午早些时候看见了这场事故的发生。不幸的是，另一个同样可靠的目击者却说，并没有这样的事发生，她在今天晚些时候正和首相在一起，可以证明他并没有被车撞。你不可能同时相信他们两者的话，但假设他们俩都是非常可靠的，你也不可能倾向于某个人而怀疑另一个人。在这种情况下，你应该或者事实上就会去悬置判断，直到通过其他方式获得了一些额外信息以有助于判断为止。在这种时候，最有可能发生的情况就是，你暂时不做出任何判断而继续寻求事实的真相。你的行为将完全类似于一个探究型的怀疑论者的行为。

当然，在这个通俗案例中，我们倾向于认为，其中所涉及的事件最终是可以决断的。某人的报道肯定是假的，只要进一步研究，就能知道是哪一个。塞克斯都对此表示怀疑，但我们暂时可以不理会这种怀疑。通过这个简单的例子，我们想要揭示的是古代怀疑论所拥有的特征。也许在假想的例子中，我们不仅无法知道首相是否真的在骑车时被汽车撞了，似乎也没有理由持有任何信念。我们所要悬置的，不仅仅是任何对知识的主张，而且也包括任何对信念的主张。如果 p 是这样一个命题"首相被公车撞了"，我们应该相信 p 还是非 p 呢？

答案似乎是：我们都不应该相信。我们应该暂停判断。

这个事实引出了古代怀疑论的一个突出特征，涉及我们所展现的两种类型的怀疑：

- 知识论怀疑：我们或许会怀疑自己有任何理由去知道任何东西——因此应该放弃任何知识主张。

- 信念论怀疑：我们或许会怀疑自己有任何理由去相信任何东西——因此应该放弃任何信念主张。

知识论怀疑是笛卡尔在其《沉思集》中试图寻求的那种怀疑。他通过各种手段，试图表明，我们可能并不真正知道我们认为自己知道的东西。或许你在做梦，或许一个邪恶的精灵通过给你灌输错误的信息在欺骗你。更进一步，或许你只是一个缸中之脑，被疯狂而邪恶的认知科学家输送着一些神经刺激，他们乐于让你相信自己正在瑞典滑雪，在刚刚成型的雪地上滑出漂亮的轨迹，即便你事实上只是他们在雷丁实验室里的一个缸中之脑。这些场景或许为你提供了理由以怀疑任何知识上的主张，以及任何对确定性的肯定。也许你当下的知觉无论多么鲜活，却都是虚假的。因此，这类论证试图引起你的知识论怀疑。然而，需要注意的是，这些场景都没有能够向你提供任何理由以怀疑对于你似乎知觉到的事物的任何信念。相反，这些怀疑论场景都预设了信念，而质疑这些信念能够得到恰当的辩护而成为知识。这与你承认对于自己的信念不具有知识是相容的，即便你全身心地相信自己正在享受着雪上运动，你并不知道这一点。你承认自己的信念缺乏相应的辩护。因此，无论它们最终的目的是什么，这些怀疑论场景并未能给予我们任何理由以怀疑我们的信念。

首先引起我们注意的——并最终构成挑战的——就是皮浪怀疑论和笛卡尔怀疑论之间所具有的这种差别：塞克斯都是一个信念怀疑论者而不是知识怀疑论者。也就是说，塞克斯都试图用他的怀疑论论证，引发人们不仅放弃任何知识主张，而且是要放弃所有的信念主张。因此，他认为自己的论证作用于一个更深的层面，更加会令人感到棘手。任何一个领会到此论证力量的人，在面对这个世界时，都将只承认它以某种方式所显现的样子，而不相信它就是它所显现的样子。怀疑论者从不会断言世界就是它所显现的样子，而只是承认表象，并满足地停止于表象，依据表象而生活，因为这是唯一可能的。事实上，在接受表象这一点上，塞克斯都是非常明确的：

> 那些声称怀疑论者否认表象（phainomena）的人，在我看来并没有听清楚我们所谈论的观点。因为，正如我们上面所说的，有些东西让我们不自觉地根据被动接受的印象（phantasia）而赞成某些命题。这些东西就是表象，我们并不拒绝它们。当我们询问外部对象是否如其所显现的那样时，我们承认它们确实在显现着。对于这些显像，我们并没有提出任何问题。问题在于人们对这些显像所提出的看法。这与关于显像本身而提出质疑是不同的。(《皮浪主义概要》i 7)

他认为，怀疑论者并不能避免赞同这种形式的命题，即"在我看来是 p"。即便如此，在接受这类可以被称为现象命题的时候，关于 p 是否为真、是否准确地描述了世界，或者更一般地说，是否成立，怀疑论者并不形成任何信念。[47]一个在春天站在暴涨的河流中的怀疑论者，能够赞成这样一个现象命题"在我看来河水是冷的"。事实上，塞克斯都认为，如果事物确实如此显现于他，他就只能接受它。一个现象命题要求人们的赞成，但赞成的仅仅是现象，或者说表象。任何非现象命题都不应该被赞成，因为这些非现象命题带领我们超越了现象的范畴，而进入到实在的领域。由于信念要求我们赞成非现象命题，因而怀疑论者并不形成任何信念。

某人或许会反对说，怀疑论者至少对要求他们给予赞成的现象命题形成了信念。因此，从命题"在我看来河水是冷的"，怀疑论者可以接受另一个命题，即"我相信在我看来河水是冷的"。批评者进而认为，怀疑论者因此在事实上接受了某个非现象命题。

作为回应，我们可以承认这个反驳，但贬低它的价值，认为它只是一个肤浅的胜利。怀疑论者关于悬置信念的看法，实际

---

[47] 这里需要小心。在希腊语中，正如在英语中一样，我们可以区分"看起来是 p"的两种含义。考虑这两种情况：（1）一个女人在她丈夫的衣柜里发现了一封情书，然后断言："看起来费尔南多有外遇了。"（2）一个女人站在铁轨上说："看起来轨道汇合了。"（1）带有某种类型的确信，而（2）没有。前者而非后者是可被纠正的。也就是说，如果她发现情书是她老公敌人的恶作剧，那么她就会认错。相反，如果轨道没有汇合，她是不会认错的。当她谈论轨道汇合的表象时已经承认了这个事实。因此，（1）而非（2）至少带有某种程度的确信。对一个怀疑论者来说，像（2）这样的现象命题，在表象之外不带有任何确信。当我们评论怀疑论者面临的挑战时，这个区分格外重要。

上是关于非现象信念的，也就是那些关于外部世界的信念。这一点在塞克斯都的引文中得到了非常清楚的表达，他承认"当我们询问外部对象是否如其所显现的那样时，我们承认它们确实在显现着"。

更彻底的怀疑论回应甚至质疑上述从现象命题到非现象命题的过渡，即从：

- 在我看来是 p

到：

- 我相信在我看来是 p

他们的理由在于，第二个命题而非第一个命题，将一个现实的信念赋予一个存在的主体，即这个信念的承载者。在此，一个怀疑论者所能允许的推理似乎只能是从：

- 在我看来是 p

到：

- 在我看来我相信 p

通过这种方式，怀疑论者就能保证不打破表象的圆环。

这些挑战突出了希腊化时期怀疑论的一个重要特征：由于持有某种极端的、信念论怀疑主义，怀疑论者使自己面临着各式各样的反驳，这些反驳往往都利用了他们自己的观点或论证，却被调转了枪头指向其自身。我们将会看到，怀疑论者将遭遇一系列相关的指责，这些指责认为，他们的怀疑主义是自我否定的，或者至少在实用层面上是自我摧毁的。这类批判可以通过一种实用主义的方式表达出来，那就是指控怀疑论者并不能真正过上他们所宣称的怀疑主义生活。如果我们不能接受任何非现象命题，对于外部世界不能形成任何信念,我们甚至不能导航穿越我们临近的街区。比如,假设怀疑论者看见一辆大卡车正向着他的方向滑动。他不会愿意继续站在卡车前面。这种行为难道不是暴露了他实际拥有却不想公开承认的某个信念吗?这个信念难道不就是"如果还在这条路上行走,他将被卡车碾压"吗?

然而,到目前为止,这些对怀疑论提出的挑战,主要都是先发制人型的。在现阶段,怀疑论者还没有提供任何理由,能够让我们得出结论认为"信念永远是得不到保障的"。比如,对于那些承诺只接受所有真命题的斯多葛主义者来说,除非受到一些论证上的刺激,否则是不太有动力想要去和怀疑论者打交道的。因此,让我们从怀疑论者的辩论武器库中挑选并呈现一些他们所使用的典型的论证方式。

怀疑论的论证方式

为什么斯多葛主义者和其他人应该严肃地对待信念论怀疑主义呢?在展开教条主义批判运动之初,塞克斯都寻求了古人的帮助,抬出了一位最早的哲学家,前苏格拉底原子论者德谟克利特。让我们回想一下德谟克利特的观点,他承认,原子论会产生一个令人意想不到的认识论后果。[48]通过肯定性地引用德谟克利特,塞克斯都强调了原子论所具有的这个特征:"已经一次次地证明,实际上我们并没有理解事物是什么样的,或不是什么样的……我们有必要意识到,根据这个准则,人类与实在是相互隔离的。"(塞

---

[48]关于德谟克利特原子论,见1.8。

克斯都：《驳教师》vii 136）德谟克利特得出这个结论，是因为他认为，原子之外所有事物都是通过约定（通过 nomos）而存在的。你站在河里，发现河水冰凉；而就在你旁边，你的朋友却觉得河水暖和。你们都非常真诚地报告了事物向你们显现的样子。那么，谁的判断拥有更高的地位呢？你们中哪个所说的，才是河水实际所是的样子呢？塞克斯都认为，哪个说的都不是河水实际的样子。河水向你们各自显现了它的样子。关于河水冷暖的问题，我们能够自信地给出的回答，就只在于它是如何向我们显现的。

然而，需要注意的是，德谟克利特非常愿意承认，存在着其他事物，它们并不根据约定而存在。原子和虚空的存在不是约定的，而是根据自然的（根据 phusis）。尽管我们不能在感官知觉中经验到它们，但可以通过推理得知它们的存在。在做出这种推理后，我们就能够知道，它们的存在独立于我们与它们的相互作用。粗略来说，并参考原子论紧随巴门尼德一元论之后而兴起的背景，[49]这个推理大概是这样的：因为我们知道存在着运动，而运动需要原子和虚空的存在，我们就能够有辩护地推断存在着原子和虚空。

然而，在这一点上，塞克斯都与德谟克利特及其同道产生了分歧。怀疑论者要指出的第一点是，原子论者是通过论证而做出原子存在的承诺的。经过反思，我们会发现，这个论证与所有其他论证拥有相同的命运：它所具有的力量，将会被另一个相反的论证所中和。如果我们保持诚实的态度，那么就会承认，这个相反的论证是一个同样好的论证。举例来说，某人或许会反驳原子

---

[49] 关于巴门尼德一元论，见 1.4。

论者，认为原子这个观念本身是不融贯的。因为，原子被视为某种不可分割的东西。毕竟，在古希腊语中，*atomon* 指的就是"不可分割""不可切割"。然而，原子又是有大小量度的。因此，原子就是某种不可分割的量度。然而，显然任何一个量度，无论多小，在原则上都可以被另一个更小的量度所分割。因此，原子最终也应该是可分的——也就是说原子并不是某种 *atomon* 的东西。于是，一个论证告诉我们，必然存在原子；另一个论证则告诉我们，不可能存在原子。

这种情况实际上是非常普遍的。塞克斯都认为，事实上，对于任何一个非现象命题 p，在对它支持和反对的两方面，都存在着效力相等的论证。也就是说，对于所有的非现象命题，都存在着具有同样力量和说服力的论证支持和反对它们。正是这个现象，被塞克斯都认定为怀疑主义的"根本原则"："对每个论证都存在着一个同等的相反论证"（《皮浪主义概要》i 7）。让我们称此为"等效原则"，进而将这个原则所引发的论证称为"悬置信念的根本论证（FSB）"。

  1. 对于任意一个非现象命题 p，如果赞成 p 的理由并不比赞成非 p 的理由更好或者更坏，那么，对于 p，我们就具有认知上的义务以悬置对其做出任何判断。

  2. 事实上，对于任意一个非现象命题 p，赞成 p 的理由并不比赞成非 p 的理由更好或者更坏。

  3. 因此，对于任意一个非现象命题 p，我们就具有认知上的义务以悬置对其做出任何判断。

（FSB）的结论是对信念论怀疑主义最一般的陈述。如果（FSB-3

是正确的，那我们就应该对所有事物悬置判断，而只是报告我们的表象。至于这里所说的"认知义务"，怀疑论者自身并没有使用这类语言。但这个提法旨在把握塞克斯都的一个惯常主张，即：鉴于等效论证的存在，我们应该或者必须悬置判断。也就是说，鉴于我们实际所处的认知境况，我们有责任这么去做。当然，怀疑论者也会指出，幸运的是，对于那些遵循怀疑论主张的人，他们会收获巨大的益处：宁静（ataraxia）最终会降临在他们头上。

至于我们的认知处境，塞克斯都鼓励我们首先承认，继而完全清楚地意识到这样一个不可避免的事实，即：对于我们想要考虑的任何一个非现象命题，都存在着等效的论证。（FSB-1）只是记录了怀疑论者的合理想法，也就是当面对关于 p 的真正等效的论证时，我们应该——或者自动就会——悬置关于 p 的判断。

比如，假设你病了，为了重获健康，必须加入某种疗程。一个医生推荐疗程 A，而另一个医生则认为这个疗程是无效且过时的，相反给你推荐了疗程 B。你可以肯定的是，这两个医生都是完全可靠和胜任的。因此，你自己做了一些进一步的研究。结果是，某些出色的研究表明，或者似乎表明疗程 A 是有效的，而同样有一些出色的研究则表明 A 并不能带来任何好处。对于疗程 B 来说，也存在着同样的现象。同时，你也知道有一个更加全面、资金支持更加雄厚的研究正在进行，它的结果很快就会发表出来。所幸的是，你的疾病并没有急剧恶化，你有时间等待这项研究结果的发布。在这种情况下，或许你就应该悬置判断，而且事实上你或许多多少少自动地就会悬置判断。首先可以肯定的是，在这种情况下，贸然采取任何行动都是鲁莽的。更重要的是，如果你现在就认为 A 疗程比 B 疗程好，或者相反，那么你的这种判断是非理性的。悬置判断无疑是更好的选择，同时坚持像一个研究者一样继续进一步的探究。因此，这个例子表明，（FSB-1）是一个非常可靠而合理的前提。当然，如果你已经是一个怀疑论者，你将不会赞成下面这个命题："（FSB-1）是真的。"然而，你同样发现自己很难去否认这个现象命题，即"在我看来（FSB-1）是真的"。

前提（FSB-2）是一个令人吃惊的主张，它认为"事实上，对于任意一个非现象命题 p，赞成 p 的理由并不比赞成非 p 的理由更好或者更坏"。因此，当我们把注意力转向它时，事情就变得非常复杂且富有争议了。尽管对于许多评估性的、复杂的命题，我们或许会接受这个主张，但对于一些基本命题，如"当我阅读的时候，我看见了文字"或者"2+2=4"，我们似乎没有理由悬置判断。数学命题是必然的，知觉命题是显然的。在这里，需要牢记的是，我们谈论的是信念论怀疑主义，而不是知识论怀疑主义。塞克斯都想要表明的，并不仅仅是我们不能够知道这些命题，或者不能确定地知道它们。相反，他想要主张的是，每一个这样的非现象命题都拥有等效的论证以支持和反对它们，我们没有任何理由去相信它们中的任何一个。因此，他的观点是非常极端的。

塞克斯都提出了一个又一个的论证以表明等效性实际上适用于任何一个非现象命题。事实上，他认为，通过不断重复这些类型的论证，悬置判断就是必然的结论。然而，作为一个好的怀疑论者，他并不认为这些论证就是可靠的。它们只是看起来是可靠的：

> 但是为了更准确地理解这些反驳，我们将呈现某些方式或论证。通过它们，我们提出了悬置判断。但对于它们的数

量或力量，我们并不做出任何判断。因为，它们有可能不是可靠的，并且在我们所提到的论证外或许还存在着其他的论证。(《皮浪主义概要》i 35 = LS 72 A)

塞克斯都提出了一些方式，或者论证形式以证明等效性，或者更一般地说，以实现悬置判断。[50] 在这些论证系列中，有两组值得特别注意。其中一组包含 5 个论证，来自于阿格里帕。除了这些论证之外，我们对这个古代怀疑主义历史人物知之甚少。另一组包含 10 个论证，或许来自于埃奈西德穆，[51] 他与怀疑论学派发生了决裂，因为在他看来学派其实是个隐秘的教条主义团体，并没有彻底地采取怀疑主义立场。

塞克斯都以其典型的非教条方式描述 10 种方式：

> 根据通常的说法，老辈怀疑论者 [如埃奈西德穆 ; M vii 345] 传下来了一些方式（*tropoi*），总共有十个。似乎是通过它们，悬置判断的主张被提了出来。它们也被同义地称为论证（*logoi*）或要点（*topoi*）。这些方式是：第一，基于动物多样性的方式；第二，基于人类间的区别的方式；第三，基于感觉器官组成差异的方式；第四，基于环境；第五，基于方向、距离和位置；第六，基于附加物；第七，基于外部对象的数量和构成；第八，基于相对关系；第九，基于出现的频率快

---

[50] 他以一些一般的方式开始（《皮浪主义概要》i 31-35），进一步添加了 10 个方式，也是那些被讨论得最多的方式，它们被认为来源于埃奈西德穆（《皮浪主义概要》i 40-163）。然后又添加了 5 个，或许来自于阿格里帕（《皮浪主义概要》I 178-179）。最后又根据比较晚近的怀疑论者而添加了两个，它们的对象是那些形成信念过程中依赖因果解释的人（《皮浪主义概要》i 180-186）。

[51] 塞克斯都：《反教师》vii 345。

慢;第十,基于生活方式、习俗、法律、神话信念、教条主张。以上顺序不分主次。(《皮浪主义概要》i 36—38 = LS 72 A)

这些方式有的依赖于知觉者及其构成上的差异,有的依赖于信念背景上的差异,有的依赖于被知觉对象上的差异。[52]

事实上,这些模式在很多方面都是相互重叠的,对它们的呈现也不够整齐。然而,就塞克斯都而言,这并不是一个问题。他想要做的只是充分清晰地呈现它们,让读者去领会它们的力量从而悬置判断。让我们以第一种方式为例,阐明这些方式都是如何运作的。

塞克斯都让我们注意不同动物在构成上的明显差异。他正确地指出,不同动物配备着不同的感觉器官,从而使它们以非常不同的方式与这个世界相互作用:

> 如果因为动物间的不同,同样的事物对它们的显现就不同,那么,我们就有资格去谈论外部对象是如何向我们显现的,而对它们本质上是怎样的悬置判断。因为,在我们的印象(*phantasiai*)和其他动物的印象间,我们无法做出决断。我们自己就是争议的一部分,需要第三方来做出决断,而没有能力自己做出判断。(《皮浪主义概要》i 59—60 = LS 72 B)

在这段话中,塞克斯都提出了两种观点。第一种涉及不同知觉者构成上的差异;第二种涉及一个教条主义者在试图平息这种差异所引发的问题时使用的方式。

因此,总的来说,他提出了一种诉诸现象差异性的进阶版论

---

[52] 塞克斯都:《皮浪主义概要》i 39 = LS 72 A。

证（EPV），从古代原子论者那里我们已经熟悉了这种论证的初级版本：[53]

1. 如果感觉官能的构成千差万别，那么，认为在不同生物种类之间存在着现象上的差异就是合理的。

2. 如果在不同生物种类之间存在着现象上的差异，那么，只有当我们能够诉诸一个客观的仲裁者时，我们才能够谈论外部对象本性上是如何的。

3. 可以肯定的是，我们自身并不是客观的仲裁者；事实上，任何显像的主体和我们一样，不多不少都够不上客观的仲裁者。

4. 如果3，在面对现象差异时，我们就不可能诉诸任何客观仲裁者。

5. 因此，我们不能谈论外部对象在本性上是如何的。

（EPV-5）产生了怀疑论者想要的结论。

第一个前提似乎是合理的。如果不同的生物拥有不同的感觉器官，那么，我们可以合理地认为，他们所感觉到的世界特征在现象显现上是不同的。用一个塞克斯都不知道的例子来阐明他的观点。某些海葵（*anthopleura xanthogrammica*）拥有特殊的光感细胞，它们因此能够检测到紫外线波长范围内的光波，而这是人不可能检测到的。因此，当它们在知觉一个反射着光波的对象 O 时，所获得的颜色经验与人类知觉者是非常不同的。人类看不到那个范围的任何颜色。令海葵所知觉到的颜色为 Q。我们应该说

---

[53] 关于古代原子论对现象差异性的论述，见1.5。

对象 O 是 Q 或者非 Q 吗？当然，我们可以说，O 对我们来说是非 Q。我们也可以像海洋生物学家那样认为，对海葵来说，O 显现为 Q。

那么，O 是 Q 还是非 Q 呢？塞克斯都并没有采取相对主义者的办法，认为 O 相对于 S1（海葵）来说是 Q，且相对于 S2（人类）来说是非 Q。从某个角度而言，相对主义者只是推后了我们想要回答的问题，我们最终还是会问：O 实际上是 Q 还是非 Q？从另一个角度而言，相对主义者又教条化地回答了我们的问题：他们认为，就对象自身来说，它既不是 Q 也不是非 Q。

然而，相对主义者是如何得到这个信念的呢？也许是从知觉差异性这个明显的事实做出的推论。这样的话，他们的相对主义就是某种推论。于是，通常的担忧就产生了：我们为什么要相信他们的推论？也许海葵才是正确的。在某个方面，甚至是相对主义者，似乎也将自己树立为某种客观的仲裁者。他们认为自己处于某个高等的视角，从而拥有好的理由以相信，O 就其自身来说，既不是 Q 也不是非 Q。这样的话，他们似乎与那些狭隘的人一样，也是教条主义的。只是后者坚持认为，O 实际上是非 Q。或者，如果你愿意做出某种比喻的话，海葵也是教条主义的。它坚持认为，O 确定地就是 Q。因为它直接看到了它是 Q。相对主义者只是采纳了一种不同的教条主义观点而已。正是这种教条主义，无论是相对主义倾向的，还是其他类型的，才是塞克斯都所斥责的立场。

这正是（EPV-2）所要表达的观点，即：如果在不同生物种类之间存在着现象上的差异，那么，只有当我们能够诉诸一个客观的仲裁者时，我们才能够谈论外部对象本性上是如何的。鉴于知觉上的差异性，为了解决事物实际是如何的问题，我们需要某种仲裁法庭，需要一个客观的仲裁者来为我们解决问题。此人能够从客观的视角对事物做出判断。也就是说：

- S 是一个客观的仲裁者，仅当，对于任何对象 O 以及任何现象性质 Q，当 S 判断 "O 是 Q" 时，他在判断时所拥有的态度丝毫不构成 Q 本身。

当然，塞克斯都并没有教条地断言，肯定不存在这样的仲裁者。然而，他确实暗示说，至少看起来不存在这样的主体。也就是说，从他完全世俗的人类视角来看，这样一个仲裁者如果存在的话，似乎是从一个无视角的视角来看待事物的。显然，在塞克斯都看来，这个主张在一定程度上是毫无希望，甚至是荒唐可笑的。

进而，人们或许想要提出一个论证，支持或者反对"存在着一个客观的仲裁者"这个非现象命题。毋庸赘言，这样将使我们卷入各种复杂、曲折的证明之中——从而为等效性的介入敞开了大门：

有可能并不存在证明这种东西。除此之外，正如我们将要指出的，任何所谓的证明对我们来说都将要么是显明的，要么是不显明的。一方面，如果它不是显明的，那么，我们就没有信心接受它。然而，另一方面，如果它对我们来说是显明的，那么，由于我们所要研究的问题恰恰就是什么对动物来说是显明的，而这个证明对我们来说是显明的，并且我们就是动物，因而，这个证明本身就是我们的问题。它作为显明的东西，究竟是真是假，正是我们所要决断的。然而，通过要解决的问题来处理要解决的问题是很荒谬的，因为同样一个东西将是既可信又不可信的，而这是不可能的……因此，如果由于动物间的差异而导致印象（*phantasiai*）上的差异，并且不可能在它们之间做出决断，那么，就有必要对于外部对象悬置判断。(《皮浪主义概要》i 60-61 = LS 72 B)

当教条主义者提出各种各样证明的时候，我们要么觉得它们是明显的，要么觉得不明显。如果我们认为它们不是明显的，那么它们就不具有任何信念上的价值。如果我们确实发现它们是明显的，或者至少一开始是这样认为的，那么，我们只需要意识到，自己并不是客观的仲裁者，并且几乎也没有什么理由以断定存在着任何这样的仲裁者。这样的话，我们就将又一次不得不承认，表象并不具有任何信念价值。支持这些证明，我们只是在确证自己困惑的东西，即：我们是否能够超越自身的视角局限而能够对现象争议做出裁决。这看起来是一种无望的循环，因为我们显然是在试图通过诉诸一个可能的客观仲裁者以表明或许存在着一个客观仲裁者。最终，我们将不得不最多承认下面这个命题："在我们看来存在着或者可能存在着一个客观仲裁者。"当教条主义者提供一个证明，试图表明事实上存在着，或能够存在着这样一个仲裁者时，我们所能期待的只是一个等效的反面论证。

每个证明都将面临一个反证明，这些证明越是抽象，越是不可靠。我们首先困惑于简单的颜色性质。而现在，我们看到的证明都是关于知识和信念的正确基础、关于知识和信念的本质、关于超越主观视角的可能性，或者关于是否存在能够帮助我们的客观仲裁者。这些论证一个接一个被提出来，永远遭到等效论证的挑战。对于一个理性的存在者来说，看见这些论证与反论证无止境地向我们倾泻下来，他将索性扔开试图写下论证的笔，直接悬置各种信念。只有在这个时候,他才开始走上怀疑论的道路。

这种类型的论证充斥于怀疑主义的各种方式中。每一次,当我们试图超越自身的内在局限——知觉、认知、视角——时处于对立面的等效论证就会发起的反击,将我们拉入中立状态。因此,在怀疑论者看来,对于任何一个非现象命题 p,我们都没有任何理由对其形成信念。我们应该停止任何教条活动,直接悬置各种判断,将所有非现象信念都打入冷宫。和那位沮丧的画家阿佩利斯一样,我们将会为我们的发现而感到高兴:在无穷尽的争吵中求而不得的东西将降临在我们头上,就像天降甘露。我们最终将获得宁静。

怀疑论面临的挑战

希腊化哲学史记录了怀疑论者和教条主义者,尤其是和斯多葛主义者之间,激动人心的相互交往。对于斯多葛主义者的知识主张,怀疑论者扮演着牛虻的角色。他们认为,这些知识主张都过分的大而无实。斯多葛主义者乐于宣称:"幸福者的德性和有秩序的生活就在于:所有的行为都基于和谐的原则,他自己的灵魂与宇宙主宰者意志的和谐。"[54] 这种主张特别容易招致怀疑论者的反击:"所以,你,一个斯多葛主义者,就知道什么是德性、幸福、有秩序的生活以及灵魂吗?你,一个斯多葛主义者,就了解宇宙主宰者的意志?你个人究竟在哪见过这个主宰者呢?你倒不如让我承认,存在着柏拉图形式吧。"在怀疑论的压力下,许多斯多葛主义者实际上发展并改进了他们日益技术化和复杂的体系,包括

---

[54] DL vii 88 = 59 J.

逻辑、行为理论、形而上学、认识论、道德心理学、各种知觉理论、意义理论等等。许多这些理论被发展起来的目的，就是回应怀疑论者的挑战。

同时，以子之矛攻子之盾也是恰当的做法。如果怀疑论者决心要贯彻反教条主义挑战，那么，他们自己必须直面这个挑战。更何况，人们还指责他们口是心非，这无疑也是怀疑论者需要面对的挑战。对于塞克斯都所宣扬的非教条化探究型怀疑主义来说，尤其如此。如果他的生活里没有任何信念，他如何能够说这么多话、干这么多事呢？

针对怀疑论，存在着两个拥有特殊效力的挑战。第一个利用怀疑论者最爱指控别人的方式指控他们自身：怀疑论者也是教条主义者——尽管是隐藏的教条主义者，但仍旧是教条主义者。第二个挑战则是：无论怀疑论者是否面临着教条主义的指控，他们也是完全虚伪的。怀疑论者旨在消除对知识和信念的主张，然而这样的话，他们将无法按照自己所提倡的怀疑主义来组织生活。生活需要行动，而不仅仅是存在；行动则需要信念，而不仅仅是表象。因此，如果一个怀疑论者是真诚和真实的，那么就应该冻结起来，毫无作为才对。这第二个论证被称为"失动（Apraxia）反驳"（Apraxia 在希腊语中就是不能行动的意思）。它将怀疑论者几乎逼得无路可退。

让我们首先考虑教条主义指控。关于悬置信念的必要性、悬置信念的不可避免性、悬置信念的好处，怀疑论者做出了各式各样的断言。在提出他的怀疑主义时，塞克斯都自信地声称："有必要对外部对象悬置判断。"[55] 这听起来完全是一个一般性的普遍结论，是对我们在面临现象差异性时，必须如何指导行为的规划。在另一个语境下，塞克斯都就其所设想的未来情形发表了看法："就事物本性上是怎样的，我将被迫……悬置判断。"[56] 这里我们再一次发现，他使用了表达强迫意义的字眼，并且是以非常一般化的形式来表达自己的观点的。在这些例子中，塞克斯都明显表现出，他是在规划自己的怀疑主义，并且让人觉得非常教条，而不是那种探究型的、摸索性的。他说，怀疑论者并不提出任何教条，因为"在任何时候，我们都只是记录，像一个年代记录者一样，记录下世界当下向我们显现的样子"[57]。然而，在这些例子中，他也并不像自己所刻画的那样，是一个谦逊的、当下表象的记录者。

一个记录者将只是写下当下发生的事情，以及他所经验到的事情。教条主义者则分析、预测、延伸、规划。教条主义者通过使用一些归纳步骤，去从事上面所说的那些活动；他们根据目前得到的阶段性成果，预计、规划事物将会是什么样子的，甚至必须得是什么样子的。塞克斯都的做法和教条主义者似乎一模一样。

塞克斯都自己也意识到存在着这种指责，并提出了下面的回应：

> 甚至在对那些不清楚的事情说出带有怀疑论性质的话时——比如"一点也不更加""我什么也不确定"，或者其他一些我们将要讨论的表达——他们也并非在提出一些教条。

---

[55]《皮浪主义概要》i 61 = LS 72 B。

[56]《皮浪主义概要》i 78。

[57]《皮浪主义概要》i 4。

因为如果你在提出教条，那么，你会将你教条化的东西设定为是真实的。但怀疑论者并不将他们那些表述视为必然是真实的。因为，在他们看来，正如"所有都是假的"所说的那样，这个表述自身也与其他东西一样，是假的。（"没什么是真的"也是类似的）。"并不更是如此（*ouden mallon*）"所表达的也是这样，它自己也与其他东西一起，并不更是如此而非如彼，它将自己连同其他事物一起消解了。对于其他怀疑论表述也应该如此看待。因此，如果教条化的人将他们教条化的东西视为真实的，而怀疑论者的表述却私下自己将自己消解了，那么，当他们那样说时，就不能被视为是教条主义的。但主要的观点是这样的：在陈述这些观点时，他们说的是事物对他们显现的样子，记录的是他们自己的感情而不是任何信念，对外部世界并不做出任何断言。（《皮浪主义概要》i 14-15）

当塞克斯都说怀疑论者的宣言都是"自我消解"时，他意指，这些宣言也是适用于自身的。因此，对于那些做出宣言的人来说，它们并不会滋生任何信念。

比如，怀疑论者会说，对于任何非现象命题 p，"并不更是如此（*ouden mallon*）"。这意味着，相对于非 p 来说，p 并不更加值得被推崇了。现在，批评者们指责怀疑论者"推崇""并不更是如此"这个口号。事实上，怀疑论者确实令人担忧地经常对那些宣称不相信它的人说出这个口号。口号"并不更是如此"似乎是一个非现象命题，是一个关于其他非现象命题的命题，表达的是：它们中没有哪个命题比它的相反命题更可能正确，或者，没有哪个命题比它的相反命题更加值得成为我们信念的对象。因此，批评者反击说：你正在断言一个非现象命题，即"并不更加如此"。如果你在断言它，那么就是相信它。由于信念要求赞同，你同时也就赞同它。因此，批评者进而得出结论认为，怀疑论者两方面的好处都想得到。怀疑论者想要强调，没有任何非现象命题值得赞同——但在捍卫他们自身的时候，却赞同了某个非现象命题，即"没有任何非现象命题值得赞同"。

塞克斯都的回应包含两个方面。首先，怀疑论的口号"并不更加如此"适用于其自身：与它的反面一样，它也并不更加如此。批评者认为，如果不被支持，怀疑论的口号就不能被运用；如果它的反面同样吸引人，那么怀疑论者也应该对它撤销赞同。塞克斯都认为，正是这样的。再一次，我们遇到了等效论证。因此，让我们再一次断言所有怀疑论的根本论题："对每一个论证都存在着一个同等的相反论证。"因此，即便"并不更加如此"也并不比它的反面更值得赞同。它完全适用于自身。

这就是为什么在塞克斯都回应的第二个阶段，他能够自由地表明，怀疑论者只是简单地报告事物向他们显现的样子。他的报告对于外部对象来说是免除信念的。因此，作为回应，塞克斯都指出，怀疑论者对现象的报告方式免除了将其卷入任何非现象的信念。这种机智的回答是否可靠呢？

在解决这个问题时，我们不可避免地会迈向反怀疑论的第二个论证，即"失动反驳"（AO）。可以将其直接表述如下：

1. 如果 S 要从事某个意向性行为，那么 S 必须赞同某个非现象命题。

2. 如果 S 赞同某个非现象命题，那么 S 拥有某个非现象信念。

  3. 如果 S 拥有非现象信念，那么 S 不是信念论怀疑论者。

  4. 所有自诩的信念论怀疑论者都从事着意向性行为。

  5. 因此，自诩的信念论怀疑论者并不是信念论怀疑论者。

或者可以说，自诩的信念论怀疑论者并不真的是信念论怀疑论者。最终，信念论怀疑主义就成了某种只能在怀疑论者自己家里才能玩的室内游戏。

塞克斯都同样意识到了某种版本的（AO），并试图对其做出回应。与其一贯的主张相一致，他强调，怀疑论者将会并且必定会赞同许多现象（*phainomena*）。这种被迫的赞同并没有使他们拥有关于事物实际是什么样的各种信念：

> 当我们说怀疑论者并不教条化时，我们并没有在一个更加一般的意义上使用"教条"这个概念，类似于某人说，接受任何东西都是教条的（因为怀疑论者确实赞成，通过这样或那样的印象，强加于他们之上的经验：比如，当他感觉暖和或者寒冷时，他并不会说"在我看来不暖和，或者不寒冷"）。相反，当我们说他不教条化时，"教条"的使用类似于某人说，教条就是对科学所研究的任何不显明事物的赞成。因为，皮浪主义者只赞成显明的东西。（《皮浪主义概要》i 13）

塞克斯都允许怀疑论者"接受"某些东西，即那些强加于他们之上的现象。这种接受，或者说对现象的赞成，并不构成某种教条主义，因为它并没有因此对外部对象或者世界实际上如何做出任何断定。因此，对于（AO）的结论，即自诩的信念论怀疑论者并不是信念论怀疑论者，塞克斯都做出了清晰的回答。他认为，信念论怀疑论者当然是怀疑论者。对于任何非现象命题，他们是没有任何信念的。

然而，批评者还是会要求他给出更具体的回答。怀疑论者允许说，在他看来，一辆卡车正高速朝他驶来。他相信卡车正朝他驶来吗？在非怀疑论者眼里，他显然拥有这样的信念。他的行为表明他相信有卡车正朝他驶来。为了不被撞，他躲开了。如果他仅仅只是报告事物显现的样子，没有任何确信，那么他为什么会采取那样的行为呢？

作为回应，塞克斯都区分了两种表象。看着我们熟悉的缪勒-莱尔线段，某人或许会说，它们表现得不一样长，即便他相信是一样长的。

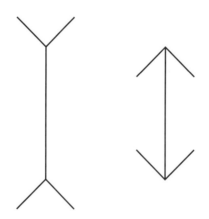

因此，塞克斯都正确地强调，"表象"一词拥有某种不带任何承诺的意义。我们可以真诚地报告说，线段显现为不同长度，但却不需要赞同"它们拥有不同长度"这样一个非现象命题。因此，在允许卡车显现得正在逼近的同时，怀疑论者并不因此表达了对这个显像的任何确信。

然而，对怀疑论者的教条主义指责还能更进一步。失动反驳并不是说不存在非信念性的显像，而是说如果不借助某种程度的确信或信念，意向性行为将是完全不可解释的。将这个问题与缪勒-莱尔线段联系起来：在表达了它们显现为不同长度之后（因为它们确实如此显现的），你愿意下多大的赌注买定这就是事实呢？也许一分钱也不会。这种表象似乎并不蕴含行为。怀疑论者会抓住你不愿下赌注这一点，强调世界并不是它所显现的那样，悬置判断是恰当的。然而，这个回应并没有抓住（AO）的要点：即便是简单的行为，在缺乏确信的情况下，似乎也是不可能，或者至少是完全不可解释的。心灵行为也是行为。就在你决定以某种方式，就线段的长度下注时，即便是在一个非常弱的层面上，你已经赞同了某个非现象命题了。进而，教条主义者强调，信念是有程度的，非常弱地相信某个命题也是某种相信。行为要求确信，在不存在承载着确信的赞成时，行为将是不可解释的。

对塞克斯都对（AO）的回应，学者们的理解不尽相同。一些人认为，他拒绝了（AO-2），即如果 S 赞同某个非现象命题，那么 S 拥有某个非现象信念。他们认为，在上面的段落中，塞克斯都区分了两种形式的赞同，被动的和主动的。如果存在着这样的区分，那么，对于完全被动的赞同来说，（AO-2）就是错误的。我们或许可以被动地赞同，或者只是默认某个表象，而并不因此拥有某个非现象信念。怀疑论者因此可以默许卡车驶来的表象，并躲开，但拒绝对此抱有任何信念。然而，这个策略并非是令人信服的。首先，塞克斯都从来没有做出过这里所说的两类赞同的区分。他确实认为，赞同有时候是被迫的、不自愿的，或者免除信念的

（*adoxastôs*）。但这并不是关于主动和被动赞同的区分，而是在谈论赞同是如何被引起的，以及如何引起信念的。[58] 而且，这种区分究竟是什么也是不清楚的。一类赞同被引入为主动的，一类被引入为被动的。而纯粹被动的赞同这个观念是很难理解的，几乎是自相矛盾的。赞同某个东西就是履行某个具体的心灵行为；而被动意味着不去行为。

对信念论怀疑论者来说，更有希望的策略是否定（AO-1），即如果 S 要从事某个意向性行为，那么 S 必须赞同某个非现象命题。这里，我们可以合理地诉诸塞克斯都的建议，即怀疑论者仅仅"追随表象"[59]。以这种方式，我们或许可以假定，S 可以仅仅基于表象而从事某个意向性活动，而不需要赞成任何非现象命题。

考虑一个有利于怀疑论观点的例子。一个被俘的士兵设计了一个勇敢的越狱计划。对于如何施展这次逃跑方案，他拥有一个详细的表象。他的计划非常精致，以至于高度的不可行。事实上，它是如此不可行，以至于他不会真诚地赞成以下这个命题："如果我做了下面这一系列行为 a1…an，那么我将成功逃跑，成为一个自由人。"然而，尽管处于绝望中，他还是采取了行动，似乎计划是可行的一样。因为他知道，如果不这样的话，他终将死在监牢里。他的勇敢计划或者会成功，或者正如他所害怕的一样而失败。这并不重要。在当下情境中，重要的是，他能够在假定计划似乎可行的基础上产生行动，可以暂时不考虑他的计划几乎是不可能成

---

〔58〕关于被迫赞同，见《皮浪主义概要》i 23—24；非自愿赞同，见《皮浪主义概要》i 19；无信念赞同，见《皮浪主义概要》ii 102。

〔59〕《皮浪主义概要》i 21—24。

功的，当然也不相信能够胜利。希望并不是信念。因此，他能够追随表象而行为，而无需具有任何信念。

如果我们能悬置信念，仅仅根据表象而行为，那么（AO-1）就是假的。如果我们再次回到缪勒－莱尔线段的例子，就能注意到之前所说的赌博行为的某些特征。我们不会赌定线段符合它们的表象，然而这是因为，通过反思，我们已经知道线段是一样长的。因此，当我们下结论说，不可能根据表象而生活时，我们或许过于草率了。在真的缺乏任何确信的许多情况下，我们或许可以以一种无信念的（*adoxastôs*）方式追随着表象。

对于这种回应，仍然存在着许多合理的担忧，至少我们可以质疑越狱的例子是否能够普遍化到整个人生的层面。甚至可以质疑这个例子是否真的准确地刻画了一系列无信念的行为。比如，难道计划中的行为不需要信念吗？比如，如果想要挖掘一条通往狱墙之外的隧道，难道他不应该对于挖掘的方向持有某些信念吗？教条主义者会大量地提出这类问题，他们将恰当地继续追问怀疑论者，要求他们详细描述和澄清无信念的意向性行为是如何产生的。

毋庸置疑，怀疑论者和他们的教条主义对手间的辩证争论并未终结于此，而是以更复杂的方式贯穿着整个希腊化时期，并继续扩展开去。事实上，在此需要牢记的是，我们目前所考察的，仅仅是古代怀疑论的一种形式，那种被塞克斯都称为探究型的、非教条化的形式。这个时期的其他怀疑论者提出了他们自己对教条主义的批判，也面临着针对他们自己的各种反驳。然而，对于所有的怀疑论者而言，我们至少可以认为，他们带来了一个良好的结果：他们迫使那些想要就宇宙本质提出确定见解的人——关于它的法则、价值来源、最终构成——更加谨慎、清晰、谦逊地推进他们的事业。

结 论

研究希腊化哲学给我们带来了研究古典哲学时所未遇到过的许多挑战。但同时也给我们带来了许多不同的收获。由于这一时期著作流传史所具有的特殊情形，我们严重缺乏那种详细的、由单一作者写就的著作，就像我们所拥有的柏拉图和亚里士多德的著作一样。然而，这个时期的文本和观点现在已经被一批胜任的学者汇集了起来。这使得我们正生活于一个令人激动人心的时代，能够可靠地获得关于希腊化时期主要哲学流派的知识。

正如我们已经看到的，通过各自的迥异方式，伊壁鸠鲁主义者、斯多葛主义者、怀疑论者都在寻求最为可靠的途径以达致人类可得的最佳生活方式。在这个意义上，他们都是实践哲学家，关注的问题最终在于，为那些想要生活得好的人提供具体的指导。

然而，对这一共识必须做出谨慎的解释，否则将会产生双重误导。首先，尽管在这个非常基本的层面上达成了一致，但对于人类最佳生活形态具有什么特征，这些希腊化学派抱有非常不同的看法；而对于如何才能实现各自所设想的目标，则更是众口难调。其次，希腊化时期的哲学运动从不避讳从事技术化的、高度复杂的哲学。他们所研究的问题不可避免地促使他们发展并运用了高度精细、时而反直观、常常具有挑战性的理论。这些理论有的关于这个世界，有的则涉及适用于人类的各种价值形式。之所以发展出这些复杂的理论，部分原因来自于他们作为哲学家所具有的使命。他们乐于处理那些困难而费力的问题。这些问题并不允许简单刻板的解决办法。然而，另一部分的原因则来自于这些学派为了争夺论辩的优胜地位而给彼此施加的压力。正是由于学派间所施加的这种压力，尽管它们在导向上是实用性的，却驱使希腊化时期的各学派很快在哲学理论上做出了高度技术化的创新。

出于同样的原因，但以不同的方式，伊壁鸠鲁主义者、斯多葛主义者、怀疑论者都在理论和方法上达到了高度的复杂程度。曾经很长一段时间，人们认为，亚里士多德死后，哲学便衰败、堕落了；直到17世纪笛卡尔时，才又摆脱休眠状态，得到复兴。通过上面的讨论，我们已经不可能再继续赞许这个流行的观点。尽管只是粗略地研究了亚里士多德死后几个世纪中哲学流派内部和之间的争论，我们应该能够非常清楚地意识到，只要愿意付出努力，尽可能清晰地揭示希腊化时期哲学家的各种观点和理论，它们一定会为此提供丰厚的回报。

推荐阅读

文本

关于希腊化哲学最好的资料集：

Long, A.A. and Sedley, D.N., *The Hellenistic Philosophers* Vols. I and II (Cambridge: Cambridge University Press, 1987).

第一卷包含对希腊化哲学主要文本的精确翻译，并伴随着简洁的导论性评注。第二卷提供了希腊语和拉丁语的原始文本，以及一个有用的参考书目，其中的绝大多数都考虑到了那些不能阅读希腊语和拉丁语的读者。

其他可靠的翻译，一些涵盖了整个希腊化时期，另一些则专注于个别学派或作者，包括了一下这些著作：

Annas, J. and Barnes, J., ed. and trans., *Sextus Empiricus: Outlines of Scepticism*, second edition (Cambridge: Cambridge University Press, 2000).

Hallie, P., ed. and Etheridge S., trans., *Sextus Empiricus: Selections from the Major Writings on Skepticism, Man, and God* (Indianapolis: Hackett, 1985).

Inwood, B. and Gerson, L., ed. and trans., *Hellenistic Philosophy*, second edition (Indianapolis: Hackett, 1998).

Inwood, B. and Gerson, L., trans., *The Epicurus Reader* (Indianapolis: Hackett, 1994).

Inwood, B. and Gerson, L., trans. with intro., *The Stoics Reader: Selected Writings and Testimonia* (Indianapolis: Hackett, 2008).

Mates, B., trans. with notes and commentary, *The Skeptic Way: Sextus Empiricus's Outlines of Pyrrhonism* (Oxford: Oxford University Press, 1995).

White, N.P., trans., *Epictetus: The Handbook (The Encheiridion)* (Indianapolis: Hackett, 1983).

二手文献

关于希腊化哲学不断出现了各种可读的专著和学生指南。下面这些都是很好的入门读物,其中也包含了为进一步研究所需要的参考书目。

两本有用的指南:

Bett, R., ed., *The Cambridge Companion to Ancient Scepticism* (Cambridge: Cambridge University Press, 2010).

Inwood, B., ed., *The Cambridge Companion to the Stoics* (Cambridge: Cambridge University Press, 2003).

这些专著提供了更详细的论述,但主要是面向初学者而非学者的:

Long, A.A., *Hellenistic Philosophy: Stoics, Epicureans, Skeptics*, second edition (London: Duckworth, 1986).

O'Keefe, T., *Epicureanism* (Chesham, UK: Acumen, 2010).

Rist, J.M., *Stoic Philosophy*, (Cambridge: Cambridge University Press, 1969).

Sandbach, F.H., *The Stoics* (Indianapolis: Hackett, 1994).

Sellars, John, *Stoicism* (Berkeley: University of California Press, 2006).

Sharples, R.W., *Stoics, Epicureans and Skeptics* (London and New York: Routledge, 1996).

Thorsrud, H., *Ancient Scepticism* (Chesham, UK: Acumen, 2008).

进一步阅读推荐

想要更进一步研究本书讨论主题的学生可以参考下面这些著作。这个书单主要限于英语研究，强调了适用于学生而非学者的著作。所列的著作自己也带有参考书目。想要探究本书论题的学生可以参考那些书目以便进一步研究。在这方面 [8]—[11] 极其有用。

下面的编排对应于文本中的章节。

在一般性文献之后，分别是对苏格拉底前哲学、苏格拉底、柏拉图、亚里士多德的阅读建议。

每一章中所讨论的对哲学家的推荐翻译可以在相关部分找到。

一般性著作

为学生而写的最好的古代哲学概论是：

[1] Guthrie, W., *A History of Greek Philosophy: The Earlier Presocratics and the Pythagoreans* (Cambridge: Cambridge University Press, 1962).

[2] —— *A History of Greek Philosophy: The Presocratic Tradition from Parmenides to Democritus* (Cambridge: Cambridge University Press, 1965).

[3] —— *A History of Greek Philosophy: The Fifth-Century Enlighten-*

ment (Cambridge: Cambridge University Press, 1969).

[4] —— *A History of Greek Philosophy: Plato: the Man and his Dialogues: Earlier Period* (Cambridge: Cambridge University Press, 1975).

[5] —— *A History of Greek Philosophy: The Later Plato and the Academy* (Cambridge: Cambridge University Press, 1978).

[6] —— *A History of Greek Philosophy: Aristotle: An Encounter* (Cambridge: Cambridge University Press, 1981).

关于古代哲学一直到亚里士多德之后发展的一部非常简洁，但在哲学上却很成熟的概论性著作是：

[7] Irwin, T., *Classical Thought* (Oxford: Oxford University Press, 1989).

按论题编排，带有基本哲学导向的可读导论是：

[8] Everson, S. (ed.) *Companion to Ancient Philosophy I: Epistemology* (Cambridge: Cambridge University Press, 1990).

[9] —— (ed.) *Companion to Ancient Philosophy II: Psychology* (Cambridge: Cambridge University Press, 1991).

[10] —— (ed.) *Companion to Ancient Philosophy III: Language* (Cambridge: Cambridge University Press, 1994).

[11] —— (ed.) *Companion to Ancient Philosophy IV: Ethics* (Cambridge: Cambridge University Press, 1998).

著作 [8]—[11] 包含着详细的参考书目。

对古代哲学以及这个时期之外的解释和因果概念的引人入胜的讨论可以参考：

[12] Hankinson, R., *Cause and Explanation in Ancient Greek Thought* (Oxford: Oxford University Press, 1998).

苏格拉底前哲学

一手文献

对前苏格拉底哲学家以及某些智者的通常引用,学者们使用下面的希腊残篇汇编,其中大多数都包括相应的德文翻译:

[13] Diels, H., *Die Fragmente der Vorsokratiker*, sixth edition, revised by Walter Kranz (Berlin: Weidmann, 1952).

学生们在下面可以找到英文翻译:

[14] Sprague, R. (ed.) *The Older Sophists: A Complete Translation by Several Hands of the Fragments in Die Fragmente der Vorsokratiker*, edited by Diels-Kranz. With a new edition of Antiphon and of Euthydemus (Columbia, South Carolina: University of South Carolina Press, 1972).

对前苏格拉底残篇的选集,既包括希腊原文,又有英文翻译和有用评注的最好的资料是:

[15] Kirk, G.S., Raven, J.E. and Schofield, M. *The Presocratic Philosophers*, second edition (Cambridge: Cambridge University Press, 1983).

二手文献

前苏格拉底哲学清晰可读的导论是：

[16] McKirihan, R., *Philosophy before Socrates: An Introduction with Texts and Commentary* (Cambridge, MA: Hackett, 1994).

[17] Hussey, E., *The Presocratics* (London: Duckworth, 1972).

[18] Burnet, J., *Early Greek Philosophy* (London: A. and C. Black, 1932 [1892]).

全面、生动，但比较难度的一本论著是：

[19] Barnes, J., *The Presocratic Philosophers* (London: Routledge, 1982).

另外，在 [1][2][3] 中学生们可以找到关于前苏格拉底哲学大量有用的信息。

有两本文集，比 [16]—[19] 更深入一步：

[20] Furley, D. and Allen, R. (eds) *Studies in Presocratic Philosophy* (London: Routledge, 1975).

[21] Mourelatos, A., *The Presocratics* (London: Anchor Press, 1974).

苏格拉底

一手文献

对柏拉图所呈现的苏格拉底的最佳翻译集是：

[22] Cooper, J. (ed.) *Plato: Complete Works* (Cambridge, MA:

Hackett, 1997).

本书所讨论的所有个别对话，都以比 [22] 便宜的方式存在着。关于苏格拉底的一本相关的选集是：

[23] Plato, *Five Dialogues* (*Euthyphro, Apology, Crito, Meno, Phaedo*) (Cambridge, MA: Hackett, 1981).

二手文献

涉猎庞大的关于苏格拉底的二手文献是令人沮丧的。除了 [4]，下面都是很好的出发点：

[24] Smith, N. and Brickhouse, T., *The Philosophy of Socrates* (Boulder, CO: Westview, 2000).

[25] Vlastos, G., *Socrates: Ironist and Moral Philosopher* (Cambridge: Cambridge University Press, 1991).

[26] Santas, G., *Socrates: Philosophy in Plato's Early Dialogues* (London: Routledge, 1979).

下面文集也很好，包含着出色的文章以论述苏格拉底哲学中的各种问题：

[27] Benson, H., *Essays on the Philosophy of Socrates* (Oxford: Oxford University Press, 1992).

[28] Vlastos, G. (ed.) *The Philosophy of Socrates* (London: Doubleday, 1971).

[29] —— *Socratic Studies* (Cambridge: Cambridge University Press, 1994).

一些更专业的文章和书包括：

[30] Benson, H., "The priority of definition and the Socratic elenchus," *Oxford Studies in Ancient Philosophy*, 1990, pp. 19-65.

[31] Beversluis, J., "Socratic definition," *American Philosophical Quarterly*, 1974, pp. 331-336.

[32] —— "Does Socrates commit the Socratic Fallacy?," *American Philosophical Quarterly*, 1987, pp. 211-233.

[33] Brickhouse, T. and Smith, N., *Socrates on Trial* (Oxford: Oxford University Press, 1989).

[34] —— "Socrates on goods, virtue, and happiness," *Oxford Studies in Ancient Philosophy*, 1987, pp. 1-27.

[35] Geach, P., "Plato's *Euthyphro*: an analysis and commentary," *Monist*, 50, 1966, pp. 369-382.

[36] Irwin, T., *Plato's Ethics* (Oxford: Oxford University Press, 1995).

[37] Kraut, R., *Socrates and the State* (Princeton: Princeton University Press, 1983).

[38] —— *The Cambridge Companion to Plato* (Cambridge: Cambridge University Press, 1992).

[39] McPherran, M., *The Religion of Socrates* (Philadelphia: Pennsylvania State University, 1996).

[40] Nehamas, A., "Meno's paradox and Socrates as a teacher," *Oxford Studies in Ancient Philosophy*, 1985, pp. 1-30.

[41] Robinson, R., *Plato's Earlier Dialectic* (Oxford: Oxford University Press, 1953).

[42] Rudebusch, G., *Socrates, Pleasure, and Value* (Oxford: Oxford University Press, 1999).

[43] Santas, G., "The Socratic paradoxes," *The Philosophical Review*, 1964, pp. 147-164.

[44] Woozley, A., *Law and Obedience: The Arguments of Plato's Crito* (Chapel Hill, NC: University of North Carolina Press, 1979).

[45] Zeyl, D., "Socratic virtue and happiness," *Archiv für Geschichte der Philosophie*, 1982, pp. 225-238.

柏拉图

一手文献

有很多柏拉图对话的翻译，质量各不相同。一些强调忠实性而忽视英语的自然性，一些则偏重风格而忽视准确。最好、最完整的翻译集是[22]。这些翻译在忠实和可读之间实现了很好的平衡。其中的大多数对话都有独立的版本，由 Hackett 发行。本书所讨论的文本，除了[23]外，还包括：

[46] *Republic*, trans. G. Grube and C. Reeve (Cambridge, MA: Hackett, 1992).

[47] *Phaedo*, trans. G. Grube (Cambridge, MA: Hackett, 1980).

[48] *Meno*, trans. G. Grube (Cambridge, MA: Hackett, 1980).

[49] *Parmenides*, trans. M. Gill and P. Ryan (Cambridge, MA:

Hackett, 1996).

[50] *Protagoras*, trans. S. Lombardo and K. Bell (Cambridge, MA: Hackett, 1992).

对那些想要仔细研究某些文本的学生尤其推荐牛津的 Clarendon 柏拉图系列。和本书讨论相关的文本如下，都包含了精确的翻译和评注：

[51] *Phaedo*, trans. D. Gallop, with introduction and notes (Oxford: Oxford University Press, 1975).

[52] *Protagoras*, trans. C. Taylor, with introduction and notes (Oxford: Oxford University Press, 1991).

[53] *Gorgias*, trans. T. Irwin, with introduction and notes (Oxford: Oxford University Press, 1979).

[54] *Theaetetus*, trans. J. McDowell, with introduction and notes (Oxford: Oxford University Press, 1973).

二手文献

和苏格拉底一样，关于柏拉图的二手文献很庞大。关于一般背景，可参看 [4][5]。[38] 包含了非常有用的导论性讨论，每个都有有用的进一步研究文献书目，都按对话编排。两本高质量的学术文集是：

[55] Fine, G. (ed.) *Plato I: Metaphysics and Epistemology* (Oxford: Oxford University Press, 2000).

[56] —— (ed.) *Plato II: Ethics, Politics, Religion, and the Soul* (Oxford: Oxford University Press, 2000).

[55][56] 也有供进一步研究使用的参考书目。

其他值得参考的文集如下，其中一些专注于柏拉图哲学中的特殊论题：

[57] Allen, R. (ed.) *Studies in Plato's Metaphysics* (New York: Humanities Press, 1965).

[58] Vlastos, G. (ed.) *Plato I: Metaphysics and Epistemology* (London: Doubleday, 1971).

[59] —— (ed.) *Plato II: Ethics, Politics, and Philosophy of Art and Religion* (London: Doubleday, 1971).

[60] —— *Platonic Studies*, second edition (Princeton: Princeton University Press, 1981).

[61] Wagner, E. (ed.) *Essays on Plato's Psychology* (Lanham, MD: Lexington Books, 2001).

其他有用的一般性研究：

[62] Crombie, I., *An Examination of Plato's Doctrines*, 2 vols (New York: Humanities Press, 1962, 1963).

[63] Gosling, J., *Plato* (London: Routledge and Kegan Paul, 1973).

[36] 是一个非常好的出发点以开始研究柏拉图哲学的各种论题，其他进一步研究本书论题的著作包括：

[64] Ackrill, J., "Plato and false belief: *Theaetetus* 187-200", *Monist*, 50, 1966, pp. 383-402.

[65] Annas, J., *An Introduction to Plato's Republic* (Oxford: Clarendon Press, 1981).

[66] Cross, A. and Woozley, A., *Plato's Republic: A Philosophical Commentary* (New York: St Martin's Press, 1964).

[67] Cooper, J., "Plato's theory of human motivation," *History of Philosophy Quarterly*, 1985, pp. 3-21.

[68] Fine, G., "Knowledge and belief in *Republic* V," *Archiv für Geschichte der Philosophie*, 1978, pp. 121-139.

[69] Kraut, R., "Reason and Justice in the *Republic*," in E.N. Lee, A.P.D. Mourelatos and R.M. Rorty (eds.) *Exegesis and Argument* (Assen: Van Gorcum, 1973), pp. 207-224.

[70] Murphy, R., *The Interpretation of Plato's Republic* (Oxford: Oxford University Press, 1951).

[71] Nehamas, A., "Confusing universals and particulars in Plato's early dialogues," *Review of Metaphysics*, 1975, pp. 287-306.

[72] Williams, B., "The analogy of city and soul in Plato's *Republic*," in E.N. Lee, A.P.D. Mourelatos and R.M. Rorty (eds.) *Exegesis and Argument* (Assen: Van Gorcum, 1973), pp. 196-206.

亚里士多德

一手文献

亚里士多德全集，方便的上下册：

[73] Barnes, J. (ed.) *The Complete Works of Aristotle: The Re-*

vised Oxford Translation, 2 vols (Princeton: Princeton University Press: 1984).

两本涵盖了学生最常读的著作的选集：

[74] Ackrill, J. (ed.) *A New Aristotle Reader* (Oxford: Oxford University Press, 1987).

[75] Irwin, T. and Fine, G., *Aristotle: Selections*, trans. with introduction, notes, and glossary (Cambridge, MA: Hackett, 1995).

[75] 中的亚里士多德术语表非常有用：收罗广泛、有用精炼、适于教学。学生在对亚里士多德哲学进行初步研究时会发现它非常有用。

牛津 Clarendon 的亚里士多德系列是非常棒的翻译，有评论和注解，适于对亚里士多德哲学感兴趣的学生。本书所涉及的文本包括：

[76] *Metaphysics Z and H*, trans. D. Bostock with commentary (Oxford: Oxford University Press, 1994).

[77] *Physics I and II*, trans. W. Charlton with introduction and notes (Oxford: Oxford University Press, 1984).

[78] *De Anima*, trans. D. Hamlyn with notes (Oxford: Oxford University Press, 1995).

[79] *Categories and De Interpretatione*, trans. J. Ackrill with notes (Oxford: Oxford University Press, 1962).

[80] *De Generatione et Corruptione*, trans. C. Williams with notes (Oxford: Oxford University Press, 1982).

对于本书没涉及的论题，这个系列中的其他著作也可作为有用的参考。

许多学生第一次接触亚里士多德是通过阅读《尼各马可伦理学》。下面是它最好的翻译,带着有用的术语表和许多解释性注释:

[81] Irwin, T., *Aristotle, The Nicomachean Ethics* (Cambridge, MA: Hackett, 1985).

二手文献

和苏格拉底、柏拉图一样,关于亚里士多德的当代文献卷帙浩瀚。许多都很技术化,只适用于高年级学生。但也有一些清楚、可读的导论。最好的是:

[82] Ackrill, J., *Aristotle the Philosopher* (Oxford: Oxford University Press, 1981).

[83] Barnes, J., *Aristotle* (Oxford: Oxford University Press, 1982).

[84] Lear, J., *Aristotle: The Desire to Understand* (Cambridge: Cambridge University Press, 1988).

[85] Ross, W., *Aristotle* (London: Methuen, 1923).

关于亚里士多德作为一个思想家的发展问题的经典论述是:

[86] Jaeger, W., *Aristotle: Fundamentals of the History of His Development*, trans. by R. Robinson, with author's corrections and additions (Oxford: Oxford University Press, 1948).

一些有用的文集是:

[87] Barnes, J., *The Cambridge Companion to Aristotle* (Cambridge: Cambridge University Press, 1995).

[87] 尤其适用于对某些论题感兴趣的学生,同时包括有用的

参考文献。

[88] Barnes, J., Schofield, M., and Sorabji, R. (eds.) *Articles on Aristotle. 1: Science* (London: Duckworth, 1975).

[89] —— (eds.) *Articles on Aristotle. 2: Ethics and Politics* (London: Duckworth, 1976).

[90] —— (eds.) *Articles on Aristotle. 3: Metaphysics* (London: Duckworth, 1979).

[91] —— (eds.) *Articles on Aristotle. 4: Psychology and Aesthetics* (London: Duckworth, 1975).

[92] Moravcsik, J., *Aristotle: A Collection of Critical Essays* (Notre Dame, IN: University of Notre Dame Press, 1968).

[93] O'Meara, D. (ed.) *Studies in Aristotle* (Washington, DC: Catholic University Press, 1981).

[94] Sherman, N. (ed.) *Aristotle's Ethics* (Lanham, MD: Rowman and Littlefield, 1999).

其他进一步论述本书覆盖论题的著作包括：

[95] Ackrill, J., "Aristotle on *Eudaimonia*," *Proceedings of the British Academy* 60, 1975, pp. 339-359, and in A.O. Rorty (ed.) *Essays on Aristotle's Ethics* (Berkeley: University of California Press, 1980), pp. 15-34.

[96] —— "Aristotle's definitions of Psyche," *Proceedings of the Aristotelian Society*, 1972-1973, pp. 119-133, and in [91], pp. 65-75.

[97] Annas, J., "Aristotle on virtue and happiness," *University of Drayton Review*, 19, 1998-9, pp. 7-22.

[98] Cooper, J., *Reason and Human Good in Aristotle* (Cambridge, MA: Harvard University Press, 1975).

[99] Dahl, N., *Practical Reason, Aristotle, and Weakness of the Will* (Minneapolis: University of Minnesota Press, 1984).

[100] Gotthelf, A., "Aristotle's conception of final causality," *Review of Metaphysics*, 1976, pp. 226-254.

[101] Irwin, T., "Aristotle's discovery of metaphysics," *Review of Metaphysics*, 1977-8, pp. 210-229.

[102] —— "Aristotle's conception of morality," *Proceedings of the Boston Area Colloquium in Ancient Philosophy I*, 1985, pp. 115-143.

[103] "The metaphysical and psychological basis of Aristotle's ethics," in A. Rorty (ed.) *Essays on Aristotle's Ethics* (Berkeley: University of California Press, 1980), pp. 35-54.

[104] Kraut, R., "The peculiar function of human beings," *Canadian Journal of Philosophy*, 9, 1979, pp. 467-478.

[105] —— "Two conceptions of happiness," *Philosophical Review*, 88, 1979, pp. 167-197.

[106] —— *Aristotle on the Human Good* (Cambridge, MA: Princeton University Press, 1989).

[107] Owen, G., "*Tithenai ta Phainomena*," in S. Mansion (ed.) *Aristotle et les problèmes de méthode* (Brussels: Louvain, 1961), pp. 83-103.

[108] Shields, C., *Order in Multiplicity: Homonymy in the Philosophy of Aristotle* (Oxford: Oxford University Press, 1999).

希腊化时期哲学

一手文献

关于希腊化哲学最好的资料集：

[109] Long, A. A. and Sedley, D. N., *The Hellenistic Philosophers* Vols. I and II (Cambridge: Cambridge University Press, 1987).

第一卷包含对希腊化哲学主要文本的精确翻译，并伴随着简洁的导论性评注。第二卷提供了希腊语和拉丁语的原始文本，以及一个有用的参考书目，其中的绝大多数都考虑到了那些不能阅读希腊语和拉丁语的读者。

其他可靠的翻译，一些涵盖了整个希腊化时期，另一些则专注于个别学派或作者，包括了一下这些著作：

[110] Annas, J. and J. Barnes, ed. and trans., *Sextus Empiricus: Outlines of Scepticism*, second edition (Cambridge: Cambridge University Press, 2000).

[111] Hallie, P., ed. and Etheridge S., trans., *Sextus Empiricus: Selections From The Major Writings On Skepticism, Man, and God* (Indianapolis: Hackett, 1985).

[112] Inwood, B. and Gerson, L., ed. and trans., *Hellenistic Philosophy*, second edition (Indianapolis: Hackett, 1998).

[113] Inwood, B. and Gerson, L., trans., *The Epicurus Reader* (Indianapolis: Hackett, 1994).Inwood, B. and Gerson, L., trans. with intro., *The Stoics Reader: Selected Writings and Testimonia*

(Indianapolis: Hackett, 2008).

[114] Mates, B., trans. with notes and commentary, *The Skeptic Way: Sextus Empiricus's Outlines of Pyrrhonism* (Oxford: Oxford University Press, 1995).

[115] White, N. P., trans., *Epictetus: The Handbook (The Encheiridion)* (Indianapolis: Hackett, 1983).

二手文献

关于希腊化哲学不断出现了各种可读的百科指南和专著。下面这些都是很好的入门读物：

[116] Balzty, D., "Stoicism," *Stanford Encyclopedia of Philosophy* (http://plato.stanford.edu/entries/stoicism/)

[117] Voigt, K., "Ancient Skepticism," *Stanford Encyclopedia of Philosophy* (http://plato.stanford.edu/entries/skepticism-ancient/)

三本有用的指南：

[118] Algra, K, J. Barnes, J. Mansfeld, and M. Schofield（eds.）*The Cambridge History of Hellenistic Philosophy* (Cambridge: Cambridge University Press. 1999)

[119] Bett, R.（ed.）*The Cambridge Companion to Ancient Scepticism* (Cambridge: Cambridge University Press, 2010).

[120] Inwood, B.（ed.）*The Cambridge Companion to the Stoics* (Cambridge: Cambridge University Press, 2003).

这些专著提供了更详细的论述，但主要是面向初学者而非学者的：

[121] Long, A. A., *Hellenistic Philosophy: Stoics, Epicureans, Skeptics,* second edition (London: Duckworth, 1986).

[122] O'Keefe, T., *Epicureanism* (Chesham, UK: Acumen, 2010).

索引

accident 偶性：见essence and accident 本质和偶性

akrasia （意志软弱）: 48–53, 93, 154–156

　Aristotle's treatment of 亚里士多德的处理: 154–156

　introduced and explained 引入和解释: 48

　Socrates' treatment of 苏格拉底的处理: 49–53

Alexander the Great 亚历山大大帝: 167

ante rem vs. *in rebus* realism "个体前"和"个体中"实在论: 88, 101, 106

　introduced and explained 引入和解释: x, 114 n. 63

analysis 分析: ix, 36, 40–47

　Aristotelian 亚里士多德式的: 141, 156–163

　Platonic 柏拉图式的: 63–64, 66, 68, 88–97

　Socratic impulse for 苏格拉底对其的冲动: 36–38, 40–47, 58

　Stoic 斯多葛式的: 200–201

　the univocity assumption 单义性假设: 49

Anaximander 阿那克西曼德: 4–6

appearance 表象: 10, 102, 171, 224–225

phenomenal propositions 现象命题: 214–215, 221

Protagoras on 普罗泰戈拉的论述: 27

senses of 表象的各种含义: 226, 231 n. 47

a priori vs. *a posteriori* knowledge 先天和后天知识: 5, 7, 14, 16, 25, 38, 61, 67–68, 69, 79, 112, n. 17

　introduced and explained 引入和解释: 31 n. 4

Arcesilaus 阿塞西劳斯: 167, 210

aretê: 见"德性"

Aristotle 亚里士多德: x, 2, 63, 87, 117–119, 183, 203, 212

　criticism of Plato 对柏拉图的批评: 88, 199–120, 126–127, 143

　four causes, introduced and explained 四因说，引入和解释: 124–127

　four causes, defended 四因说，捍卫: 127–128

　　efficient cause 动力因: 126, 127, 128, 130–131, 137, 140

　　final cause 目的因: 126, 131–140

　　formal cause 形式因: 126, 128–130, 142, 143

　　material cause 质料因: 128–130, 131, 140

Function Argument (FA) 功能论证(FA): 147

functional determination thesis 功能决定论题: 148

happiness (eudaimonia) 幸福 (*eudaimonia*): 145–146, 150, 156

homonymy 同名异义: 133, 156–163

hylomorphism 质形说: 128

ataraxia 宁静: 209, 212, 217

 introduced and explained 引入和解释: 171

atomism 原子论: 21–25, 134, 139, 176, 216

Carneades 卡尔内阿德斯: 167, 211

categories 范畴: 122–124

change 变化

 generation vs. alteration 生成和变更: 16, 18

 impossible 不可能: 16–17, 20

Chrysippus 克里希波斯: 183, 186, 195, 206

Cleanthes 克里安西斯: 183, 185, 186

compresence of oppposites 对立共存: 76–78

 也见: flux, diachronic vs. synchronic 流动, 历时和共时

Cratylus 克拉底鲁: 76

Democritus 德谟克利特: 22–29, 134, 139, 216

Descartes 笛卡尔: 177, 213

determinism 决定论: 193

 determinism vs. fatalism 决定论和宿命论: 193

 freedom 自由: 194–197

divine command theory of morality 道德的神圣命令理论: 42, 44–45

elenchus 问答法: 见Socrates, elenchus 苏格拉底, 问答法

emotions 情绪: 198–201

 Emotions of the Sage (ES) 圣贤的情绪(ES): 201

 Stoic analysis of （对情绪的）斯多葛主义分析: 198–200

Epicureanism 伊壁鸠鲁主义: 169–170

 on fear of death 论恐惧死亡: 172–175

 hedonism 享乐主义: 174–175, 180, 230 n. 19

 sources for （关于伊壁鸠鲁主义的材料）来源: 172–173

Epicurus 伊壁鸠鲁: 16, 169, 170, 171, 172, 174, 180

equipollent arguments 等效论证: 217–218, 221, 222, 224
   introduced and explained 引入和解释: 213

essence and accident 本质和偶性: 43, 68, 117, 120–121, 128–129, 148–149, 185

ethical intuitionism 伦理直觉主义: 115 n. 99

Euthyphro 欧绪弗洛: 35, 36, 39, 41–45, 81, 88, 153, 156
   Euthyphro's Problem (EP) 欧绪弗洛问题 (EP): 41–45
   extensional adequacy 外延恰当性: 41, 42–43, 45, 55
   introduced and explained 引入和解释: 59 n. 7

family resemblance 家族相似: 161

fatalism 宿命论: 见 determinism 决定论

flux 流动: 10–12, 70, 75–77, 82
   diachronic vs. synchronic 历时和共时: 11–12, 76–77

Forms 形式: 68–69, 85–88
   compresence of opppposites 对立共存: 76–78
   existence of （形式的）存在: 72–85
   Form of the Good 善的形式: 97–100

Form of Justice 正义的形式: 88–97
   as objects of knowledge （形式）作为知识对象: 73–78, 82–85
   participation in 分有（形式）: 81, 87, 120
   as properties （形式）作为性质: 108
   problems for 形式的困难: 106–111
   self-predication 自我谓述: 80, 87, 108
   Third Man Argument (TMA) 第三人论证 (TMA): 106–111

generation 生成: 18, 88, 126
   也见 change 变化
   ex nihilo 从无（生成）: 22, 128, 164 n. 10

Gödel 哥德尔: 105

happiness 幸福: 144, 169, 175, 176, 190, 193
   being vs. feeling 存在和感觉: 149–150, 153

hedonism 享乐主义: 49–50, 145–146, 169–170, 176
   Epicurean 伊壁鸠鲁主义的: 170, 173–175, 179–180, 182, 184, 202, 208, 230 n. 19

introduced and explained 引入和解释：49–50

　　也见 pleasure 快乐

Heracleitus 赫拉克利特: 9–13, 28, 70, 73–77, 78, 82,87

Herodotus 希罗多德: 27, 28

homonymy 同名异义: 133, 148, 156–163

　　也见 univocity 单义性

　　core-depenent homonymy 核心依赖的同名异义: 162–163

Hume 休谟: 185, 230 n. 26

hylomorphism 质形说: 128

infinite 无限: 5, 20–21, 107, 178

justice 正义: 94–97

Leibniz's Law 莱布尼茨律: 79, 81, 93, 108

Leucippus 留基波: 21

logos 罗各斯: 12, 184–186, 192, 198

　　multiply ambiguous 多重歧义的: 12

Lucretius 卢克莱修: 172, 177, 178, 180

manifest image 显像: 1, 6, 10, 13, 20, 25, 106,163

materialism 唯物主义: 2, 3, 141, 142, 176–181

Meno 美诺: 39, 40, 65, 66, 156, 210

Meno's Paradox of Inquiry (MPI) 美诺的研究悖论 (MPI): 63–68

monism 一元论: 1–4, 22, 216

　　也见 valuemonism 价值一元论

Müller-Lyer lines 缪勒莱尔线段: 226, 227

nature 本性: 2, 10, 117, 171, 176, 184, 188, 216

　　living in accordance with 根据本性而生活: 185–191, 200,201–204

nothing 无: 15

　　nothing from nothing (nihil ex nihilo) 无中生无 (nihil ex nihilo):17–18, 22, 128, 164 n. 10

　　thinking nothing 思考无: 15, 17

oikeiôsis: 185–191, 202, 204

　　Oikeiôsis Argument (OA) Oikeiôsis 论证(OA): 188–189

Oracle at Delphi 德尔斐神谕: 53

Parmenides 巴门尼德斯: 13–18, 23, 36, 61, 128, 129,164 n. 10, 164 n. 12

paradox 悖论: 48

Meno's Paradox of Inquiry (MPI) 美诺的研究悖论 (MPI): 63–68

Socratic paradoxes 苏格拉底悖论: 47–53, 154–155

Zeno's paradoxes of motion 芝诺的运动悖论: 19–21, 48,107

parsimony 简单性: 3–5, 138

perception 知觉: 21, 23, 27, 67, 69, 77, 112 n.17, 169, 213, 216

    common sense 常识: 3, 4, 14, 20

    Conventionality of Perception Argument(CPA) 知觉约定性论证(CPA): 23–25, 28, 216

    intellectual perception 理智知觉: 102–103,105–107, 230 n. 19

Plato 柏拉图,也见 Platonicdialogues 柏拉图对话

    cave 洞穴: 105–106

    compresence of oppposites 对立共存: 76–78

    Forms 形式: 61, 68–69, 72–85, 85–88

    line 线段: 104

    Third Man Argument (TMA) 第三人论证 (TMA):

    tri-partite psychology 三分心理学: 91–94

Platonic dialogues 柏拉图对话

dating techniques 年代确定技术: 111 n. 5

Socratic vs. Platonic 苏格拉底和柏拉图对话: 111 n. 5, 111 n. 6

Apology《申辩篇》: 55, 57, 58 n. 1, 58 n. 2

Charmides《卡尔米德斯篇》: 38

Crito《克里同篇》: 54–58

Euthyphro《欧绪弗洛篇》: 41–45, 73, 99, 153, 156

Meno《美诺篇》: 39, 41, 63–68, 78, 151, 156

Parmenides《巴门尼德篇》: 107–110

Phaedo《斐多篇》: 58 n. 1, 63, 82, 84, 103, 140

1Republic《理想国》: 63, 82, 89, 105, 158, 160, 168, 210

Theaetetus《泰阿泰德篇》: 69, 70

pleasure 快乐: 48–53, 98, 145–146, 169, 173,176, 179–180, 203

也见 hedonism 享乐主义

Aristotle on 亚里士多德的论述: 149–150, 212

Epicurus on 伊壁鸠鲁的论述: 170, 173–175, 179–180,182, 184, 202, 208, 230 n. 19

impulse for (cradle arguments)（对快乐的）冲动 (摇篮论证): 188

Stoics on 斯多葛主义的论述: 188–189, 205

true vs. false pleasures 真和假的快乐: 171

properties 性质: x, 3, 29, 68, 77, 79, 101, 108, 121, 222

intrinsic properties introduced and explained 内在性质的引入和解释: 112 n. 27

Protagoras 普罗泰戈拉: 25–30, 69, 71–72

Argument for Protagorean Relativism(APR) 普罗泰戈拉式相对主义的论证(APR): 27

measure doctrine 尺度原则: 27–30, 70–72

psychological egoism 心理利己主义: 49

recollection, doctrine of 回忆说: 65

relativism 相对主义: 69–72, 85, 145

Plato's rejection of 柏拉图对相对主义的拒绝: 69–92

Argument for Protagorean Relativism(APR) 普罗泰戈拉式相对主义的论证(APR): 27

Russell 罗素: 167

skepticism 怀疑主义:

也见: Scepticism, HellenisicMovement 怀疑论, 希腊化时期的运动:

doxastic vs. epistemic 信念怀疑论和认知怀疑论: 214

Skepticism, Hellenistic Movement 怀疑论, 希腊化时期的运动: 169, 170–171

Apraxia Objection (AO) 失动反驳(AO): 225

belief 信念: 215, 217, 221, 227–228

equipollent arguments 等效论证: 213, 217–218, 221, 222, 224

Pyrrhonism 皮浪主义: 212

skeptical tropes (or modes) 怀疑论策略 (或方式): 216–222

sources for 文本来源: 210–221

zetetic 探究型: 211, 212, 218, 223, 228

sense perception 感官知觉: 见 perception 知觉

Sextus 塞克斯都: 210, 211, 212, 214, 216–218, 221, 225, 227

Socrates 苏格拉底: 35, 87, 153–155, 157, 170, 189, 197, 210

aporia 困惑: 37

akrasia: 49–53

analysis 分析: 42

civil disobedience 公民不服从: 54–58

elenchus 问答法: 37–39, 55, 58, 59 n. 4

ignorance 无知: 35, 46–47, 62, 64

impulse for analysis 分析冲动: 36, 45, 58, 156,159, 161

in prison 狱中: 140

irony 反讽: 46–47, 59 n. 20

Socratic paradoxes 苏格拉底悖论: 47, 59 n. 23

sources for 文本来源: 58 n. 2

trial of 审判: 35, 53

Sophists 智者: 25–30, 119

    challenges of（智者的）挑战: 30–31

soul and body 灵魂和身体: 63

    dualism 二元论: 65–66, 141

    hylomrophic approach 质形说的处理方法: 140–144

    Plato 柏拉图: 141, 176

    materialism 唯物主义: 176–178

Stoicism 斯多葛主义: 169, 170

    causation 因果: 194–197

    determinism 决定论: 193–197

oikeiôsis: 185–191, 202, 204

preferred indifferents 有偏好的中立态度: 197, 205–207

sources for 文本来源: 182–185

virtue 德性: 170, 181, 184, 185–191, 197,200–205, 207

substance 实体: 122

    primary substance 第一实体: 122–124

teleology 目的论: 131–140, 141, 144, 184, 186

Thales 泰勒斯: 1–6, 31 n. 2, 126

time 时间: 5, 122, 160, 178

univocity assumption 单义性假设: 58, 64, 156, 161, 163

    introduced and explained 引入和解释: 40

    homonymy 同名异义: 156–163

value monism 价值一元论: 182, 184, 197, 200–205,207, 208,

virtue 德性: 39–41, 63–65, 94, 184

    Aristotelian conception of 亚里士多德式德性观: 150–153

    knowledge 知识: 48

    as only good 作为唯一善: 202–207

Stoic conception of 斯多葛式德性观: 170, 181, 184, 185–191, 197, 200–205, 207

unity of（德性）的统一性: 59 n. 23

weakness of will 意志软弱: 见 *akrasia*

What-is-F-ness Question "什么是F属性"的问题: 27, 38, 39, 40, 58, 59, 69, 96, 157

Wittgenstein 维特根斯坦: 161

Xenophanes 克塞诺芬尼: 6–9, 13, 30, 36, 64, 68

Zeno of Elea (Presocratic) 埃利亚的芝诺（前苏格拉底时期）: 18–21, 48, 107

paradoxes of motion 运动悖论: 19–21, 107

Zeno of Citium (Stoic) 基提翁的芝诺（斯多葛主义者）: 167, 183–185, 206